GESCHICHTE DER LITERATUR

VON DER ANTIKE BIS HEUTE

Redaktion: Ritu Malhotra, Gaurav Dikshit
Layout: Supriya Sahai, Baishakhee Sengupta
Satz: Neeraj Nath, Ajmal Khan
Reihengestaltung: e.fritz, berlin 06

Originaltitel: *The Story of Literature*
ISBN 978-3-8331-5258-0

Übersetzung aus dem Englischen: Jacqueline Dubois, Berlin
Lektorat, Satz und Produktion: Ina Friedrich, Saarbrücken
Korrektorat: Kirsten E. Lehmann, Köln
Projektleitung: Daniel Fischer, Ulrike Reihn-Hamburger
Cover Design: Yvonne Schmitz
Reihengestaltung Cover: e.fritz, berlin 06

Gesamtherstellung: h.f.ullmann publishing, Potsdam

Printed in China

ISBN 978-3-8331-5257-3

10 9 8 7 6 5 4 3 2 1
X IX VIII VII VI V IV III II I

Um sich über Neuerscheinungen von h.f.ullmann zu informieren,
fordern Sie bitte unseren Newsletter unter **www.ullmann-publishing.com** an.
h.f.ullmann, Birkenstr. 10, 14469 Potsdam
newsletter@ullmann-publishing.com

DANIEL ANDERSSON
MARIA LORD
MICHAEL MACAROON
CLARE PEEL
TARA STUBBS

GESCHICHTE DER LITERATUR

VON DER ANTIKE BIS HEUTE

h.f.ullmann

INHALT

Enrico Ibsen
1828

Salman
Rushdie
Shalimar
der Narr

Kapitel 1

URSPRUNG UND ANTIKE

MYTHEN, LEGENDEN UND EPEN

DIE GRIECHISCHEN TRAGIKER, Studie aus „Die Apotheose Homers", 1827, Jean-Auguste-Dominique Ingres, Öl auf Leinwand, Louvre, Paris. Ingres' Kunstwerk, das wohl von Raffaels *Die Schule von Athen* inspiriert war, zeigt Homer umgeben von berühmten Figuren aus Literatur und Kunst. Man sieht Sophokles und Aischylos, die zusammen mit Euripides zu den bekanntesten Tragikern Athens gehörten. Homer ist der einflussreichste Autor aller Zeiten. Seine epischen Werke *Ilias* und *Odyssee* bilden die Grundlagen der klassischen westlichen Tradition.

LINKE SEITE: Rekonstruktion der Agora (Hauptplatz) in Athen, dem Geburtsort der westlichen Literatur

Der geografische Ursprung der westeuropäischen Literatur liegt in Gegenden wie dem Nahen Osten, dem Mittelmeer, den mitteleuropäischen Wäldern und den nordwestlichen Küsten. Jede Region brachte eigene, zunächst nur mündlich überlieferte Geschichten, Mythen und Legenden hervor, von denen viele später aufgeschrieben wurden. Seit Anbeginn der westlichen Literaturkultur im alten Griechenland bezogen sich Schriftsteller auf diese Geschichten. Sie dienten zur Unterhaltung, als Herkunftssagen (über die physikalische Herkunft, die Kultur und die Gesellschaft) und dazu, Ideen und Traditionen festzuhalten.

Wie wichtig diese Geschichten für menschliche Gesellschaften waren, zeigt die Tatsache, dass viele von ihnen einen festen Platz in der modernen Welt haben – im Guten wie im Schlechten. Sie werden als religiöse Texte oder als Ideenwerke genutzt, durch deren Mythen sich Völker und Nationen definieren und voneinander abgrenzen. Obwohl sie als Mythen gesehen werden sollen – selbst die Idee einer westlichen, literarischen Tradition ist „mythologisch" und schwer zu beschreiben –, stammen viele Geschichten, welche die westliche Geschichte geprägt haben (etwa die Bibel), aus anderen Kulturen. Einige waren das Ergebnis von Handel oder Kolonialismus (z. B. die Vorstellung von den „anderen", wie sie durch die Kreuzfahrererzählungen oder Sammlungen wie *Tausendundeine Nacht* geprägt wurden). Andere wurden exportiert oder von Zugezogenen mitgebracht (z. B. von nordamerikanischen Schriftstellern wie Henry James, der ostwärts über den Atlantik zog, oder von Autoren südasiatischer Abstammung, etwa Salman Rushdie, der sein halbes Arbeitsleben in Europa verbrachte). Die Grenzen der europäischen bzw. westlichen Literatur waren durchlässig und erlaubten einen regen Austausch von Ideen und Erzählungen. Es ist z. T. diese Fähigkeit, literarische Einflüsse aufzunehmen und zu integrieren, welche die westliche Welt geprägt hat.

KEILSCHRIFT AUF DEM STEIN VON TAK-KERSA, Assyrien

MESOPOTAMIEN UND ÄGYPTEN

Das *Gilgamesch-Epos* ist das wahrscheinlich älteste niedergeschriebene Werk, das modernen Gelehrten bekannt ist. Gefunden wurde es auf elf Tontafeln mit Keilschrift aus der Zeit des assyrischen Herrschers Assurbanipal (*ca.* 668–627 v. Chr).

MESOPOTAMIEN

ca. 3000 v. Chr. Im Becken von Euphrat und Tigris entstehen erste Stadtstaaten, z. B. Ur.

ca. 2334 v. Chr. Die Akkader vereinen die gesamte Gegend zu einem Königreich.

ca. 2000 v. Chr. Das *Gilgamesch-Epos*, die Geschichte des Königs von Uruk, entsteht.

ca. 1794 v. Chr. Die Ammoniter kommen an die Macht und erklären Babylon zur Hauptstadt.

ca. 1200 v. Chr. Die Assyrer erobern die Gegend und machen Ninive zur Hauptstadt.

609–539 v. Chr. Die Neubabylonier unter Nebukadnezar II. regieren bis zur persischen Eroberung 539 v. Chr.

ÄGYPTEN

ca. 2755–2255 v. Chr. Altes Reich: Der Pharao ist Alleinherrscher. Er gilt als Reinkarnation von Horus und später von Ra, dem Sonnengott. Die Pyramiden von Sakkara und Gizeh werden gebaut. Die Pyramidentexte werden verfasst.

ca. 2134–1786 v. Chr. Mittleres Reich: Vereinigung von Ober- und Unterägypten durch Mentuhotep II. von Theben. Bau des Tempelkomplexes von Karnak zu Ehren des Hauptgottes Amun. Die Sargtexte werden verfasst. Der Osiriskult wird populär.

ca. 1570–1070 v. Chr. Neues Reich: Ägyptens Macht erreicht unter Hatschepsut ihren Höhepunkt und unter Thutmosis II. die größte Ausdehnung. Tempel in Karnak, Luxor und Abu Simbel entstehen. Aus Mesopotamien kommen neue Saiteninstrumente. Das *Amduat* und das *Totenbuch* entstehen. In der Epoche der Ramessiden (*ca.* 1300–1100 v. Chr.) werden die *Leiden-Hymnen* und die *Liebeslyrik* verfasst.

525–332 v. Chr. Spätzeit: 332 v. Chr. wird Ägypten von den Makedoniern unter Alexander dem Großen erobert.

Es scheint jedoch, als wären Teile des Epos bereits während des sumerischen Königreiches um 2000 v. Chr. verfasst worden. So basiert der Held Gilgamesch wohl auf dem historischen König der Stadt Uruk, die vermutlich am Ufer des Euphrats lag. Die Geschichte ist kompliziert und episodisch. Die Abenteuer des Gilgamesch können wie folgt zusammengefasst werden: Gilgamesch und Enkidu kämpfen und freunden sich an. Zusammen besiegen sie Huwawa, während sie Holz von seinem Land stehlen. Gilgamesch weist die Göttin Ischtar zurück. Wütend hetzt sie den Himmelsstier auf ihn. Gilgamesch und Enkidu töten den Stier. Da Gilgamesch vom Sonnengott Utu beschützt wird, verlangt Ischtar, dass Enkidu für ihn sterben soll. Nach Enkidus Tod sucht Gilgamesch nach dem Geheimnis der Unsterblichkeit. Er trifft Utnapischtim, den einzigen Mann, der dies erreicht hat. Die Götter gewährten ihm ewiges Leben, nachdem er die Menschheit während der vom Gott Marduk gesandten Flut gerettet hatte. Gilgamesch erkennt, dass er niemals unsterblich werden wird, und kehrt nach Uruk zurück.

GILGAMESCH, Layard-Relief
Gilgamesch war wahrscheinlich der König von Uruk in Babylonien (*ca.* 2700 v. Chr.). Viele Legenden und Geschichten wurden über ihn erzählt. Die vollständigste bisher bekannte Version ist das *Gilgamesch-Epos*. Es wurde 1853 in Ninive in der Bibliothek des Assurbanipal (der Assyrien *ca.* 668–627 v. Chr. regierte) auf elf Tontafeln mit akkadischer Keilschrift gefunden.

Hier finden sich einige Themen, die sich durch viele Epen ziehen, z. B. der Held, der viele Prüfungen der Götter bestehen muss. Ein sehr interessanter Teil des Epos beschäftigt sich mit der (Sint-)Flut. Es ist die älteste Quelle für die gleiche

Bibelgeschichte, die Geschichte Noahs im Buch Genesis. Eine weitere Übereinstimmung lässt sich in der griechischen Geschichte des Gottes Zeus finden, der eine Flut entfesselt, um die Menschheit zu vernichten. Deukalion und seine Frau bauen ein riesiges Boot und überleben so die Katastrophe. Sie bevölkern die Erde wieder, indem sie Steine hinter sich werfen, die sich in Männer und Frauen verwandeln.

Einige Gelehrte glauben auch, dass die Passage, in der Gilgamesch auf der Suche nach Unsterblichkeit ist, Parallelen zu Homers *Odyssee* aufweist, in der Odysseus ans Ende der Welt und in die Unterwelt reist. Während das *Gilgamesch-Epos* der bekannteste sumerisch-assyrische Text ist, hat es nicht als einziges mesopotamisches Epos die Zeit überdauert. Andere Werke sind z. B. *Enmerkar und der Herr von Aratta*, *Enmerkar und Ensukheshdanna* sowie das *Epos von Schulgi*.

Die Flut ist auch ein bedeutendes Ereignis in der altägyptischen Mythologie. Dort bezieht sie sich jedoch auf den Nil, der alljährlich über die Ufer tritt und fruchtbaren Schlamm hinterlässt. Das Zwillingskonzept von „nass" und „trocken" zieht sich durch viele ägyptische Schöpfungsmythen. Dabei wird das Trockene mit dem Männlichen in Verbindung gebracht und das Nasse – Fruchtbarkeit und Schöpfung – mit dem Weiblichen. Zusätzlich heißt es in einigen Geschichten, dass der falkenköpfige Sonnengott Ra, der auch als Gott der Schöpfung gilt, aus den Urfluten entstieg. Im wohl berühmtesten ägyptischen Mythos geht es um Osiris. Er wird auf ähnliche Weise mit der ägypischen Landschaft in Verbindung gebracht, indem er auf die Vereinigung des Königreichs anspielt. Osiris war Herr der Welt. Sein Bruder Seth ermordete ihn und nahm seinen Platz ein. Osiris' Körper wurde zerteilt und in Ägypten verstreut. Heimlich sammelte Isis, seine Frau und Schwester, die Teile ein und setzte den Körper wieder zusammen. Bevor Osiris Herr der Unterwelt wurde, bekamen sie einen Sohn, Horus. Er wird wie Ra mit einem Falkenkopf dargestellt. Es kam

ISIS, OSIRIS UND DIE KINDER DES HORUS

Osiris, der Totengott und Herrscher der Unterwelt, war einer der bedeutendsten Götter im alten Ägypten. Im ersten Jahrtausend v. Chr., als sich die Anbetung der Sonne im Niedergang befand, war er zusammen mit seiner Gemahlin Isis sehr beliebt. Die verschiedenen Geschichten um Osiris, Isis und ihren Sohn Horus stammen aus Hinweisen in den Pyramidentexten (*ca.* 2400 v. Chr.), aus Quellen des Neuen Reichs wie dem *Schabaka-Stein* und dem *Streit zwischen Horus und Seth* sowie aus Schriften der Griechen Plutarch und Diodor. Gemäß diesen Mythen war Osiris der wiederauferstandene König, der Fruchtbarkeit und die Erneuerung des Lebens in der Unterwelt symbolisierte. Nach dem ägyptischen Konzept göttlicher Herrschaft wurde der König im Tod mit Osiris identifiziert und sein Sohn und Nachfolger mit Horus. Nach und nach entwickelte sich Osiris vom Herrn der Unterwelt zum Herrscher, der Toten das Leben schenken konnte. Zusammen mit anderen Göttern der Unterwelt wurde er im Tempel von Abydos angebetet, in der Hoffnung, im nächsten Leben wiedergeboren zu werden.

zu einem Kampf zwischen Horus und Seth, und in den meisten Versionen der Geschichte wird Seth besiegt. Horus nahm seines Vaters Platz als Herrscher der Welt ein. Man kann in Isis, die den kleinen Horus stillt, eine Verbindung zur späteren christlichen Ikonografie sehen, in der es ähnliche Darstellungen von Maria und Jesus gibt. Abgesehen davon sickerte bis zum 18. und 19. Jh., als Ausgrabungen erste Monumente ans Licht brachten, wenig bis in die europäische Kultur durch. In den 1820er-Jahren wurden die Hieroglyphen entziffert, und wir bekamen erste schriftliche Berichte über das frühe Ägypten. Wie so viele andere Regionen sollte das Land unter den Bann der hellenistischen Welt fallen, angefangen mit den Eroberungen Alexanders des Großen *(reg.* 336–323 v. Chr) bis zur Herrschaft der Ptolemäer *(reg.* 305–31 v. Chr).

ALKAIOS UND SAPPHO
Sappho und Alkaios (6. Jh. v. Chr) lebten in Mytilene auf Lesbos und verfassten 612–609 v. Chr. Lyrik. Während Sappho Liebeslyrik schrieb, waren Alkaios' Themen eher Wein, Krieg und Politik. Beide waren Aristokraten und eventuell Liebende.

DAS ALTE GRIECHENLAND

Während die Mythen und Legenden des Nahen Ostens (in Form der Bibel) nach der Etablierung des Christentums im Mittelalter entscheidenden Einfluss auf die Ausrichtung westlicher Literatur haben sollten, setzten sich vorher und nachher – vom 17. und 18. Jh. an – eher die Ideen des alten Griechenlands durch. Das Ausmaß des griechischen Einflusses auf westliche Kunst und Literatur, übertragen durch Römer und Araber, lässt sich kaum übertreiben. Von der Renaissance bis zur Aufklärung wetteiferte er mit der Heiligen Schrift um die Vorherrschaft und legte dabei das Fundament für einen Großteil der Philosophie und des Gedankenguts der modernen Welt.

Die sonderbare Natur des griechischen Gedankenguts und der Literatur, die einen so kritischen Blick auf die Welt warfen, liegt z. T. im Glauben der alten Griechen begründet. Während andere frühe Gesellschaften wie in Ägypten, Palästina und im Nahen Osten durch strenge soziale Strukturen – ausgelöst durch eine Religion, die von festen Regeln beherrscht wurde – beschränkt wurden, glaubte man in Griechenland an einen Pantheon von Göttern, von denen viele zweifelhafter Moral waren. Diese Götter, die sich zwar gern in menschliche Angelegenheiten einmischten oder Menschen verführten, hielten sich im Allgemeinen aus dem Alltag

GRIECHENLAND

***ca.* 2100–1200 v. Chr.** Die Minoer auf Kreta und die Mykener auf dem Peloponnes errichten Königreiche der Bronzezeit.

***ca.* 1100–750 v. Chr.** Die Dorer gründen die ersten Stadtstaaten, inklusive Athen und Sparta, auf dem griechischen Festland.

***ca.* 800 v. Chr.** Homer und Hesiod schreiben *Ilias*, *Odyssee*, *Theogonie* sowie *Werke und Tage*

7. Jh. v. Chr. Sappho verfasst Lyrik.

5. Jh. v. Chr. Die Dramen von Aischylos, Sophokles, Euripides und Aristophanes.

490 v. Chr. Die Athener besiegen die Perser bei Marathon. Beginn des Aufstiegs der Athener zur vorherrschenden Macht.

478 v. Chr. Zum Schutz vor weiteren Angriffen Persiens wird die Delianische Liga gegründet.

443–429 v. Chr. Die Ära des Perikles; die Akropolis wird wieder aufgebaut, der Parthenon wird errichtet.

431–404 v. Chr. Die Peloponnesischen Kriege; Athen kapituliert, Sparta wird zum stärksten griechischen Stadtstaat.

411 v. Chr. Aristophanes schreibt *Lysistrata*.

338 v. Chr. Philipp von Makedonien übernimmt die Macht in allen Stadtstaaten (außer in Sparta), die später von von seinem Sohn Alexander ins Makedonische Reich integriert werden.

320 v. Chr. Aristoteles arbeitet an seinem Werk *Poetik*, das sich mit der Dichtkunst beschäftigt.

DER ZYKLOP POLYPHEM
In Homers *Odyssee* (Buch 9) suchen Odysseus und seine Männer Unterschlupf in der Höhle des Zyklopen Polyphem. Der Riese sperrt die Griechen ein, indem er den Eingang mit einem Felsen blockiert, und beginnt, sie nacheinander aufzufressen. Odysseus macht Polyphem mit Wein betrunken und sticht ihm, während der Riese schläft, mit einem brennenden Stab das Auge aus. Der blinde Zyklop versucht vergeblich, Odysseus' Schiff mit Steinen zu versenken. Hier wirft er Felsen nach der Mannschaft.

heraus und konnten auf nur wenig Gehorsam ihrer Untertanen hoffen. Das ließ Denkern und Schriftstellern den Freiraum, eigene Schlüsse über die Natur und menschliches Verhalten zu ziehen. Dies wiederum führte zu einer leidenschaftslosen Betrachtung der Welt in all ihrer Schönheit und Hässlichkeit, unberührt durch einen vorgeschriebenen Diskurs, der Erzählungen auf Anbetung und Unterwerfung zu beschränken suchte.

Während frühe Nachbarkulturen wie jene der Phönizier, deren Alphabet die griechische und die moderne römische Schrift teilweise inspirierte, zweifellos Einfluss auf den Kern griechischer Literatur hatten, gibt es keine Quellen, die uns eindeutig verraten, wie die Literatur dieser Völker aussah. Bis zur Entzifferung der Linearschrift A war es bei den kretischen Minoern ähnlich. Die ersten Quellen griechischer Literatur sind daher jünger als jene Ära, in der Griechenland begann, eine eindeutige Identität zu entwickeln. In zwei der bedeutendsten dieser Quellen findet die Handlung jedoch im mykenischen Griechenland (*ca.* 1700–1250 v. Chr.) statt, und darin lernen wir Figuren kennen, die feste Größen in der griechischen Literatur bleiben sollten. Diese Quellen sind die *Ilias* und die *Odyssee*.

Traditionell werden beide Epen Homer zugeschrieben. Die meisten Gelehrten bezweifeln heute aber, ob er oder sie der originale Autor war. Es ist jedoch wahrscheinlich, dass eine einzelne Person um das 8. Jh. v. Chr. bereits existierende, mündliche Überlieferungen zu den gleichen Themen zusammentrug und die heute bekannten Texte verfasste. Beide Geschichten spielen während und nach der griechischen Belagerung und des Sieges über Troja. Ein Stadtstaat – bekannt als Troja VIIa, an der Küste der heutigen Türkei – wurde zwischen 1300 und 1200 v. Chr., also um die Zeit des Zusammenbruchs des Mykenischen Reiches, zerstört. Man kann nur vermuten, ob dies tatsächlich an dem von Homer beschriebenen Krieg lag. Klar ist, dass besonders die *Ilias* von den Griechen als bedeutendstes Dokument ihrer Zivilisation angesehen wurde, in dem zum ersten Mal über einen Zusammenschluss der griechischen Völker gegen einen gemeinsamen Feind berichtet wird. Zudem werden Konzepte wie Ehre, Mut und richtiges Handeln angesprochen – bedeutende Fragen im alten Griechenland.

Die *Ilias* spielt während der griechischen Belagerung Trojas unter dem Haus Atreus. Die Söhne des Atreus – Agamemnon, König von Mykene, und Menelaos, König von Sparta – heirateten die Schwestern Klytaimnestra und Helena. Helena war wunderschön. Aphrodite versprach sie Paris, dem Sohn des Königs Priamos von Troja, nachdem er sie als Schönste der drei Göttinnen erwählt hatte. Paris entführte Helena nach Troja, woraufhin Agamemnon und Menelaos eine Armee aus allen Griechen aufstellten, um sie zurückzuholen und die Trojaner zu bestrafen. Hier beginnt die Erzählung. Während die griechische Armee vor den Toren Trojas kampiert, streitet Agamemnon mit dem Helden Achilles, der sich weigert, weiterzukämpfen. Dann werden die Kämpfe und die wechselnden Geschicke beider Seiten erzählt sowie die Machenschaften der Götter, die versuchen, Vorteile für ihre favorisierte Fraktion zu gewinnen. In einem der berühmtesten Erzählstränge borgt sich Patroklus, Achilles' bester Freund, die Rüstung des Helden und wird von König Priamos' Sohn Hektor getötet. Achilles greift wieder in den Kampf ein, drangt die Trojaner zurück und tötet Hektor, dessen Leichnam er hinter seinem Streitwagen um Troja herumschleift. Die Geschichte endet mit der Bitte Priamos', den Körper auszuhändigen, was Achilles schließlich auch tut.

In der Fortsetzung der Erzählung wird Achilles von Paris getötet, der ihn an seiner einzig verwundbaren Stelle, der Ferse (daher stammt der Begriff „Achillesferse"), trifft. Die Trojaner werden

DAS TROJANISCHE PFERD
Die Legende vom Trojanischen Krieg zwischen den Griechen und den Trojanern zieht sich durch die gesamte griechische und lateinische Literatur. Am bekanntesten sind dabei Homers *Ilias* und *Odyssee* sowie Vergils *Aeneis*. Als die Griechen sich nach zehn Jahren der Belagerung zurückzogen, ließen sie das Trojanische Pferd als Opfergabe zurück, in dem sich griechische Soldaten versteckten, die Troja plünderten.

RECHTE SEITE: ACHILLES TÖTET HEKTOR, 1630–1632, Peter Paul Rubens, Öl auf Tafel, private Sammlung, Freiburg. Im Krieg tötet Achilles Hektor, den ältesten Sohn des Königs Priamos, und zieht den Leichnam hinter seinem Streitwagen her. Auf Priamos' Bitte hin übergibt er ihm den Körper. Die *Ilias* endet mit Hektors Beerdigung. Der Tod des Achilles durch Paris wird nicht erwähnt, obwohl in der *Odyssee* von der Beerdigung erzählt wird. Der Dichter Arktinos setzt die *Ilias* in seiner *Aithiopis* fort. Darin berichtet er, dass Achilles, nachdem er den äthiopischen König Memnon und die Amazone Penthesilea getötet hat, von Paris mit einem von Apollon gelenkten Pfeil an seiner verwundbaren Stelle, der Ferse, getroffen und getötet wurde.

schließlich durch ein Täuschungsmanöver der Griechen besiegt: Diese lassen als Opfergabe ein hölzernes Pferd zurück, in dem sich Soldaten verstecken. In der Nacht klettern die Soldaten heraus und plündern die Stadt. Der Vorfall wird in Homers zweiter Erzählung, der *Odyssee*, beschrieben. Diese dreht sich jedoch in erster Linie um die Abenteuer des griechischen Helden Odysseus, der sich auf dem Rückweg in seine Heimat verirrt. Auf seinen Reisen erleidet Odysseus Schiffbruch, kämpft gegen den Zyklopen Polyphem, entkommt der Zauberin Kirke, entgeht den Gefahren von Skylla und Charybdis und wird von der Nymphe Kalypso gefangen genommen. Als er wieder auf Ithaka ankommt, muss er mitansehen, wie seine Frau Penelope dabei ist, unter den Bewerbern, die sie umgarnen (Odysseus war zu diesem Zeitpunkt zehn Jahre unterwegs und galt als tot), einen neuen Ehemann auszusuchen. Mithilfe seines Sohnes Telemachos und seines Dieners Eumaios gelingt es ihm, die Bewerber zu töten sowie seine Frau und sein Land zurückzugewinnen.

Obwohl die *Ilias* und die *Odyssee* die frühesten westlichen literarischen Texte sind, die nicht nur durch die Originale, sondern auch durch Übersetzungen von Literaturberühmtheiten wie Alexander Pope und Samuel Butler bekannt wurden, gibt

HERODOT LIEST EINER MENGE DIE *HISTORIEN* VOR, Stich von Heinrich Leutemann aus dem späten 19. Jh.
In den *Historien* schrieb Herodot über die Griechisch-Persischen Kriege (499–479 v. Chr.). In dem aus neun Büchern bestehenden Werk wird außerdem das Wachstum und die Organisation des Persischen Reiches beschrieben.

es auch andere Gedichte aus jener Zeit, etwa die Werke des Dichters Hesiod. Durch seine *Theogonie* sowie *Werke und Tage* ist über ihn mehr mit Gewissheit bekannt, aus leisen Anspielungen wie aus tatsächlichen Ereignissen aus seinem Leben. Beide Werke sind nicht nur um ihrer selbst Willen und durch ihren Einfluss auf spätere Schriftsteller wie Vergil und Milton so wertvoll, sondern auch weil sie viele Nachweise über den Glauben und das Leben der Griechen aus der Frühantike enthalten. In der *Theogonie* werden der Ursprung und die Beziehungen zwischen den Göttern des Olymps der Frühantike – eine unerlässliche Quelle zum Verständnis der Religion – beschrieben, während es in *Werke und Tage* um das Landleben und um die Landwirtschaft geht.

Chronologisch zwischen Hesiod und späteren Dichtern der griechischen Klassik (ab dem 5. Jh. v. Chr) liegt die Lyrikerin Sappho (Mitte des 7. Jh. v. Chr), die auf der Insel Lesbos geboren wurde. Ihr Werk ist eine Reihe von zwölf Liebesgedichten, die z. T. nur in Fragmenten bekannt sind, sie aber wahrscheinlich zur ersten Lyrikerin machen. Das Objekt der Begierde in ihren Gedichten ist eine Frau, was vermuten lässt, dass sie lesbisch war (der Begriff selbst wird vom Namen ihrer Heimatinsel abgeleitet).

Die Werke altgriechischer Dichter, besonders Homers und Hesiods, geben Altphilologen und Archäologen viele Hinweise. Besonders aber Herodot (*ca.* 484–425 v. Chr) und Thukydides (*ca.* 460–395 v. Chr) haben sich bewusst der Niederschrift der Ereignisse ihrer Zeit und ihrer direkten Vergangenheit verschrieben. Herodot ist auch als „Vater der Geschichte" bekannt. Er war der erste Dichter, der Beweise und Quellen tatsächlicher Ereignisse aufschrieb und bewertete, da es sein Ziel war, echte Nachweise zu erhalten. In seinen *Historien* beschreibt er die Ereignisse um den Versuch der persischen Invasion Griechenlands durch Xerxes 480 v. Chr. Herodot umreißt in seinem meisterhaften Bericht die frühere Geschichte Athens und auch Persiens. Er befasst sich mit der ersten Invasion durch Xerxes' Vater Darius und fügt Informationen aus seinen eigenen Reisen in ferne Länder wie Ägypten ein. Bei früheren Texten aus dem alten Griechenland handelt es sich entweder um Gedichte (bei Homer und Sappho) oder um Dramen (wie bei Aischylos). Die *Historien* sind hingegen eines der ersten Prosawerke der westlichen Literatur, obwohl es einige Überreste früherer Geschichtsprosa (oder eher Hagiografien) gibt, z. B. von Hekataios von Milet (*Blütezeit ca.* 500 v. Chr).

DER CHOR DER *ANTIGONE*
Antigone, die Tochter des Königs Ödipus, wehrt sich gegen den Befehl ihres Onkels Kreon und beerdigt ihren Bruder Polyneikes heimlich. Dafür wird sie in einer Höhle eingekerkert, wo sie sich erhängt. Der Chor, ein wichtiger Teil des Stückes, liefert aufschlussreiche Kommentare zu den Handlungen der Charaktere.

SZENE AUS *DIE VÖGEL* VON ARISTOPHANES
Die Komödie *Die Vögel* wird von einigen Gelehrten als politische Satire auf Athens eher unglücklichen Versuch betrachtet, 415–413 v. Chr. Syrakus auf Sizilien zu erobern. Die Schauspieler tragen Masken, wie es auf Athens Bühnen üblich war.

Bei all seinem Rückgriff auf überprüfte Quellen und seiner gut lesbaren Prosa war Herodot kein neutraler Beobachter – seine Sympathien liegen eindeutig bei den Griechen. Der etwas später folgende Thukydides hat vielleicht eher Anspruch auf den Titel „Vater der Geschichte" im modernen Sinn. In seinem Meisterwerk *Der Peloponnesische Krieg* über den Konflikt zwischen Athen und Sparta (431–404 v. Chr.) präsentiert er seine Quellen und Beweise geradezu wissenschaftlich. Wo Herodot mit Legenden, Reiseberichten und Andeutungen göttlicher Absicht arbeitet, geht Thukydides viel sachlicher und direkter zu Werke. Weder fällt er moralische Urteile noch spekuliert er, auch wenn das sein Werk weniger gut lesbar und interessant macht als Herodots *Historien*. Die Zeit nach Thukydides wurde von Xenophon (*ca.* 430–352 v. Chr.) in seiner *Hellenika* festgehalten. Bedeutender war aber seine Biografie des Kyros von Persien. Diese war der erste historische „Roman", der Vorläufer einer langen Tradition einfallsreicher biografischer Schriften – sozusagen das erste Aufflackern des Romangenres.

Während Thespis – ein Sänger aus dem 6. Jh., der Legende nach der erste Schauspieler – und sein Schüler Prynichos (*Blütezeit*

511 v. Chr) die ersten Tragiker waren, gilt Aischylos (525–456 v. Chr) als der früheste griechische Dramatiker, dessen Werke heute noch existieren. Vermutlich arbeiteten die ersten griechischen Tragödien, die nicht erhalten sind, mit nur einem Schauspieler, dessen Handlungen von einem Chor im Bühnenhintergrund kommentiert wurden. Dieser Brauch wurde von Aischylos beibehalten. Abgesehen von seinem dramatischen Talent liegt seine Bedeutung aber vor allem darin, weitere Schauspieler eingeführt zu haben, sodass die Charaktere direkt interagieren konnten. Interessanterweise bezog sich sein frühestes erhaltenes Stück *Die Perser* (472 v. Chr) direkt auf seine Erfahrungen in der Seeschlacht um Salamis und geht somit Herodots Schriften zum gleichen Thema voraus.

Aischylos schrieb über 70 Stücke, von denen sieben erhalten sind: *Die Schutzflehenden*, *Die Perser*, *Die Sieben gegen Theben*, *Der gefesselte Prometheus* und die *Orestie*-Trilogie, bestehend aus *Agamemnon*, *Choephoren* und den *Eumeniden*. Die Erzählung folgt den Ereignissen im Hause Agamemnons nach dessen Rückkehr aus Troja. In seiner Abwesenheit hatte sich seine Frau Klytaimnestra einen Geliebten genommen, Aigisthos, Agamemnons Vetter. Als Agamemnon nach Mykene zurückkehrt, lässt Klytaimnestra ihn ermorden. In *Choephoren* kehrt Orestes, Agamemnons Sohn, nach Mykene zurück, um seinen Vater zu rächen. Er tötet Klytaimnestra und Aigisthos, wird aber für den Mord an seiner Mutter von den Furien verfolgt, als er in den Apollontempel in Delphi flüchtet. In den *Eumeniden* wird von Orestes' Auftritt beim Orakel von Delphi erzählt und von seiner Bitte an die Götter, ihn von den Furien zu befreien. Apollon verteidigt Orestes vor der Göttin Athene, die ihn von seinen Verbrechen freispricht und die Furien von ihrer Aufgabe erlöst. Abgesehen von der Debatte um richtiges Handeln, die sich durch die Trilogie zieht, kann man das letzte Stück als den Abschluss einer Reise von der Dunkelheit ins Licht, als eine Allegorie auf den Aufstieg des antiken, demokratischen Athens aus dem Zeitalter der Diktatoren oder als Triumph der Götter des Olymps über die ältere, grausamere dionysische Welt, repräsentiert durch die Furien, sehen.

MEDEA, Schauspielerin Sarah Siddons als Medea, 1792.
Medea, eines von Euripides' bekanntesten Stücken, erzählt von der unbarmherzigen Rache einer betrogenen Frau. In der Tragödie tötet Medea, die von ihrem Ehemann betrogen wurde, die gemeinsamen Kinder, um ihn zu bestrafen.

Das 5. Jh. v. Chr gilt im antiken Athen als das Perikleische Zeitalter, in dem drei außergewöhnliche Dramatiker in Erscheinung traten: Sophokles (496–406 v. Chr), Euripides (*ca.* 485–406 v. Chr) und Aristophanes (*ca.* 448–380 v. Chr). Wie Aischylos soll auch Sophokles unzählige Stücke geschrieben

SOPHOKLES,
Lateranmuseum, Rom
Der berühmte Athener Tragödiendichter Sophokles ist vor allem für seine Stücke *Aias*, *Antigone* und *Ödipus* bekannt. In vielerlei Hinsicht änderte er die Art und Weise, wie Tragödien aufgeführt wurden. Er erhöhte die Anzahl der Schauspieler von zwei auf drei und die der Chormitglieder von 13 auf 15. Dadurch konnte der Dramatiker auch komplexere Situationen darstellen. In seinen Stücken ging es vornehmlich um zwischenmenschliche Beziehungen. Eine weitere Erfindung war die Einführung großer bemalter Platten als Kulissen. Außerdem gab er Aischylos' Tradition von der verbundenen Trilogie auf und führte die Geschichte in einem einzigen Stück zu Ende.

haben, von denen aber nur sieben die Zeit überdauerten. Vielleicht war er noch einflussreicher als Aischylos, und er genoss bereits zu Lebzeiten hohes Ansehen. Seine Schriften und Einsichten in das menschliche Leben hatten Auswirkungen auf so unterschiedliche Schriftsteller wie Milton, Yeats und Freud. Zu seinen erhaltenen Stücken gehören *Aias*, *Elektra*, *Philoktetes* und *Die Trachinierinnen*. Auch Sophokles' bekanntestes Werk ist eine Trilogie, die Thebanische Trilogie, bestehend aus *Antigone*, *König Ödipus* und *Ödipus auf Kolonos*. Obwohl darin die Geschichte des Ödipus – der seinen Vater tötet, unwissentlich seine Mutter heiratet und später einer psychoanalytischen Theorie Freuds den Namen gab – erzählt wird, gibt es keinen Hinweis, dass die Werke ursprünglich als Trilogie gedacht waren. Vermutlich wurden sie im Abstand von mehreren Jahren geschrieben.

Im Gegensatz dazu verfasste der ebenfalls sehr produktive Euripides, der sich zweifellos der dramatischen Entwicklungen, die Aischylos und Sophokles untersuchten, bewusst war, ein umfangreicheres Lebenswerk (vermutlich 19 Stücke). Einige von ihnen, vor allem *Medea*, *Die Bakchen* und *Die Troerinnen*, sind noch immer Teil des Theaterrepertoires, nachdem sie durch Übersetzungen aus dem späten 19. und 20. Jh. wieder eingeführt wurden. Während Aischylos und Sophokles sehr mit Mythologie und Geschichte beschäftigt waren, die ihre Werke untermauern, weist Euripides eine Eindringlichkeit auf, die durch seine Konzentration auf die Charaktere seiner Hauptpersonen ein modernes Publikum eher anspricht. In seinen Händen werden die Figuren zu echten Menschen, die weder völlig gut noch völlig schlecht sind und so unsere Sympathien erwecken.

Während die drei großen Dramatiker Tragödiendichter waren, gilt Aristophanes als eine ganz andere, aber nicht weniger wichtige Figur. Obwohl es in Athen eine große Tradition der Satire und der Komödie gab, gelten die elf Stücke, die uns von Aristophanes bekannt sind, als die einzigen erhaltenen Beispiele. Zu ihnen gehören *Die Wespen*, *Die Frösche*, *Lysistrata* und *Die Weibervolksversammlung*. Wie moderne Satiren attackieren die Stücke prominente Persönlichkeiten und geben sie der Lächerlichkeit preis. Sie sind wertvolle und gleichzeitig amüsante Zeugnisse des damaligen Lebens in Athen. Nicht nur Politiker wurden zu Zielscheiben von Aristophanes' Humor – auch Euripides taucht in mehreren Stücken auf.

Aristophanes starb 380 v. Chr., als die weltliche Macht und der kulturelle Einfluss Athens zu wanken begannen. Im 5. und 4. Jh. v. Chr. stieg Athen jedoch zum Zentrum des philosophischen Diskurses auf, als einige außergewöhnliche Denker und Lehrer die Stadt zu ihrer Heimat machten: Zenon (*ca.* 490–430 v. Chr), Sokrates (*ca.* 470–399 v. Chr), Platon (*ca.* 428–348 v. Chr) und Aristoteles (384–322 v. Chr). Letzterer war Lehrer Alexanders des Großen. Mit dem Aufstieg des Makedonischen Reiches unter Philipp II. (*reg.* 359–336 v. Chr) und Alexanders des Großen (*reg.* 336–323 v. Chr) war der Niedergang des antiken Griechenlands besiegelt, obwohl die neuen hellenistischen Königreiche wenig zu bieten hatten, das es mit Athen im 5. Jh. aufnehmen konnte.

VON ROM BIS BYZANZ

Ab 168 v. Chr wird das makedonische Griechenland ins aufkeimenden Römischen Reich, das nun die dominante Macht in Südeuropa ist, integriert. Wie in vielen anderen Bereichen, von der Musik bis zur Architektur, so ahmte Rom die Errungenschaften der Griechen auch in der Literatur nach. Damit sollen die vielen hervorragenden Schriftsteller, Dichter und Dramatiker Roms keineswegs herabgewürdigt werden. Es ist lediglich ein Hinweis auf das nahezu überwältigende Erbe, das die Griechen der westlichen Literatur hinterlassen haben.

Von den ersten lateinischen Schriftstellern blieb wenig erhalten, allerdings existieren noch Werke der beiden bedeutendsten Komödiendichter, Plautus (*ca.* 254–184 v. Chr) und Terenz (*ca.* 190/180–159 v. Chr). Beide orientierten sich an den Stücken der Griechen, viele ihrer Arbeiten sind Neuinterpretationen für ein römisches Publikum. Sie schauten aber nicht auf die beißende politische Satire eines Aristophanes, sondern auf die „neuen Komödien" späterer hellenistischer Dichter, z. B. Menander (*ca.* 342–292 v. Chr), die meist unpolitisch waren. Da die griechische Literatur, bis die Texte im 19. Jh. weiter verbreitet wurden, obskurer blieb als lateinische Schriften, waren Dramatiker wie Plautus und Terenz wichtige Quellen für Schriftsteller, die etwas über die klassische Komödie lernen wollten.

Wenn das 5. Jh. v. Chr das Goldene Zeitalter der Athener war, so gilt das 1. Jh. v. Chr als entsprechende Phase für Rom. Bis zum Fall der Republik und der Geburt des Römischen Reiches unter Augustus 27 v. Chr traten im Rom des 1. Jh. einige der wichtigsten Figuren der westlichen Literatur in Erscheinung, allen voran Vergil (70–19 v. Chr). Zum einen halfen seine Werke bei der Schaffung einer Art mythologischer Rechtfertigung

DER TRIUMPH DES JULIUS CÄSAR,
Paolo Uccello, 100–44 v. Chr, Tempera auf Tafel, Musée des arts decoratifs, Paris

ROM

***ca.* 750 v. Chr** Gründung Roms.

509–265 v. Chr Die frühe Republik.

***ca.* 200 v. Chr** Plautus und Terenz schreiben römische Dramen nach griechischen Originalen.

168 v. Chr Rom erobert Makedonien und übernimmt die Macht in den hellenistischen Königreichen Syrien und Ägypten.

1. Jh. v. Chr Das Goldene Zeitalter; Werke von Vergil, Horaz, Ovid und Cicero entstehen.

45 v. Chr Julius Cäsar wird Alleinherrscher der Römischen Republik. Er schreibt *Commentarii de Bello Gallico* über den gallischen Krieg.

27 v. Chr Kaiser Augustus übernimmt die Macht als vom Senat gebilligter Prinzeps. Livius beginnt mit der Niederschrift der Geschichte Roms.

19 v. Chr Vergil stirbt, die *Aeneis* bleibt unvollendet.

54 v. Chr Nero wird Kaiser von Rom.

79 v. Chr Ausbruch des Vesuvs, Vernichtung von Pompeji und Herculaneum.

161–180 Marcus Aurelius ist Kaiser.

313 Konstantins Mailänder Vereinbarung garantiert Christen Religionsfreiheit.

330 Aus Byzanz wird Konstantinopel; ab 395 ist es Hauptstadt des Oströmischen Reiches.

OVID
Der römische Dichter elegischer Reime ist vor allem dafür bekannt, Latein an das daktylische Versmaß der Griechen anzupassen. Seine Hexameter in den mythologischen *Metamorphosen* sind ein hervorragendes Medium für die rasche Erzählung.

VERGIL, *Georgica*, 1469, Bibliothèque Municipale, Dijon.
Vergil, der als größter Dichter Roms gilt, ist vor allem für seine *Aeneis* bekannt, in der die Geschichte des legendären Stammvaters des Römischen Reiches, Aeneas, nach dessen Flucht aus Troja erzählt wird.

für den römischen Staat, zum anderen sollten sie immensen Einfluss auf spätere Autoren haben. In Anlehnung an Hesiod leistete er mit seinen Werken *Eclogae* und *Georgica* einen wichtigen Beitrag zum Genre der ländlichen Dichtkunst. Sein wichtigstes Werk, die *Aeneis*, orientiert sich an Homer. Darin erzählt Vergil das Ende des Trojanischen Krieges aus dem Blickwinkel der Trojaner und beschreibt die Flucht des Aeneas über Karthago, wo er eine unglückselige Affäre mit Königin Dido hat, nach Italien. Dort gründet er mit dem Segen der Götter die Stadt Rom. Die Gründung Roms mit dem verehrten Kanon der Griechen zu verbinden – selbst wenn die Römer behaupteten, von der Verliererseite abzustammen – war den Kaisern nach dem Fall der Republik sehr willkommen, um ihre diktatorische Position zu rechtfertigen. Sowohl Shakespeare als auch Milton wurden von Vergil beeinflusst. Seinen größten Auftritt in der späteren Literatur hat er jedoch in Dantes „Göttlicher Komödie".

Vergil war nicht der einzige Dichter seiner Zeit, der Eindruck auf zukünftige Generationen machte. Die Arbeiten von Catull (*ca.* 84–54 v. Chr.), Horaz (65–8 v. Chr.) und Ovid (43–18 v. Chr.) weisen alle die typisch römische Bandbreite an Stilen und Genres auf, oft begleitet von einer satirischen Einstellung und einer scharfen Beobachtungsgabe. Catull war vielleicht der Vielfältigste des Trios. Er schrieb Liebesgedichte, satirische Epigramme und elegische Verse. Horaz ist vor allem für seine Oden, die auf früher griechischer Lyrik basieren, und für das Untergenre bekannt, dem er den Namen verlieh: die Horazische Ode. Ovid war fast so vielseitig wie Catull, obwohl er vor allem für seine elegischen, teils erotischen Liebesgedichte und seine mythologischen *Metamorphosen* berühmt ist. Im späten 19. Jh. kamen Geschichten daraus wieder in Mode und führten zu Überarbeitungen durch eine Reihe von Autoren. Zudem inspirierten sie Kafka zum Titel seiner alptraumhaften Kurzgeschichte *Die Verwandlung (Metamorphose)*.

CICERO KLAGT CATILINA AN,
1882–1888, Freske von Cesare Maccari, Villa Madama, Rom.
Roms berühmter Redner und Staatsmann Cicero wurde 64 v. Chr. zum Konsul, ins höchste Amt Roms, gewählt. Er zerschlug eine Verschwörung von Senator Catilina und klagte ihn vor dem Senat an. Die berühmte Serie von Reden zwang Catilina zur Flucht. Als überzeugter Anhänger der Republik wurde Cicero zum Rücktritt gezwungen, als Julius Cäsar 48 v. Chr. seine Macht festigte. In dieser Zeit schrieb Cicero seine Abhandlungen.

Etwas später schrieb Seneca (*ca.* 4 v. Chr–65 v. Chr) sowohl Abhandlungen als auch Dramen. Als Philosoph und Politiker wie Cicero (siehe weiter unten) verfasste Seneca philosophische Abhandlungen, in denen er die Grundidee des Gleichmuts vertrat. Einmal schrieb er eine Rechtfertigung für seine Verteidigung des Gleichmuts im Angesicht seines eigenen enormen Reichtums und Komforts. Im Gegensatz zu den Werken vieler früher römischer Dramatiker und Dichter sind Senecas neun bekannte Dramen Tragödien, die sich mit Themen aus der griechischen Mythologie befassen. Vermutlich sollten diese recht blutigen Texte niemals aufgeführt, sondern bei kleinen, intimen Versammlungen vorgelesen werden.

In der Römischen Republik führten die politischen Vorgänge zu vielen öffentlichen Debatten und Reden, vor allem zur Verfolgung von Straftaten oder zu den fortlaufenden Kriegen und Machtkämpfen innerhalb der Politik. Der zweifellos größte Vertreter der Rhetorik und der ethischen Diskussion war Cicero (106–43 v. Chr), und viele seiner Reden wurden aufgeschrieben. Als brillanter Redner tauchte er tief in die launenhafte Politik Roms ein und war wiederholt dazu verdammt, ins Exil zu gehen. Der Einfluss seiner Abhandlungen und Ideen reichte bis ins Mittelalter und in die Renaissance hinein. Durch Cicero war es möglich, Teile der römischen Politikgeschiche des ersten vorchristlichen Jahrhunderts zu rekonstruieren. Er stellte sich Julius Cäsars (100–44 v. Chr) Versuch, den Senat zu übernehmen, entgegen, und beide Männer sollten sowohl in der Politik als auch in der Literatur Rivalen bleiben. Cäsars Schriften über seine Militärkampagnen sind zwar zwangsläufig eigennützig, aber dennoch brillant geschrieben und daher wertvolle Berichte aus erster Hand über die Gallier sowie über Gallien und Germanien.

Cäsars *Commentarii* lieferten eine zeitgenössische Version der Ereignisse, der wichtigste Historiker jener Zeit war jedoch Livius (59–17 v. Chr). Er versuchte, die gesamte römische Geschichte

PLINIUS DER ÄLTERE, Titelseite der *Naturalis Historiae.* Die *Naturalis Historiae*, bestehend aus 37 „Büchern", ist das erste Lexikon des Allgemeinwissens. Obwohl ungenau, war das Lexikon doch bis ins Mittelalter maßgeblich in Bezug auf wissenschaftliche Informationen.

bis zum ersten nachchristlichen Jahrzehnt festzuhalten. Von den 142 Büchern, aus denen sein gewaltiges Werk bestand, blieben nur 35 erhalten. Aus ihnen wurden jedoch von anderen Schriftstellern viele Passagen übernommen. So wurden sie zur Inspiration einer Reihe von Werken. Der spätere Historiker Tacitus (*ca.* 55–115 v. Chr) lieferte durch seine *Annalen* und *Historien* noch maßgeblichere Berichte über die Geschichte des Reiches, und in *Germania* wurden die Völker Germaniens ausgewogener beschrieben. Letzteres Werk wird als einer der ersten Versuche der Völkerkunde angesehen und ist eine grundlegende Quelle für die Frühgeschichte Nordeuropas.

Der Fall der Republik scheint den Eifer der römischen Dichter gedämpft und eine größere Verachtung für die Gesellschaft und ihre Herrscher erzeugt zu haben. Im ersten Jahrhundert richteten zwei Meister der Satire ihren zynischen Blick auf Rom: Martial (*ca.* 40–104 v. Chr) und Juvenal (*ca.* 60–136 v. Chr). Ihre beißenden Schriften überschütteten die Dekadenz der damaligen Gesellschaft mit Verachtung. Martial schrieb über 1500 Epigramme, die nach ihrer Übersetzung im 17. Jh. recht populär wurden, während Juvenal sich bei den Schriftstellern des 17. und 18. Jh. für seine 16 Satiren, die sich mit den Schwächen des kaiserlichen Roms befassen, ähnlicher Beliebtheit erfreute.

In der Prosa kam das erste Jahrhundert besser weg. Eines der ersten Werke zur Naturkunde wurde von Plinius dem Älteren (23–79 v. Chr) verfasst. In dem umfangreichen Werk sollte – wie später bei den französischen Enzyklopädisten, auf die Plinius besonderen Einfluss hatte – alles Wissen zusammengetragen werden. Die *Naturalis Historiae* befasst sich mit so unterschiedlichen Themen wie Architektur, Bergbau, Landwirtschaft und Textilien. Plinius' Neffe (Plinius der Jüngere, 62–112 v. Chr) ist für seinen Bericht über den Ausbruch des Vesuvs und die Zerstörung Pompejis und Herculaneums bekannt.

Aber nicht nur in Rom gab es bemerkenswerte literarische Bestrebungen: In Griechenland, seit 168 v. Chr unter römischer Herrschaft, wurde Plutarch (*ca.* 50–125 v. Chr) zum bekanntesten Biografen und Essayisten seiner Zeit. In einem seiner berühmtesten Werke, *Parallele Lebensbeschreibungen*, werden Figuren aus der griechischen und römischen Geschichte in Paaren gegenübergestellt, um so auf ihre relativen Stärken und Schwächen aufmerksam zu machen. Unter seinen Biografien finden sich auch die Alexanders des Großen und Pyrrhus'. Als Essayist ist er für seine *Moralia* bekannt, in der er über einen Großteil der philosophischen Debatten und Verhaltensregeln der Antike schreibt.

Mit Kaiser Konstantins Mailänder Vereinbarung aus dem Jahr 313, in der er den Christen Religionsfreiheit garantierte, sowie mit der Teilung des Reiches 395 und dem Aufstieg Konstantinopels und Byzanz' im Osten ging das „Silberne Zeitalter" Roms zu Ende. Durch die Annahme des Christentums als Staatsreligion verschwand die bisherige literarische Welt und wurde durch die Schriften der Kirchenfürsten und zu Beginn des Mittelalters der Bibel als vordringlichen literarischen Einfluss ersetzt.

THOR ANGELT DIE MIDGARD-SCHLANGE, aus dem *Hymirlied (Das Boot des Riesen Hymir)*, Feder und Tinte auf Papier, Königliche Bibliothek, Kopenhagen

SKANDINAVISCHE UND GERMANISCHE MYTHOLOGIE

Die germanischen Völker Nordeuropas – in Germanien, Skandinavien und z. T. in England – haben ein umfangreiches Gesamtwerk an Literatur und Mythologie hinterlassen, das auf die Zeit vor der Aufzwingung des Christentums zurückgeht. Der Pantheon der germanischen und nordischen Götter (die Namen unterscheiden sich oft nur minimal) ist uns vor allem aus der *Snorra-Edda* des isländischen Dichters Snorri Sturluson (1178–1241) bekannt. Darin erzählt er eine Reihe nordischer Mythen in meisterlichem Gebrauch der verschiedenen nordischen Versmaße. In einer weiteren Sammlung aus dem 12. Jh., der *Liederedda*, wird ebenfalls die Geschichte der nordischen Götter sowie die Epen einiger germanischer und nordischer Helden erzählt.

Besonders bemerkenswert ist Odin/Wotan (nordische/germanische Form), der mächtigste Gott, der im mythischen Walhall zwischen den gefallenen Helden lebt, die von den Walküren vom Schlachtfeld dorthin gebracht wurden. Er wird vor allem mit dem Schutz der Wälsungen, der Helden des germanischen *Nibelungenlieds,* in Verbindung gebracht. Dieses Epos aus dem 13. Jh. bezieht einen Großteil seines Materials aus den *Eddaliedern* (über die *Völsunga-Saga*). Erzählt wird die Geschichte Sigmunds und seines Sohnes Siegfried, Siegfrieds Liebe zu Brünhild, seine Hochzeit mit Kriemhild und sein Tod durch Hagen. Dieses vielleicht größte germanische Epos bildet das Fundament von Richard Wagners Opernzyklus *Der Ring des Nibelungen*.

Ein weiterer Gott ist Thor/Donar, der Donnergott. Während Odin allein über Germanien herrschte, war Thor in Teilen Skandinaviens der bedeutendste Gott. Man erkennt ihn an seinem gewaltigen Hammer, mit dem er es donnern und blitzen lässt. Thor repräsentiert den Paradehelden.

Die Göttin Frigg/Frija/Freya wird manchmal in zwei Göttinnen unterteilt, aber beiden gelten als Ehefrau Odins. Loki ist der Gott des Feuers und der Gaunerei und scheint dem christlichen Konzept Satans einige seiner Eigenschaften verliehen zu haben. Er ist einer der wichtigsten nordischen/germanischen Götter, nicht zuletzt, weil es durch seine Handlungen zum Weltuntergang, der Ragnarök oder

BRÜNHILD UND DIE WALKÜREN Dritter Akt: Brünhild befiehlt ihren Walküren, Sieglinde zu retten (Mary Evans Picture Library).

Götterdämmerung, kommt. Neben diesen Hauptgottheiten gibt es eine Vielzahl niederer Götter, Trolle, Kobolde, Helden und Geister, von denen viele mit bestimmten Landschaftsaspekten in der nordischen und germanischen Welt in Verbindung gebacht werden.

Finnland, das kulturell und linguistisch nichts mit der germanischen Welt zu tun hat, besitzt eigene Mythen und Legenden, welche die vorchristliche Weltsicht prägten. Diese stehen im *Kalevala*, einem Gesamtwerk aus mündlichen Überlieferungen und Erzählungen, das im 19. Jh. erstmals aufgeschrieben wurde. Viele der Geschichten darin sind wahrscheinlich sehr alt.

OLAF UND DIE ALTE FRAU, Laxdæla-Saga, Legende um 956. In Irland versichert Olaf der alten Frau auf seinem Schoß, dass es ihrer Pflegetochter Melkorka in Island gut geht, und gibt ihr einen vertrauten Gürtel und ein Messer.

Die Sagen

Vielleicht die bekanntesten und beliebtesten nordischen Epen sind die Sagen (vom altnordischen *saga*, „Gesagtes"). Diese isländischen und norwegischen Erzählungen kann man in drei Kategorien unterteilen: Heldensagen, Königssagen und Familiensagen. Zu Ersteren gehören die *Völsunga-Saga*, eine der Quellen des *Nibelungenliedes*, aber auch die *Sturlunga-Saga*, in der Helden aus der nahen Vergangenheit vorkommen. Eine der vollendetsten Königssagen ist sicherlich Snorri Sturlusons *Heimskringla*, die Geschichte der norwegischen Könige bis 1177. Die nordischen Dichter des 11. und 12. Jh. schrieben Königssagen generell als Skaldendichtung, einem komplexen Regelwerk aus Reimen, Alliterationen und Versmaßen.

Einen Großteil der Sagen stellen jedoch die Familiensagen – Erzählungen über die Besiedelung und die Geschichte Islands sowie über die Familien, die von den ersten Siedlern abstammen. Man verfolgt in den Geschichten die Entwicklung der isländischen Gesellschaft von einzelnen Siedlungen hin zu einer Gemeinschaft mit zentralisierten Gesetzen, Bräuchen und einer Regierung. Ein Großteil dessen, was wir von der isländischen Frühgeschichte wissen, stammt aus diesen Sagen, und viele isländische Familien können noch heute ihre Abstammung darin

DIE VÖGEL WARNEN SIGFRIED
Im *Nibelungenlied* kann Siegfried, nachdem er Drachenblut gekostet hat, die Sprache der Vögel verstehen, die ihn warnen wollen. (Mary Evans Picture Library)

zurückverfolgen. Die zweifellos berühmtesten dieser Sagen sind die *Laxdæla-Saga* über die Liebe und das Geschick einer der mächtigsten isländischen Familien sowie die *Njáls-Saga*. Darin geht es um Gunnarr, einen tapferen Helden, der in einem Kampf stirbt, welcher durch eine Fehde seiner Frau Hallgerr ausgelöst wurde. Der Titel der Sage bezieht sich auf Njáll, einen treuen Freund Gunnarrs.

Die Eyrbygga- und Grettis-Sagen sind ebenfalls Familiengeschichten, enthalten aber auch Erzählungen über Trolle, Tote und andere übernatürliche Geschehnisse. Einige der Volkssagen enthalten lose Strophen *(lausavísur)* und Liebesgedichte im skaldischen Versmaß.

KELTISCHE MYTHEN UND LEGENDEN

DREI SZENEN AUS PARZIVAL,
Bibliothèque des Arts Décoratifs, Paris.
Kopie eines Manuskripts aus dem 13. Jh.
von Eschenbachs epischem Gedicht *Parzival*

Von einer keltischen Welt allgemein zu sprechen, die alle Völker – die Siedler in den Zentralalpen, Schotten, Iren, Waliser, die Bewohner Cornwalls, Bretonen, Basken bis zu den frühen Briten – umfasst, ist ausgesprochen problematisch. Heute verbindet diese Gruppen kaum etwas, und die Gelehrten sträuben sich, ihnen allen eine ähnliche kulturelle Vergangenheit zuzuschreiben. Zusätzlich lassen sich die archäologischen Beweise, die großteils aus dem römischen Einfall in die keltische Welt stammen, kaum mit den keltischen Mythen und Legenden, die wir kennen, verbinden. Die meisten schriftlichen Quellen stammen aus Wales und vor allem aus Irland. Erhalten blieben sowohl Poesie als auch Prosa. Das älteste Manuskript stammt aus dem 8. Jh., obwohl einige der Geschichten darin sehr viel älter sind.

Die irischen und die walisischen Sammlungen erhaltener Erzählungen haben vieles gemeinsam und unterstützen sich gegenseitig, sodass es zumindest grob eine gemeinsame Kultur der beiden Völker und Gegenden gegeben zu haben scheint. Oft wurden die Mythen von christlichen Mönchen aufgeschrieben und überarbeitet, um sie an die christliche Denkweise anzupassen und um sich, sofern es die frühen Missionare betraf, zu rechtfertigen. Die irischen Quellen enthalten meist mehr Details über den Glauben der frühen Völker, wie man im *Buch von Leinster*, im *Buch der dunklen Kuh*, in *Ballymote* und im *Gelben Buch von Lecan* nachlesen kann. Eine der wichtigsten Quellen ist jedoch das *Lebor Gabála*, das *Buch der Übernahmen Irlands*. Darin wird die Geschichte Irlands anhand einer Reihe von Mythen erzählt. Welle um Welle kamen die Eroberer ins Land und brachten neue Technologien (z. B. die Goldschmiedekunst) mit. So veränderten sie die Landschaft vor der Ankunft der mythologischen Vorfahren der heutigen Iren, den Söhnen des Mil.

Die Invasion unmittelbar vor der Ankunft der Söhne des Mil war eine der bedeutendsten. Die Tuatha Dé Danann kann man als Götter des keltischen oder zumindest irischen Pantheons bezeichnen. Die wichtigsten waren Dagda und Lug, denen die Iren keine bestimmten Eigenschaften, sondern eine ganze Reihe von Kräften zuschrieben. Über sie gibt es viele Geschichten. Dagda steht für Leben, Tod und Fruchtbarkeit. Er soll eine riesige Keule hinter sich hergeschleift haben, welche Macht über Leben und Tod hatte. An bestimmten Feiertagen musste er riesige Mengen Haferbrei essen und mit einer Tochter der herrschenden Familie schlafen, um seine Rolle bei der menschlichen Fruchtbarkeit

CÚCHULAINN
Cúchulainn ist ein großer Held der irischen Mythologie, der in den Geschichten des Ulster-Zyklus auftaucht, aber auch in der schottischen Folklore sowie in der Folklore der Isle of Man. Hier ist er auf dem Weg zur Festung von Emain Macha zu sehen.

MACHA VERFLUCHT ULSTER-MÄNNER
Die göttliche Königin Macha, eine Schlüsselfigur des Ulster-Zyklus, verflucht die Männer von Ulster, weil diese einst ihre Tapferkeit angezweifelt hatten.

zu bestätigen. Lug war für seine Gelehrtheit bekannt. Der Legende nach war er Krieger, Dichter, Schmied, Ahnenforscher und Zauberer. Die irischen Göttinnen traten vor allem als das Dreigestirn Danu, Anu und Brigit auf. Alle drei waren u. a. für die Fruchtbarkeit des Bodens verantwortlich. Die Göttin Macha war Kriegerin, aber gleichzeitg auch für die Geburt zuständig. Die schrecklichste der Kriegsgöttinnen aber war Morrigan, die in einer Reihe von Gestalten erscheinen konnte.

Die mythologische Geschichte der Waliser scheint mehr mit christlichen Zusätzen versehen zu sein, oft kann man jedoch eine direkte Verbindung zwischen den Figuren in ihrem Haupttext, dem *Mabinogion*, und den Göttern und Helden aus irischen Quellen erkennen. Das *Mabinogion* besteht aus vier Geschichten, die aus zwei Manuskripten, dem *White Book of Rhydderch* (1300–1325) und dem *Red Book of Hergest* (1375–1425) zusammengetragen wurden. In den Geschichten geht es um Pwyll, den Vater des Pryderi, um Branwen, die Tochter des Llyr, um Manawyddan, den Sohn des Llyr, und um Pryderis Tod. Manawyddan und Llyr entsprechen den irischen Gotthelden Manannán and Lir, aber die Kinder des Llyr wirken als Gruppe eher britisch. Herauszuheben ist Bran, der Bruder Manawyddans. Manawyddan ließ eine schreckliche Festung aus Knochen erbauen, Bran war der Hüter des magischen Kessels, der Tote zum Leben erwecken konnte.

Eine weitere Familie, die zwar Ähnlichkeit mit irischen Göttern hat, aber nur in walisischen Texten vorkommt, sind die Kinder des Don. Unter ihnen ist Gwydion, der Ähnlichkeiten mit Dagda und Lug aufweist, sowie der Schmied und Braumeister Govannnan, der dem irischen Gott Gobniu zu entsprechen scheint. Zwei Götter ohne Parallelen zu irischen Mythen sind die Göttin Arianrod und ihr Sohn Llew, die auch mit Sternbildern assoziiert werden.

Neben den Göttern gab es noch die Heldentradition, von der die Artuslegende ein Teil gewesen sein mag. Artus war der wichtigste Held der Briten. Der bedeutendste Held der Iren war Cúchulainn. In einer Version der Geschichte stammt er von Lug ab. Nachdem er mit sieben Jahren den wilden Wachhund des Schmiedes Culann erschlagen hatte, wurde er während des Rinderraubes von Cualnge zum Beschützer des Königreiches Ulster gegen die anderen vier irischen Provinzen ernannt. In der Schlacht starb er den Heldentod.

DIE RITTER ESCLABOR UND ARPHASAR BIETEN KÖNIG ARTUS IHRE DIENSTE AN
In frühen keltischen Quellen aus Wales, Cornwall, dem schottischen Tiefland, Britannien und Cumbria ist Artus eine wichtige kulturelle Figur. Er besetzt dabei mehrere Rollen: Anführer, Krieger, Häuptling, Held und Sieger über die Angelsachsen, um nur einige zu nennen.

Kapitel 2

MITTELALTER

KIRCHE UND RITTERTUM

CHAUCER LIEST EDWARD III. UND SEINEM HOF DIE *CANTERBURY TALES* VOR, im Sheen Castle, Surrey, England
In den *Canterbury Tales*, verfasst in den 1830er-Jahren, geht es um eine Gruppe von Pilgern, die einander Geschichten erzählen, während sie gemeinsam auf der Reise nach Canterbury sind, dem Sitz der englischen Kirche und der letzten Ruhestätte Thomas Beckets. Das Werk ist ein Querschnitt durch die mittelalterliche, feudale, kirchliche und städtische Gesellschaft. Chaucers Interesse an Personen aus dem Mittelstand wie Köchen, Schreinern, Müllern, Priestern, Anwälten, Händlern, Schreibern und Ärzten reflektiert den Aufstieg des Mittelstands im 14. Jh.

LINKE SEITE: Kopf Karls des Großen (742–814), Tournai-Teppich, Musée des Beaux-Arts, Dijon

Nach der Teilung des Römischen Reiches in das Weströmische (mit Rom als Hauptstadt) und das Oströmische Reich (mit Konstantinopel, ehemals Byzanz, als Hauptstadt) änderten sich die Machtverhältnisse in Europa. Dies traf mit der Einführung des Christentums in großen Teilen des Kontinents zusammen, einem fortlaufenden Prozess, der erst Anfang des zweiten Jahrtausends abgeschlossen war. Die Macht der Kirche über die Kultur – die schönen Künste, die Musik und die Literatur – war unvorstellbar. Großen Teilen Europas ließ sie nur einen Erzählstrang, den der Bibel. Aus diesem Blickwinkel mussten Schriftsteller, Dichter und Chronologisten nun die Welt interpretieren. Zusätzlich wies die Welt jetzt deutlich weniger Stabilität auf als zu Zeiten des Römischen Reiches. All das führte jedoch zu den Anfängen einer nationalen Literatur und brachte vermehrt Schriften hervor, die in den Umgangssprachen verfasst wurden. Nach und nach wurde so der europaweite Gebrauch von Latein als bevorzugte Sprache in der Literatur ersetzt. Auch dieser Vorgang zog sich bis weit ins zweite Jahrtausend hinein. Die Überschneidung zwischen dem Mittelalter und der darauf folgenden Epoche der Renaissance war beträchtlich. Die Werke des englischen Schriftstellers Geoffrey Chaucer (1343–1400) oder seines Freundes John Gower (1330–1408) stehen für den Versuch, zwei Weltanschauungen unter einen Hut zu bringen, wobei die mittelalterliche Ästhetik im Lauf von 200 Jahren langsam schwand.

JOHN GOWER,
Autor von *Mirroir de l'Omme*, *Vox Clamantis* und *Confessio Amantis*

Unsere Kenntnis der Literatur in den ersten 500 Jahren nach Christus ist lückenhaft, da die Europäer damit beschäftigt waren, sich nach dem Zusammenbruch des Römischen Reiches neu zu organisieren und zu orientieren. Es wäre jedoch ein Fehler, diese Phase als finsteres Zeitalter anzusehen, nur weil nicht viele Texte überdauert haben. Die erhaltenen Texte deuten auf eine lebendige Tradition bardischer und epischer Erzählungen hin, die erst viel später aufgeschrieben wurden. Dies geschah oft in den Randgebieten Europas und in den Gegenden, die sich dem römischen Einfluss entzogen. Gute Beispiele dafür sind die isländischen Sagen, das germanische *Nibelungenlied* und das walisische *Mabinogion*. Diese von traditionellen

AUGUSTIN IN SEINER ZELLE
ca. 1480, Fresko von Sandro Botticelli, Kloster Ognissanti, Florenz, Italien. Augustinus von Hippo ist vor allem durch sein Werk *De Civitate Dei* (*Vom Gottesstaat*) aus dem 5. Jh. bekannt. Als Rom 410 von den Westgoten geplündert wurde und die Römer dies als Strafe für die Abkehr von ihrer Religion ansahen, diskutierte Augustinus das Verhältnis des Christentums zu anderen Religionen und Philosophien.

Überlieferungen abstammenden Werke enthalten, wie auch die Berichte über Kriege in den Regionen, verfasst von römischen Feldherren, unerlässliche Informationen über das Leben der Menschen im vorchristlichen Nordwesteuropa. Direktere, einheimische Texte wie die eines Plinius gibt es von diesen Völkern jedoch nicht.

Im Mittelalter wurden verstärkt religiöse Kommentare verfasst. Zudem nahm die biografische Tradition, bei der das Leben von Heiligen und Kirchenfiguren nacherzählt wurde, ihrem Anfang. Bibelgeschichten wurden in Form religiöser Stücke nachgespielt. Außerdem kam es immer häufiger zu Neuinterpretationen von Legenden, die mit der Zeitgeschichte verflochten wurden. Diese Geschichten stärkten das aufkeimende Nationalgefühl – der Nationalmythos entsteht – und belegten zudem das Ideal von Verhaltensmustern, vor allem für die Liebe, in dem die christliche Moral mit den sozialen Normen der Zeit kombiniert wurde.

MÖNCHSTUM, BIBLISCHE KOMMENTARE UND DAS LEBEN DER HEILIGEN

Viele der noch erhaltenen mittelalterlichen Texte stammen aus den großen Klosterbibliotheken. Das Mönchstum, das um das 3. bis 4. Jh. in den Wüsten und Bergen Ägyptens und auf dem Sinai seinen Anfang nahm, war eine der großartigen Erfindungen des Christentums. Der Rückzug in die religiöse Abgeschiedenheit sollte dazu dienen, sich strenger an die Grundsätze zu halten, welche die frühen Kirchenväter aus der Bibel abgeleitet hatten. Diese Grundsätze waren das Ergebnis einer genauen Bibelanalyse und wurden durch die Bewahrung und Weitergabe der biblischen Erzählungen sowie der Lehren, die daraus gezogen wurden, verbreitet. Aufgrund des damaligen Standes der Technik war das Kopieren oder Ersetzen von Texten eine zeitaufwendige Tätigkeit, die vielleicht nur in einer abgeschiedenen Gemeinschaft, unterstützt von einer Gruppe Gleichgesinnter, möglich war. Da nur wenige lesen und schreiben konnten, ist es nicht verwunderlich, dass die meisten mittelalterlichen Werke aus der Feder von Kirchenmännern stammen. In den Schreibstuben mittelalterlicher Klöster wurden Texte, oft liebevoll illustriert, von den Mönchen gewissenhaft wieder und wieder kopiert.

Nachdem Kaiser Konstantin die Religionsfreiheit für Christen verkündet hatte, entstanden bald erste christliche Schriften. Der heilige Athanasius (296–373), Bischof von Alexandria, schrieb

476 Untergang Westroms.

632–733 Muslimische Eroberungen in Arabien, Syrien, Palästina, Mesopotamien, Ägypten, Nordafrika, Persien, Nordwestindien und auf der Iberischen Halbinsel.

750 Das erste englische Epos, *Beowulf*, wird in Altenglisch verfasst.

750-790 Erste althochdeutsche Texte entstehen, darunter die *Merseburger Zaubersprüche* und das *Hildebrandslied*.

800 Karl der Große wird zum Kaiser des Heiligen Römischen Reiches gekrönt.

962–1806 Heiliges Römisches Reich.

1096–1291 Kreuzzüge zur Rückeroberung des Heiligen Landes von den Muslimen.

ca. 1204 Das mittelhochdeutsche *Nibelungenlied* entsteht.

1225 *Parzival*, ein mittelalterliches Epos, wird von Wolfram von Eschenbach in Mittelhochdeutsch verfasst.

1273 Thomas von Aquin schreibt *Summa Theologica*.

14. Jh. Im *Mabinogion* werden erste Geschichten über König Artus erzählt.

1307 Dante Alighieri veröffentlicht seine *Göttliche Komödie*.

1337–1453 Hundertjähriger Krieg zwischen England und Frankreich.

1346–1351 Die Pest rottet ein Drittel der europäischen Bevölkerung aus.

1375 *Sir Gawain und der Grüne Ritter* wird in Mittelenglisch verfasst.

1386 Geoffrey Chaucer vollendet die *Canterbury Tales*.

1436-1440 Johannes Gutenberg erfindet die Druckerpresse mit beweglichen Metall-Lettern.

1484 Thomas Malory veröffentlicht *Le Morte d'Arthur*.

eine Hagiografie des heiligen Antonius. Zudem wird ihm das Athanasische Glaubensbekenntnis zugeordnet. Das wichtigste Werk des Augustinus von Hippo (354–430) war *De Civitae Dei* (413–427), das später dazu verwendet wurde, den Argumenten der Scholastiker zu widersprechen. Der produktivste der frühen Kirchenväter war der heilige Gregor (540–604), der für eine Neuorganisation des Klostersystems verantwortlich war.

KARL DER GROSSE MIT ALKUIN
Alkuin verbrachte seine jungen Jahre in Yorkshire, England. 781 traf er Karl den Großen in Italien und nahm dessen Einladung an, Direktor der Palastschule an Karls Hof in Aachen zu werden. Dort blieb er bis in die 780er- bzw. 790er-Jahre. Er verfasste viele theologische und dogmatische Abhandlungen, eine Reihe grammatikalischer Schriften und einige Gedichte. Zudem zählte er zu den wichtigsten Baumeistern der karolingischen Renaissance.

Eine der ersten erhaltenen Klosterschriften der Britischen Inseln ist ein Bericht über das Leben des heiligen Kolumban, vermutlich aus der Feder von Adomnan (625–704), Abt des Klosters von Iona. Neben diesem war Canterbury damals ein wichtiges Zentrum. Unter dem Einfluss und der Führung Theodors von Tarsus entstand dort eine Schule von Denkern und Schriftstellern, die eine ganze Reihe anglo-lateinischer Schriften hervorbrachte. Unter ihnen befand sich z. B. Aldhelm von Sherborne (639–709). Das bemerkenswerteste seiner erhaltenen Werke ist eine Reihe lateinischer Rätsel, die sich in einem Brief an Aldfrith, den König von Northumbria, finden.

Alkuin (735–804), der große Denker der karolingischen Renaissance, stammt vom Hof Karls des Großen (742–814). Obwohl der erste Kaiser des Heiligen Römischen Reiches selbst Analphabet war (er unterschrieb mit drei kleinen Punkten), war er doch ein großer Förderer gelehrter Unternehmungen an seinem Hof und stattete seine Schriftsteller und Philosophen sehr gut aus. Unter seiner Herrschaft entwickelte Alkuin ein Erziehungssystem und schrieb eine Reihe von Werken über Grammatik und Philosophie. Gelehrte und Wissenschaftler wurden jedoch nicht nur in Kontinentaleuropa von inspirierten Herrschern gefördert. König Alfred („der Große", 848–899) von England war nicht nur selbst ein Gelehrter (er übersetzte die *Historia Adversus Paganos*), sondern fühlte sich auch dazu berufen, das Lehren in seinem Land wieder neu zu beleben, nachdem es zuvor wenig gefördert worden war.

Ähnliche biografische Werke gibt es auch aus den französischen Klöstern. Eines der bemerkenswertesten stammt von Abbo von Fleury (945–1004), der über das Leben der Heiligen schrieb. Die Benediktiner von Fleury waren für die Wiedereinführung einer strengen klösterlichen Ordnung, die im 10. Jh. vom heiligen Aethelwold (908–984), als er Bischof von Winchester wurde, übernommen wurde. Er übersetzte das Regelwerk des heiligen Benedikts und war der Mentor eines der wichtigsten und produktivsten Schriftsteller altenglischer Werke, Aelfric (955–1010). Dieser galt als einer der gelehrtesten Männer seiner Zeit. Sein bekanntestes Werk ist *Das Leben der Heiligen* (993–998). Der spätere Mönch und Chronist Matthäus Paris (gest. 1259) schrieb neben der Historie *Chronica Majora* auch die *Vitae Abbatum S. Albani*, die Geschichte der Äbte von St. Albans.

Peter Abeleard (1079–1142) wurde oft als Anstifter der Scholastik, einer rationalen Theologie, die eine radikale Abkehr von der bisherigen katholischen Lehre war, bezeichnet. 1142 wurde er im Konzil von Sens als Ketzer verurteilt. Sein *Sic et Non* war ein einflussreiches Werk, aber sein wohl größtes literarisches Erbe sind die Briefe an seine Schülerin Héloïse, die Nichte des Kanonikers von Notre-Dame. Ihre Liebe ist der Inbegriff der hoffnungslosen, romantischen Bindung, die in der mittelalterlichen Literatur bevorzugt wurde. Spätere Schriftsteller inspirierte sie dazu, das Paar als Vorbild einer allumfassenden, wenn auch fernen Hingabe hochzuhalten.

Im Konzil von Sens sah sich Abeleard Bernhard von Clairvaux gegenüber, der sich nach den Schriften des Augustinus von Hippo richtete, dessen Ideen die am häufigsten verwendete Verteidigung gegen die Scholastiker darstellten. Trotzdem blieb die Scholastik bis zum Ende des Mittelalters über eine der einflussreichsten Lehren. Der Dominikaner Albertus Magnus (1206–1280) schrieb ausführliche Abhandlungen über die Werke von Aristoteles und verlieh so der Lehre, die rational an die Aussagen der Bibel heranging und sich auf die Werke der griechischen Philosophen bezog, eine starke Grundlage.

THOMAS VON AQUIN

Thomas von Aquin war ein sehr einflussreicher Philosoph und Theologe in der scholastischen Tradition. Er entwickelte eine detaillierte Synthese des Christentums und der aristotelischen Philosophie, die 1879 zur offiziellen Doktrin der römisch-katholischen Theologie wurde. Seine bekanntesten Werke sind *Summa Theologica* und *Summa Contra Gentiles*, wobei Ersteres die vollständigste Aussage über sein philosophisches System enthält.

Als philosophische Bewegung erreichte die Scholastik in den Schriften Thomas von Aquins (1225–1274), allen voran in *Summa Theologica*, ihren Höhepunkt. Aquin, ein Dominikanermönch aus Italien, studierte bei Albertus Magnus. Als Schriftsteller hatte er großen Einfluss und ebnete den Weg für die Werke Dantes, insbesondere für die *Göttliche Komödie*. Durch die Werke Wilhelm von Ockhams (1285–1349) erlebte die Scholastik schließlich im 14. Jh. einen letzten Höhepunkt.

Auch die Augustiner befassten sich mit dem Platz der Vernunft im Christentum. Der wichtigste Verfechter dieses philosophischen Standpunktes war der heilige Anselm (1033–1109). Ursprünglich aus Aosta in Italien stammend, zog er in die Normandie und wurde später zum Erzbischof von Canterbury ernannt. Unter seinen Werken befinden sich das *Monologion* und das *Proslogion*. Besonders Letzteres war durch seine philosophische Verteidigung der Existenz Gottes sehr einflussreich. Vernunft und Logik waren auch die treibenden Kräfte hinter der ersten umgangssprachlichen Bibelübersetzung durch John Wycliffe (1330–1384), dessen Attacken auf die Exzesse der Kirche denen Martin Luthers um mehrere Jahrhunderte vorausgingen.

RELIGIÖSE DRAMEN

Religiöse Stücke, in denen Episoden aus der Bibel nachgespielt wurden, waren vom 13. bis 15. Jh. in Europa weit verbreitet. Eine Reihe von ihnen existiert noch heute, z. B. die *Passionsspiele* in Oberammergau. Gemeinhin als „Mysterienspiele" bekannt, wurden sie nach der französischen Bezeichnung für ihre Schauspieler (mestier, vom französischen „métier", Beruf oder Gewerbe) benannt. Vorläufer der Mysterienspiele findet man in der anglo-französischen Literatur (der Sprache, die von einigen nach der Eroberung Englands durch die Normannen im Jahr 1066 verwendet wurde), besonders in dem religiösen Drama *Mystère d'Adam* (Mitte des 12. Jh.). Darin geht es um Themen, die erst später verbreitet wurden, etwa um Adam und Evas Verbannung aus dem Garten Eden oder um die Geschichte von Kain und Abel. .

VORBEREITUNG AUF EIN MYSTERIENSPIEL, 16. Jh., Holland

Vier englische Zyklen – aus York, Chester, Wakefield und einer anonymen Quelle – haben die Zeit überdauert, und es scheint, als habe jede Stadt ihren eigenen Zyklus besessen. Jeder Handelsgilde wurde die Aufgabe übertragen, die Stücke jährlich an den wichtigen religiösen Feiertagen, vor allem aber an Fronleichnam, aufzuführen. Oft waren mehrere Autoren, die meist alle aus der Gegend kamen und auch lustige Episoden aus dem Alltag der normalen Leute hinzufügten, an einem Stück beteiligt. Während säkuläre Elemente seit Langem Teil religiöser Dramen waren – vor allem als komisches Intermezzo –, sollte es noch eine Weile dauern, bis das erste wirklich weltliche Stück in Englisch aufgeführt wurde. *Fulgens und Lucrece* wurde von Henry Medwall (*Blütezeit* 1486) geschrieben und verkündete die Ankunft der Renaissance im Theaterstück.

GESCHICHTE UND LEGENDE

In einigen der frühesten bardischen Werke erfahren wir viel über die Geschichte Westeuropas, was sonst vielleicht untergegangen wäre. So wird etwa im Gedicht *Y Gododdin* (vermutlich von dem Barden Aneirin im 6. Jh. verfasst; das früheste Manuskript stammt jedoch aus dem 13. Jh.) die Geschichte der Schlacht von Catreath erzählt.

Neben dieser bardischen Tradition kam im Lauf der Zeit auch ein umfangreiches Gesamtwerk an Historien anglo-lateinischer Autoren ans Licht. Zu denWichtigsten gehören Bede (673–735), Eadmer (frühes 12. Jh.), der Benediktinermönch Geoffrey von Monmouth (*gest.* 1155), bekannt für seine Erzählungen über König Artus, sowie William von Malmesbury (1095–1143) und Henry von Huntingdon (1084–1155). Von dieser Gruppe ist der Mönch Bede, der den Großteil seines Lebens im Kloster St. Paul in Jarrow, Northumbria, verbrachte, der wohl berühmteste und zuverlässigste. Seine *Historia Eccelsiastica Genti Anglorum* (731) ist eine der vorrangigsten Quellen englischer Frühgeschichte. Bede war auch für viele Bibelkommentare verantwortlich und unternahm mit seiner *De Natura Rerum* nach Plinius einen der ersten Versuche auf dem Gebiet der Naturkunde.

Das Schreiben von Historien war jedoch keineswegs Gelehrten vorbehalten, die Latein sprachen. Eine der wichtigsten Quellen für die Geschichte der Britischen Inseln vor den Eroberungen wurde in Englisch geschrieben; die Manuskripte sind insgesamt als *Angelsächsische Chronik* bekannt. Darin wird die Geschichte Englands ab dem 5. Jh. erzählt, und es ist zu vermuten, dass König Alfred Teile der Chronik in Auftrag gab. Die letzten Einträge stammen jedoch von 1154. Neben Historien schrieben einige Gelehrte auch erd- und naturkundliche Werke über verschiedene Teile der Britischen Inseln. Giraldus Cambrensis (1146–1220) verfasste die *Itinerarium Cambriae* und die *Topographia Hibernica*, geografische Historien von Wales und Irland. Eine ähnliche Quelle für die walisische Geschichte sind die *Annales Cambriae* aus dem 10. Jh., die einige Beweise für den historischen Hintergrund der Artuslegende liefern.

Artus, die wohl berühmteste und wichtigste Figur der säkulären, quasi-historischen mittelalterlichen Literatur, taucht in einer Reihe von Historien auf. Für zeitgenössische Leser ist sein Name untrennbar mit den Abenteuern der Ritter der Tafelrunde und mit der Suche nach dem Heiligen Gral verbunden. In Wirklichkeit war er eher ein Stammeshäuptling aus dem 5. oder 6. Jh. Einige Fakten sprechen jedoch durchaus für die tatsächliche Existenz eines großen Königs, der in einer epischen Schlacht kämpfte und starb. Die Hauptquelle dieser Geschichte ist Geoffrey von Monmouth, aber die uns heute bekannte Version ist das Ergebnis diverser Nacherzählungen und Adaptionen, bei denen immer neue Elemente hinzugefügt wurden.

Die bekannteste englische Version des Artusepos wurde von Thomas Malory (*gest.* 1471) verfasst: *Le Morte d'Arthur.* Wie es scheint, stammt ein Großteil seiner Version aus französischen Quellen. Die Geschichte erfreute sich bei französischen Dichtern ritterlich-höfischer Verse, allen voran bei Chrétien de Troyes (*Blütezeit* 1170–1190), großer Beliebheit. Seine Version der Geschichte von Parsifals Suche nach dem Heiligen Gral, von Lancelot und von Gawain sorgte dafür, dass die individuellen Geschichten der Ritter der Tafelrunde sehr beliebt wurden und Artus' Geschichte manchmal beinahe zur Einführung degradiert wurde.

Laut Geoffrey von Monmouth war Artus der Sohn Uther Pendragons, des Königs von Britannien, und Igraines, die vom König mithilfe des Zauberers Merlin entführt worden war. Die vollständigste Geschichte über das Leben Merlins, eines der faszinierendsten Charaktere in der Artussage, ist Geoffrey von Monmouths *Vita Merlini* (1150). Neben der Aufgabe als Artus' Berater bei der Thronbesteigung wird Merlin auch die Erschaffung des Steinkreises von Stonehenge zugeschrieben.

KÖNG ARTUS UND DIE RITTER DER TAFELRUNDE, von Robert de Boron, französisch (Pergament). Literatur über Artus florierte im Mittelalter und erlebte ihren Höhepunkt in *Le Morte d'Arthur*, Thomas Malorys Nacherzählung der gesamten Legende, zusammengefasst in einem einzigen, auf Englisch verfassten Werk aus dem 15. Jh. Malorys Buch basierte auf vorhergehenden Liebesgeschichten, insbesondere auf dem Vulgate-Zyklus. Sein Ziel war es wohl, eine umfassende, maßgebliche Sammlung von Artusgeschichten zu schaffen.

In wichtigen Abschnitten der Legende wird erzählt, wie Artus mit seiner Halbschwester Morgan le Fay Mordred zeugt, und wie er Guinevere heiratet, die ihn später mit seinem Ritter und Freund Lancelot betrügt. Mit seinem Tod in der Schlacht von Camlann (Camelford) durch Mordreds Hand und der Überführung seines Leichnams auf die mystische Insel Avalon endet die Sage, auch wenn Artus bei einigen Autoren, z. B. Malory, dem Tod entgeht und seine Herrschaft über Britannien wieder aufnimmt.

Obwohl die Artussage sicher die bekannteste und einflussreichste der britischen Legenden ist, gilt das epische Gedicht

Beowulf als eines der besten Werke aus dem frühen britischen Mittelalter. In dem um das 8. Jh. herum entstandenen Epos wird die Geschichte des Titelhelden Beowulf erzählt, der das Ungeheuer Grendel und dessen Mutter bekämpft und tötet.

BEOWULF TÖTET GRENDEL
Das altenglische Heldenepos *Beowulf*, eines der bedeutendsten angelsächsischen Werke, ist mit 3182 Zeilen auch für seine Länge berühmt. Der Verfasser ist unbekannt; es wurde jedoch zwischen dem 8. und 11. Jh. als Teil des Nowell-Kodex geschrieben. In dem Gedicht kämpft der Held Beowulf in drei Schlachten. Hier schlägt er dem Ungeheuer Grendel den Kopf ab und tötet ihn so. Der Knochen, der seit einem früheren Zusammenstoß immer noch aus Grendels Arm ragt, ist ebenfalls zu sehen.

Viel später, nachdem der Held zum König gekrönt wurde, kämpft er mit einem Drachen und kommt dabei ums Leben. Es ist möglich, dass Teile von *Beowulf* auf historischen Tatsachen basieren, insgesamt gehört es jedoch in den Bereich der germanischen, nordischen und britischen Mythologie.

Ein ebenso wichtiges Werk im etwas späteren Mittelenglisch ist William Langlands (1330–1386) *Piers Plowman (Williams Vision von Piers dem Pflüger)*. In dem langen Gedicht wird von den religiösen Visionen des Pflügers Will erzählt, die ihn ereilen, während er auf den Malvern Hills schläft. Später wurden häufiger auch umgangssprachliche Schriften verfasst. Dazu gehören Romanzen wie die *Geschichte von Gamelyn* aus dem 14. Jh. oder die Legende von Robin Hood, die man ab dem 15. Jh. immer wieder antrifft.

RITTERLICHKEIT UND HÖFISCHE LIEBE

Neben der Kirche, die im Mittelalter eine wichtige Quelle der Literatur war, entstand ein weiteres, wesentlich weltlicheres literarisches Umfeld an den europäischen Höfen. Insbesondere in Nord- und Mittelfrankreich, in der Provence und in Deutschland wurden – oft umherziehende – Dichter und Sänger an den Höfen beschäftigt. Sie trugen epische Gedichte über das Rittertum und die höfischen Liebe vor. Hinter ihren unterschiedlichen Namen – Minnesänger (Deutschland), Troubadoure (Provence) und Trouvères (Frankreich) – versteckten sich sehr ähnliche Aufgaben und Funktionen. Eine etwas andere Gruppe waren die Spielleute: Dichter von außerhalb des Hofes, deren Werke, obwohl sie sich oft mit den eher skandalösen Aspekten der Liebe beschäftigten, große Ähnlichkeit mit jenen der Hofdichter hatten. Dass einige Spielleute durchaus wussten, wie absurd diese Geschichten oft waren, sieht man an dem Pastiche *Aucassin et Nicolette* aus dem 13. Jh., der die Regeln des Genres aufs Korn nimmt.

ROBIN HOOD UND LITTLE JOHN
Hier ist das erste, wenig vielversprechende Zusammentreffen von Robin Hood und Little John zu sehen, bei dem Little John Robin von der Brücke wirft. Die ältesten Erwähnungen Robin Hoods sind keine historischen Aufzeichnungen oder Balladen, sondern nur Andeutungen und Hinweise in unterschiedlichen Werken. Robin Hood gilt als Prototyp des englischen Folklorehelden, der zu einem Teil der Alltagskultur wurde.

ROMAN DE LA ROSE, *ca.* 1400.
Roman de la Rose, die Geschichte der Rose, ist ein allegorisches Gedicht aus dem 15. Jh. über ritterliche Liebe, das mit 92 fantastischen Miniaturen illustriert wurde. Die Geschichte der Rose wurde in Frankreich von Guillaume de Lorris und Jean de Meun zur Blütezeit der Ritterlichkeit und der höfischen Liebe verfasst. Hier sieht man einen Tanz im Garten der Freude.

Die vielleicht beste und zweifelsohne einflussreichste Abhandlung über höfische Liebe wurde von dem französischen Geistlichen Andreas Capellanus im späten 12. Jh. verfasst. Stark beeinflusst von den Schriften Ovids, untersucht er in seiner *De Arte Honeste Amandi* systematisch die Natur der Liebe – wie man sie erlangt, erhält und verliert. Das Konzept der höfischen Liebe zeigt eine Parallele zur Feudalgesellschaft, aus der sie entstand, indem die Anbetung einer fernen, vornehmen Dame durch den Liebenden mit der Beziehung zwischen Feudalherrn und Vasallen verglichen wird. Diese Idee wurde erstmals von den Troubadouren in der Provence (z. B. Arnaut Daniel, *Blütezeit* 1180–1200, Guiraut de Borneil, 1165–1212 und Bernart de Ventadorn, *Blütezeit* 1140–1175) aufgegriffen, und von dort aus verbreitete sie sich in den Norden und Osten an die Höfe Frankreichs und Deutschlands. Eine der berühmtesten französischen Liebesgeschichten, die sich als einflussreich erweisen sollte, ist *Roman de la Rose* aus dem 13. Jh., in der die Rose aus dem Titel die ideale Liebe repräsentiert.

GESANGSWETTBEWERB IM 13. JH.
Hermann, Landgraf von Thüringen, und seine Frau Sophia walten über einen Gesangswettbewerb der „Stars" unter den Minnesängern, Wolfram von Eschenbach und Walther von der Vogelweide. Während von Eschenbach vor allem für seinen *Parzival*, der manchmal als das beste deutsche Epos seiner Zeit angesehen wird, bekannt ist, wurde von der Vogelweide für seine eindringlichen Gedichte wie das beliebte *Unter den Linden* berühmt.

Von all den Spielarten, die mit diesen Dichtern in Verbindung gebracht werden, sind die altfranzösischen Chansons de geste aus dem 12. Jh. insgesamt am stimmigsten. Sie beziehen ihre Themen von historischen Figuren, insbesonders Karls des Großen und seiner zwölf Paladine. Gipfelnd im brillanten *Rolandslied* (*Chanson de Roland*), bilden sie ein Gesamtwerk der einfallsreichsten und am besten geschriebenen Literatur des Mittelalters. Eine Hochburg der höfischen Liebe, Ritterlichkeit und Legende in der französischen Poesie war der Hof Marie de Champagnes, insbesondere durch die Werke Chrétien de Troyes', die auf der Artussage basieren. Der letzte große französische Dichter des Mittelalters war Charles, Graf von Orléans (1394–1465), der nicht nur viele Dichter an seinen Hof zog, sondern auch selbst viele Werke verfasste.

Die Trouvères waren nicht zwangsläufig auf die französischen Höfe beschränkt. Benoît de Saint-Maure, einer der prominentesten Trouvères des 12. Jh. und bekannt für seinen *Roman de Troie (Trojaroman)*, war am englischen Hof Heinrichs II. angestellt, obwohl dies in England grundsätzlich nicht üblich war. In Deutschland bedachten Minnesänger wie der großartige Wolfram von Eschenbach (1170–1220) in seinem *Parzifal* (1205) und Walther von Vogelweide (1170–1230) nicht nur die Gepflogenheiten der höfischen Liebe, sondern führten auch das Konzept der Epik in ihre Gedichte ein.

DER ARABISCHE EINFLUSS

Mit den Ideen der Renaissance wurde der Abgesang des Mittelalters eingeläutet – zuerst in Florenz (Italien), dann in ganz Europa. Ein Großteil des Wissens, das für die „Wiedergeburt" klassischer Ideen und Ideale notwendig war, wurde jedoch nicht in Europa bewahrt. Viele der klassischen Lehren und Philosophien, insbesondere jene der alten Griechen, wurden von den Arabern im Nahen Osten, aber auch in der Levante, Nordafrika und Spanien sorgsam gehegt und gepflegt. Das Wissen aus den aristotelischen Schriften, unerlässlich für die Gedanken von Schriftstellern wie Abeleard und von Aquin, stammt überwiegend aus dem Werk des großen Gelehrten

Abu al-Walid Muhammad ibn Ahmad ibn Ruschd, auch als Averroës (1126–1198) aus Cordoba bekannt. Abgesehen davon, dass er sowohl in Chaucers *Canterbury Tales* als auch in Dantes *Göttlicher Komödie* erwähnt wird, waren vor allem seine Kommentare zu Aristoteles von Bedeutung. Der Hauptkontakt zwischen Christen und Muslimen fand jedoch auf weniger friedliche Art während der Kreuzzüge statt. Diese Reihe von Feldzügen mit dem Ziel, die heiligen Orte des Christentums zu „befreien", brachte westliche Ritter in die bedeutenden muslimischen Stätten des Lernens. Neben der Philosophie sollte die islamische Welt durch die Schriften des Persers Abu-'Ali al-Husayn ibn Abdallah ibn Sina oder Avicenna (980–1037) auch Einfluss auf die höfische Liebe haben. Er hat ebenfalls einen Auftritt in den Werken Chaucers und Dantes. Außer seinen Schriften über die Liebe hatte er durch seine Kommentare zu Aristoteles auch großen Einfluss auf die Scholastiker.

AVICENNA
Hier empfängt der Gouverneur von Isfahan Ibn Sina, der im Westen als auch Avicenna bekannt war.

Kapitel 3

RENAISSANCE

HUMANISMUS, NATIONALISMUS, RELIGIÖSE REFORMEN

PETRARCA TRIFFT LAURA IN AVIGNON
Laura de Noves, Ehefrau des Grafen Ugo de Sade, hatte großen Einfluss auf Petrarcas Leben und seine Gedichte. Petrarca sah sie zum ersten Mal in der Kirche Saint Claire in Avignon im Jahr 1327. Seit diesem ersten Zusammentreffen schrieb Petrarca ihr zu Ehren eine Vielzahl an Sonetten. Sein Gedichtband *Canzoniere* ist Laura gewidmet, in der bardischen Tradition höfischer Liebe.

LINKE SEITE: *Die Göttliche Komödie*, Dante und Vergil in der Unterwelt, 1822, Eugene Delacroix, Öl auf Leinwand, Louvre, Paris

Lehrbücher sind voller Zeichen der Zeit, welche die Geschichte nur allzu gern ignoriert. Die wohl berühmtesten Poeten des 14. Jh., Dante Alighieri (1265–1321) und Francesco Petrarca (1304–1374), sind gute Beispiele dafür. Viele sehen Dante als Gipfel des christlich-mittelalterlichen „Geistes", während Petrarca als Verkörperung der Renaissance gilt – dabei waren die zwei beinahe Zeitgenossen.

DER HUMANISMUS

In der Renaissance wurde eine Bewegung geboren, die von der Wiederentdeckung und Nachahmung der römischen und (später) griechischen Vergangenheit besessen war: der Humanismus. Sie hatte jedoch nichts mit dem zu tun, was wir heute mit dem Begriff verbinden, nämlich die Suche nach der objektiven Wahrheit, ungehindert von Glaube und Mystizismus. Seinen Anfang nahm der Humanismus in Italien, obwohl Petrarca auch viel Zeit in Südfrankreich verbrachte. In den italienischen Klöstern gab es mehr antike lateinische Literatur als irgendwo sonst in Europa. Auch die Gesellschaft entsprach nicht dem feudalen Muster aus Herr und Untertan, das einen Großteil Europas charakterisierte. Sie war städtischer als anderswo, was zu einer größeren Ausbreitung des Bürgertums und dadurch zu mehr Wohlstand führte. Die Welt der Oliven und Weine, der Berge und Flüsse, die von Vergil, Cicero oder Livius beschrieben wurde, kam einem Italiener aus dem 14. Jh. wesentlich weniger fremd und entrückt vor als z. B. einem Bewohner Schottlands.

Die Verehrung der Antike blieb aber nicht nur auf die Literatur beschränkt. So trug der Florentiner Niccolo Niccoli (1364–1437) Togas und stellte römische Gelage nach. Alles, was die römische Vergangenheit nach dem „finsteren Mittelalter" lebendiger erscheinen ließ, wurde geradezu begeistert angenommen. Petrarcas Werke waren voller Metaphern für Licht und Schatten, angewendet auf die Geschichte. Sein sicher berühmtestes Werk ist die *Canzoniere*. Die 366 Gedichte sind endlose Versionen seiner Liebe zu Laura de Noves. Zwei Aspekte des einflussreichen Gedichtszyklus' sind besonders wichtig: Da ist zum einen der hohe Grad an psychologischem Realismus. Die Gedichte sind mit überzeugenden, bahnbrechenden Details in der Analyse der Beziehung zwischen Körper, Seele und Emotionen gespickt. Zum anderen beschreibt Petrarca besonders

1335 Petrarca schreibt Gedichte, darunter ca. 1337–1349 *Canzoniere*, Sonette an Laura (veröffentlicht 1360).

1338–1453 Der Hunderjährige Krieg.

1348–1350 Die Pest wütet in Europa.

1349–1353 Giovanni Boccaccios *Il Decamerone (Dekameron)* ist in Arbeit.

1387–1399 Geoffrey Chaucer schreibt *The Canterbury Tales*; er stirbt 1400.

1453 Konstantinopel fällt an die Türken.

1492 Kolumbus entdeckt Amerika; Spanien erobert Granada.

1494 Sebastian Brant veröffentlicht *Das Narrenschiff (Dass Narrenschyff ad Narragoniam)* auf Deutsch. Es wird das erfolgreichste deutschsprachige Buch vor der Reformation.

1516 Erasmus Desiderius von Rotterdam veröffentlicht eine kritische Ausgabe des Neuen Testaments; erste Veröffentlichung von Ariostos *Der rasende Roland*. Thomas Morus' *Utopia* erscheint in lateinischer Sprache. 1535 wird er wegen Hochverrat hingerichtet.

1517 Martin Luther schlägt seine 95 Thesen an das Portal der Schlosskirche zu Wittenberg.

1519 Karl I. von Spanien wird Kaiser des Heiligen Römischen Reiches.

1527 Rom wird von den Franzosen geplündert.

1528 Baldassare Castiglione veröffentlicht *Il Libro del Cortigiano (Das Buch vom Hofmann)*.

1534 François Rabelais vervollständigt *Gargantua und Pantagruel*. Sebastian Frank veröffentlicht *Lob der Torheit*, eine Übersetzung des Werkes von Erasmus von Rotterdam.

1534 Heinrich VIII. von England bricht mit Rom und wird Oberhaupt der anglikanischen Kirche.

1547 Franz I. stirbt; Heinrich II. folgt ihm auf dem französischen Thron.

1559 Erster offizieller Index verbotener Bücher, herausgegeben von Papst Paul IV.

1563 Beendigung des Konzils von Trient.

1581 Torquato Tasso veröffentlicht *Das befreite Jerusalem*.

1588 Montaigne veröffentlicht sein autobiografisches Werk *Essais*.

1588 England besiegt die spanische Armada.

1596 Edmund Spenser veröffentlicht *The Faerie Queene* (Buch 1–6) sowie *Mutabilitie Cantos*.

SZENE AUS DEM *DEKAMERON*
Basierend auf den humorvollen französischen Geschichten, die im Mittelalter so beliebt waren, geht es im *Dekameron* um sieben Frauen und drei Männer, die 1348 in die Hügel von Fiesole oberhalb von Florenz flüchten – in der Hoffnung, dem Schwarzen Tod zu entgehen. Dort bleiben sie zehn Tage und erzählen sich Geschichten über Liebe, Intelligenz und den menschlichen Willen, bevor sie in die Stadt zurückkehren.

nachdrücklich die Widersprüchlichkeit der Leidenschaft und die Unmöglichkeit, sie festzuhalten.

Auch andere Prosa-Genres begannen, durch das neue Selbstbewusstsein der italienischen Sprache zu florieren. Giovanni Boccaccio (1313–1375) ist vielleicht der berühmteste und amüsanteste Vertreter. Boccaccio war in seinen Werken zwar weitaus weniger mit der Rettung der Antike beschäftigt als der besessene Petrarca, dennoch war er z. B. Barlaam von Kalabrien eine unverzichtbare Hilfe bei dessen Übersetzungen griechischer Literatur. Boccaccios *Dekameron (Il Decamerone)* war jedoch das Werk, welches dauerhaften Einfluss bewies, obwohl es auf den ersten Blick eher mittelalterlich als humanistisch erscheint. Zu Beginn werden die Auswirkungen der Pestepidemie beschrieben. Der Schwarze Tod ist nach Florenz gekommen. Die zehn Protagonisten suchen ihr Heil auf dem Land und Trost

CHAUCER (LINKS) UND DIE CANTERBURY-PILGER

The Canterbury Tales wird als erstes in englischer Sprache verfasstes Buch anerkannt und begründet die künstlerische Legitimität der englischen Umgangssprache. Es ist eine Sammlung aus Geschichten, erzählt von Pilgern auf dem Weg zum Schrein des hl. Thomas Becket in der Kathedrale von Canterbury. Der Aufbau der Geschichten basiert wohl auf dem *Dekameron*, das Chaucer bei einem Besuch in Italien gelesen haben soll. Die Erzählungen der kunterbunten Pilgergesellschaft aus allen Bereichen des Lebens – Ritter oder Nonne, Müller oder Mönch – geben uns einen Einblick in das Leben im England des 14. Jh.

im Geschichtenerzählen. Der Tod ist stets ein ungebetener Gast am Tisch von Boccaccios Werken. An der Oberfläche sind seine Werke weltliche, oft erotische Erzählungen von Schicksalswendungen, Vergnügungen und schier unglaublichen Zufällen. Ein beliebtes Thema der Erotik im Mittelalter waren sexuelle Fehltritte von Kirchenmännern, denn so wurde schnell eine Verbindung zwischen Liebe, Sünde und Tod hergestellt. Im *Dekameron* findet sich etwa die Geschichte von Ferondo. Nachdem er ein Äquivalent des haïtianischen Zombiepulvers zu sich genommen hat, wird er beerdigt. Seine Ehefrau hat inzwischen eine Affäre mit einem hohen Geistlichen. Dieser holt Ferondo aus seinem Grab, kerkert ihn ein und lässt ihn glauben, in der Hölle zu sein. Schließlich wird Ferondo gerettet und zieht ein Kind auf, das von dem Geistlichen gezeugt wurde. Verbindungen zwischen Sex, Tod und Religion waren überall.

Boccaccios Werke verbreiteten sich schnell in Europa. Ein englischer Autor, der von diesem Stern am Himmel der Renaissance beeinflusst wurde, war Geoffrey Chaucer (1343–1400), dessen *Canterbury Tales* dem italienischen Vorbild in Bezug auf ihre Kombination aus derbem Humor, Erzählweise und dem bleibenden Interesse an Religion und Tod einiges schulden. Chaucer gilt meist als mittelalterlicher Schriftsteller, in Wirklichkeit stand aber er in engerer Verbindung zu den Entwicklungen in der französischen und italienischen Literatur, als es der Rest Englands für die nächsten hundert Jahre tun würde. Chaucer hätte sich selbst wohl nicht als Humanisten bezeichnet, aber er war sicher ein deutlich „europäischerer" Schriftsteller als Shakespeare.

Der Humanismus mit seinem Versuch, die Kultur der Antike zu studieren und zu imitieren, galt lange Zeit nur als Modeerscheinung einer Minderheit und hatte in den Universitäten oder in der Alltagskultur kaum eine Grundlage. All das sollte jedoch Erasmus von Rotterdam ändern. Erasmus Desiderius (1469–1536) wurde als unehelicher Sohn eines Priesters in Rotterdam geboren. Nachdem seine Eltern 1483 an der Pest gestorben waren, wurde er im Kloster Steyn erzogen, obwohl ihn die intellektuellen und persönlichen Einschränkungen dort bald störten. Er war Zeit seines Lebens nie fest an einer Universität angestellt, dennoch war er mit Leib und Seele Gelehrter. Rasch wurde ihm klar, welches Potenzial ihm die neue Buchdrucktechnik bot, um sich selbst finanziell zu unterstützen und um sein Erziehungsprogramm, fußend auf lateinischer und griechischer Literatur, auf eine solide Basis zu stellen. Er war der erste Gelehrte, der seine Möglichkeiten als hauptberuflicher Schriftsteller voll ausnutzte und sozusagen die „Marke" Erasmus schuf. Einige seiner Werke waren religiöse Satiren, z. B. *Das Lob der Torheit (Encomium moriae)*, eine leichte, aber dennoch bitterböse Satire auf religiösen und intellektuellen Konservatismus, die er Thomas Morus widmete. Andere Werke aus seiner Feder hatten einen direkteren Einfluss auf den Fortschritt innerhalb der Literatur.

ERASMUS VON ROTTERDAM,
Miniatur von Hans Holbein d. J.

Sein in dieser Hinsicht vielleicht wichtigstes Werk ist *De ratione studii*, ein Handbuch über Pädagogik, das Lehren und das Lernen, das er im Jahr 1511 veröffentlichte. Dieses Buch sollte die Vorliebe der Renaissance für sorgfältige Ausführungen nachhaltig beeinflussen. Es enthält eine Reihe von Zeichnungen (die man in einem Klassenzimmer leicht kopieren konnte), anhand derer Erasmus demonstriert, wie man auf einen einfachen Satz (etwa „Guten Morgen" oder „Ich habe Ihren Brief erhalten") alle rhetorischen Techniken anwendet und ihn aus so vielen Blickwinkeln wie möglich analysiert, um den Ton, den Stil oder die Aussage minimal zu verändern. Erasmus hatte bereits früher ein ähnliches Buch des italienischen Humanisten Lorenzo Valla (1405–1457) gelesen und neu aufgelegt: *Elegantiarum latinae linguae*.

Dank Erasmus (und Valla) hatte ein Schüler in der Renaissance nun (sofern er etwas Sprachgefühl besaß) ein viel besseres Verständnis für Tonfall, Nuancen und Stil als ein mittelalterlicher Schüler. Andererseits würde er sich auch in übermäßigen Ausschmückungen ergehen, die einem heutigen Leser stark übertrieben vorkämen. In jedem Stück Prosa aus der Renaissance ist die Freude an unendlichen Variationen in Tonfall und Ausdrucksweise nicht zu übersehen, und das ist Erasmus' Einfluss zuzuschreiben.

De ratione studii war ein großer Erfolg. Es blieb bis ins 16. Jh. hinein ein Standardwerk in vielen Schulen und Universitäten. Aber erst Philipp Melanchthon (1497–1560, eigentlich Philipp Schwartzerdt) entwickelte aus dem Enthusiasmus des Humanismus ein vollständiges Pädagogikprogramm für protestantische Universitäten. Melanchthon lehrte an der Universität von Wittenberg und galt als enger Vertrauter des Reformators Martin Luther, aber während Luthers Botschaft von intellektueller Erneuerung nur eine kleine Rolle in der Reform des Erziehungssystems spielte, versuchte Melanchthon, die religiösen Bedenken der Reformation mit den pädagogischen Idealen des Humanismus zu verbinden. In anderen Teilen der deutschsprachigen Länder wurden immer mehr Universitäten gegründet, inspiriert von der Erfordernis einer neuen Erziehung, die mit der neuen religiösen Doktrin Hand in Hand ging. Erasmus von Rotterdams Arbeiten, insbesondere *De ratione studii*, wurden meist in die Statuten dieser neuen Universitäten integriert. Melanchthon hatte so großen Einfluss, dass er schließlich zum *Praceptor Germaniae*, zum „Lehrer Deutschlands", wurde.

In vieler Hinsicht kann man also von einer internationalen Renaissance sprechen: Die neue Drucktechnik und ein allgemeines Erziehungssystem bedeuteten, dass es nun – vor allem in den lateinischen, aber auch in den umgangssprachlichen Werken – viel mehr Ähnlichkeiten untereinander gab als im mittelalterlichen Europa. Natürlich gab es auch Ausnahmen. Spanien etwa beschritt einen individuelleren Weg, und in anderen katholisch beherrschten Ländern begannen die Erziehungsprogramme des römisch-katholischen Jesuitenordens (gegründet 1547), langsam die Methoden von Erasmus und Melanchthon leicht zu verändern.

LUTHER PREDIGT WÄHREND SEINER GEFANGENSCHAFT IN DER WARTBURG MITHILFE SEINER BIBELÜBERSETZUNG, 1882, Hugo Vogel, Öl auf Leinwand, Hamburger Kunsthalle, Hamburg

DIE REFORMATION

Die Betonung der Gemeinsamkeiten von Literatur und Erziehung im Humanismus sollte uns aber nicht dazu verführen, die Bedeutung der Reformation zu unterschätzen. Martin Luthers (1483–1546) Angriff auf Exzesse, Habgier, Materialität und Künstlichkeit in der katholischen Kirche war natürlich in erster Linie religiös motiviert. Die Kirche war korrupt geworden und hatte eine ihrer wichtigsten Funktionen vergessen, nämlich sich um das Seelenheil der Gläubigen zu kümmern. Luther verfasste keine Literatur in Form von Gedichten oder Romanen, obwohl er einige beißende Satiren auf die katholische Kirche schrieb. Es gab jedoch einen literarischen Aspekt in der Reformation, den man nicht genug betonen kann: das Lesen der Bibel und ihre Übersetzung in die Sprache des Volkes. Das ganze Mittelalter hindurch hatte die Kirche die Menschen nicht zum Lesen der Bibel ermutigt, denn das war schließlich für die Erlösung nicht notwendig. Die Rituale der Kirche, besonders das Sakrament der Heiligen Messe, waren alles, was wirklich zählte. Außerdem wurde die 382 vom hl. Hieronymus übersetzte lateinische Version der Bibel, auch als Vulgata bekannt, langsam, aber sicher als einzig wahre anerkannt. Da die meisten Menschen im Mittelalter kein Latein lesen konnten, waren sie von den Geschichten abhängig, die ihnen ihre Priester erzählten bzw. von den Bildern in den Buntglasfenstern der Kirchen, die der hl. Gregor auch die „Bibel der Armen" genannt hatte. Wenn die Bibel für die Menschheit so bedeutend war, warum erlaubte die Kirche dann nicht, dass sie übersetzt und von allen gelesen wurde, begannen sich manche zu fragen. Luther war nicht der Erste, der die Bibel übersetzte.

VOR DER REFORMATION
Um 1382 schickt John Wyclif (1324–1384) seine Wanderprediger oder „Lollarden" mit seiner englischen Übersetzung der Bibel in die Welt hinaus. Er wurde später als Ketzer verurteilt.

REFORMATION
Martin Luther (1483–1546) schreibt an die Kirchentür von Wittenberg. Holzschnitt, 16. Jahrhundert.

Nationalbewusstsein und anti-kirchliche Stimmungen trafen oft mit der Entstehung umgangssprachlicher Bibeln zusammen, so auch bei John Wyclif (1324–1384). Er übersetzte den Großteil des Neuen Testaments ins Englische und übte Kritik an einigen Aspekten der Kirche. Seine Lehren fanden im böhmischen Theologen Jan Hus (1372–1415) einen begeisterten Anhänger. Beide Figuren stehen für die Betonung einer nationalen anstelle einer international-päpstlichen religiösen und sprachlichen Tradition.

Zu Beginn des 16. Jh. war von Deutsch als Literatursprache keine Rede. Dies sollte Martin Luther ändern. In den Jahren 1521–1522 war er auf der Wartburg festgesetzt, um sich vor der wachsenden Verärgerung über die Verbreitung seiner radikalen, anti-katholischen Ideen zu schützen. Dort begann er mit seiner Bibelübersetzung, die schließlich 1534 veröffentlicht wurde. Die Arbeit wurde sofort als Meisterwerk gepriesen und sollte extrem einflussreich werden. Sie führte nicht nur zu einem selbstbewussteren, sprachlich innovativen Deutsch, sondern die Phrasen, die Luther bei seiner Übersetzung verwendete, wurden ein so tief verwurzelter Teil der Sprache, dass wir heute noch Luther zitieren, oft ohne es zu wissen: „Perlen vor die Säue werfen", „ein Buch mit sieben Siegeln" oder „die Zähne zusammenbeißen" sind nur drei der unzähligen Beispiele. In dieser frühen Phase der deutschen Renaissanceliteratur waren die Einflüsse des Literarischen, Sprachlichen und Religiösen untrennbar miteinander verbunden.

England ist ein gutes Beispiel dafür, wie sich die Spannungen zwischen lokalen und europäischen Mächten darstellten. Als König Heinrich VIII. (1491–1547) 1509 den Thron bestieg, erwies er sich als intelligenter Mann, der sich für theologische Belange interessierte. Unterstützt von seinem humanistischen Lordkanzler Thomas Morus (1478–1535), schrieb er 1521 sogar eine Verteidigung der katholischen Lehre, laut der es sieben Sakramente geben sollte anstelle der lutherischen „Ketzerei" von nur zwei: *Assertio septem sacramentorum*. Der damalige Papst Leo X. belohnte Heinrich mit dem Ehrentitel „Verteidiger des Glaubens", den die englischen Monarchen bis heute tragen. Heinrich war jedoch kein großer Denker. Seine Verteidigung der Rechtgläubigkeit wurde vor allem durch seine Angst vor einer

THOMAS MORUS
Thomas Morus ist für sein Buch *Utopia* und für seinen Märtyrertod berühmt. Als Lordkanzler Heinrichs VIII. weigerte er sich, dessen Scheidung von Königin Katharina zu sanktionieren, wofür er verhaftet, verurteilt und hingerichtet wurde.

sozialen Rebellion geschürt. Zudem wurde seine intellektuelle Opposition der lutherischen Reformation von seinen Beratern wie Morus oder Kardinal Wolsey angestachelt.

Heinrich war jedoch über die Weigerung der Kirche, seine Scheidung von Katharina von Aragon anzuerkennen, sehr verärgert. Durch einige Parlamentsbeschlüsse in den 1530er-Jahren erklärte er sich selbst und England als unabhängig von der Römischen Kirche. Die Staatskasse wurde durch die folgende Plünderung der reichen Klöster prall gefüllt. Obwohl es noch Verbesserungen an der Idee einer Kirche von England geben sollte, war die Reformation Heinrichs VIII. ein Präzedenzfall für Staaten mit neuem Nationalbewusstsein und dem Bedürfnis, sich von der katholischen Kirche abzu-grenzen. Ein königlicher Beschluss aus dem Jahr 1534 beginnt gar mit den Worten: „Dieses Königreich von England ist ein Imperium." Die ideologischen Voraussetzungen für Expansionen nicht nur kolonialistischer, sondern auch linguistischer Natur waren damit geschaffen. In den nächsten hundert Jahren wurden dem englischen Wörterbuch mehr neue Wörter hinzugefügt als zu jeder anderen Zeit in der britischen Geschichte. Es begann eine Ära beispielloser Experimente und Innovationen in der englischen Literatur.

ENGLAND

Hätte man 1550 einen Franzosen oder Spanier nach einem berühmten, zeitgenössischen Werk der englischen Literatur gefragt, hätte er wahrscheinlich Thomas Morus' *Utopia* von 1516 erwähnt. Es ist eine spielerische Fantasie, deren Tonfall und Ernsthaftigkeit sich nur schwer festlegen lassen – ähnlich den komischen Satiren des griechischen Schriftstellers Lukian, die von Morus und Erasmus übersetzt worden waren. Dieses halb ernsthafte, halb spielerische Genre war bei Humanisten sehr beliebt, lässt sich aber schwer interpretieren. Morus wäre sicher überrascht gewesen, hätte er gewusst, dass der gebildete Vasco di Quiroga in Neu-Spanien (Mexiko) tatsächlich eine Gemeinschaft gründete, für die er das kleine englische Buch als Vorbild nahm.

UTOPIA
In *Utopia*, das erstmals 1516 in Latein veröffentlicht wurde, beschreibt Morus ein idealisiertes, erfundenes Gemeinwesen.

In einer Hinsicht war *Utopia* aber überhaupt nicht englisch: Es war in Latein verfasst worden. Lange, nachdem Dante und Boccaccio bewiesen hatten, wie geschmeidig und artikuliert Italienisch sein konnte, waren verschiedene Umgangssprachen überall in Europa damit beschäftigt, ihre Vorzüge gegenüber dem Latein zu verteidigen. Ein Grund für diese Revolution war sowohl technischer als auch finanzieller Natur: die Erfindung der Druckerpresse. Das durch den Bruch mit Rom gewonnene englische Nationalbewusstsein führte in Kombination mit der neuen Technik zur Schaffung einer Staatsliteratur.

Ein wichtiges Beispiel für diese Strömung war Edmund Spenser (1552–1599). Zwar gab es schon lange englische Mythen (z. B. die Artussage), aber England besaß kein Nationalepos. Diese Lücke sollte Spenser füllen. In seinem Werk *The Fairie Queene* integrierte er den Brauch der Liebesromane in eine Reihe

LINKS: FEEN-KLATSCH,
The Fairie Queene, Illustration des Gedichts von Edmund Spenser (Mary Evans Picture Library)

RECHTS: EDMUND SPENSER (1552-1599)
Porträt des englischen Dichters (Mary Evans Picture Library)

nationaler, zeitgenössischer Belange. Spenser wurde in London geboren und studierte am Pembroke College in Cambridge. In den 1570er-Jahren diente er in Irland, wo England seit einigen Jahren eine aggressive Kolonialpolitik betrieb. In einem Pamphlet aus den 1590er-Jahren („Ein Blick auf den aktuellen Zustand Irlands") argumentierte Spenser, dass man Irland nur unterwerfen könne, wenn man seine Kultur brutal ausradiere. Diese Beschäftigung mit der gewaltsamen Umsetzung von „Frieden" kommt auch in seinem epischen Gedicht deutlich zum Anklang. So wie England Irland kolonisieren sollte, so „kolonisierte" Spenser alle vorherigen poetischen Register in seiner eigenen autoritären Zusammenfassung der Tradition. Spenser nahm Vergil als Vorbild und begann 1579 mit dem *Hirtenkalender,* basierend auf Vergils *Eclogae*. 1590 und 1596 folgte *Faerie Queene*. Spenser wollte Nationaldichter werden, indem er poetische und politische Autorität vermischte, um für England zu sprechen. Seine Ausdrucksweise orientiert sich an Geoffrey Chaucer, aber auch an den linguistischen Innovationen der humanistischen Dichter. In jedem der sechs Bücher (von angestrebten 24) geht es um eine Tugend. Diese Tugend wird durch die Abenteuer eines Ritters im „Faerie Land" (das von einer nur schwach getarnten Königin Elisabeth, Heinrichs VIII. protestantischer Tochter, regiert wird) verdeutlicht.

Spensers Epos war eine Art arturianischer Vergil, was zu einem interessanten Problem führte: Literatur ist manchmal ernsthaft, selten pathetisch und oft verspielt. Es liegt wohl daran, dass wir davon reden, Literatur zu „genießen" oder „Spaß daran zu haben", dass diese Verspieltheit eine Komponente in einem Großteil der literarischen Werke ist. Eine Art dieser Freude ist der Spaß am Erzählen, an Aufregung und Entspannung. Wenn Kinder oder Angeklagte vor Gericht ihre Geschichte erzählen sollen, bitten wir sie, ganz am Anfang zu beginnen. Die Charaktere in Spensers Epos tun dies nicht. Seine Ritter scheinen ständig umherzuwandern, sich im Wald zu verirren, Drachen zu bekämpfen und irrwitzige Umwege einzulegen. Manchmal wirkt Spenser wie einer seiner verirrten Ritter – verirrt in der reinen Freude am Erzählen.

Aber trotz aller Hoffnungen wurde Spenser nicht zum englischen Nationaldichter – diese Ehre erlangte ein Dramatiker. Dramen, besonders Tragödien, waren die markantesten Produkte der englischen Renaissance. Früher wurden mittelalterliche Moralitäten (Schauspiele) zu bestimmten Zeiten im Jahr aufgeführt. Sie hatten ein beschränktes Repertoire an Themen und Personen, die stets religiös bedingt waren. Nachdem im 16. Jh. immer mehr Menschen begannen, antike Klassiker zu lesen, wurde schnell klar, dass auch andere Formen des Dramas möglich waren. Besonders die kühne Charakterisation und die blutigen Rachethemen des jüngeren Seneca erwiesen sich als einflussreich. Tragödien warfen für das christliche Publikum aber schwierige Fragen auf, denn wie ist eine Tragödie überhaupt möglich, wenn Gott im Himmel ist, die Gerechten belohnt und die Bösen bestraft werden? 1561 schrieb Thomas Norton die erste echte englische Tragödie *(Gorboduc)*, bei der Seneca ihm als direktes Vorbild diente.

Die Moralitäten waren an den Rhythmus der katholischen Kirche und an bestimmte englische Provinzen gebunden. Nun war London auf einmal bedeutend und die katholische Kirche von der Bildfläche verschwunden. Obwohl die frühesten Stücke wie *Gorboduc* für ein sehr kleines Publikum geschrieben wurden (ähnlich den lateinischen Dramen, die in Oxford und Cambridge aufgeführt wurden), stand schon eine populärere Theaterform in den Startlöchern. Die Londoner Theater wurden zu einer Art sozialem Treffpunkt, an dem sich Idee, Diskussion und Unterhaltung mischen konnten – oft jedoch unter wachsender staatlicher Beobachtung. Das Theater, in dem Jungen und Männer Frauenrollen spielten, Redefreiheit herrschte und Bordelle nicht fern waren, war vielen ein Dorn im Auge.

Christopher Marlowe (1564–1593) schien diese Spannungsfelder geradezu zu personifizieren. Als Sohn eines Schuhmachers in Canterbury geboren, studierte er in Cambridge, wo er eventuell auch als Geheimagent für die Regierung arbeitete. Seine ganze Karriere hindurch verfolgten ihn Gerüchte über Homosexualität und Katholizismus. Marlowe entdeckte rasch, welche finanziellen und literarischen Möglichkeiten ihm das Schreiben von Theaterstücken bot. Er sah sich selbst in erster Linie als Dichter, und so gelang es ihm, die sinnliche Macht der Wörter mit einer zunehmend kontrollierten Herangehensweise an die dramatische Darstellung zu verbinden. Seine eigenen Werke zeigen eine Vertiefung der Charaktere und der Kraft der Tragödie. Seine Geschichte um einen geisterbeschwörenden Zauberer, *The Tragicall History of Doctor Faustus*, beweist Marlowes ganze kreative Macht. Faust hat einen Pakt mit dem Teufel geschlossen, damit er alles weltliche Wissen und alle Macht erlangen kann. Während die Humanisten versuchten, die Antike durch Bücher so gut wie möglich kennenzulernen, erlaubt Fausts Magie ihm, Helena von Troja persönlich zu küssen. Diese Kombination von Dichtkunst und Handlung, die alle bisherigen humanistischen Dramen um ein Vielfaches übertraf, wurde wenig später von Marlowes berühmtestem Nachfolger auf die Spitze getrieben: Willam Shakespeare.

DOKTOR FAUSTUS
Michael Goodliffe und Paul Daneman als Mephistopheles und Doktor Faustus in Christopher Marlowes ‚Doktor Faustus' im Old Vic, 1961. Das Stück erzählt die Geschichte des Doktor Faust, der seine Seele für Macht und Wissen an den Teufel verkauft.

WILLIAM SHAKESPEARE

William Shakespeare (1564–1616) wurde in Stratford upon Avon geboren. Wir wissen, dass er 1582 Anne Hathaway heiratete. Um 1592 war er bereits als Dichter und Schauspieler in der Londoner Theaterszene bekannt. Seine professionelle Beziehung zum Theater war äußerst erfolgreich, und so setzte er sich 1613 als reicher Mann zur Ruhe. Seine frühesten Stücke wurden 1594 gedruckt, und ein erstes Folio seiner Werke erschien 1623 (sechs Jahre nach seinem Tod; es gibt einige Zweifel, welche der vielen Texte nun am „authentischsten" sind). Obwohl er vor allem für seine Theaterstücke bekannt ist, veröffentlichte Shakespeare 1593 und 1594, als die Theater aus Angst vor der Pest geschlossen waren, auch Gedichte, um Geld zu verdienen. Zudem schrieb er etwas persönlichere Lyrik in Form von Sonetten, Gedichte über Leidenschaft und Verlust, die abwechselnd an einen jungen Mann und eine „dunkle Dame" adressiert waren (über deren Identitäten endlos spekuliert wurde).

Shakespeare begann seine Karriere mit historischen Dramen und leichten Komödien, deren Handlungen u. a. dem römischen Schriftsteller Plautus entliehen waren. Es geht darin um Standardthemen wie verwechselte Identitäten sowie das plötzliche, unerklärliche Erkennen. Dazu gehören Werke wie *Die Komödie der Irrungen*. In den 1590er-Jahren kam es in Mode, England und das Englischsein zu charakterisieren und zu definieren, insbesondere in Anbetracht des neuen englischen Selbstbewusstseins nach dem Sieg gegen die Weltmacht Spanien 1588. Die humanistische Begeisterung für Geschichte ging langsam von einem Interesse am alten Rom in eines am mittelalterlichen England über. Eines von Shakespeares frühen Stücken war *Richard III*. In diesen ersten historischen Stücken ging es häufig um die Gründe und Konsequenzen einer versagenden Monarchie. Es wurde ausgiebig darüber diskutiert, ob dies als Rechtfertigung oder Kritik für die letzten Jahre der Tudor-Dynastie unter Elisabeth I. zu werten ist.

In der nächsten Schaffensperiode schrieb Shakespeare große Tragödien: *Hamlet*, *Othello*, *King Lear* und *Macbeth*. Das Interesse an der Persönlichkeit, das wir aus seinen Komödien kennen, taucht hier wieder auf. Shakespeare fragt in seinen Stücken: Was bedeutet es, Mensch zu sein? Wie sind wir mit denen verbunden, die uns umgeben? Und: Wie sehr kann ein Mann die Welt nach seinem Bild gestalten? Er beendete seine Karriere mit sanfteren Tragikomödien wie *A Winter's Tale (Ein Wintermärchen)*, *Cymbeline* und *Tempest* (*Der Sturm*).

HAMLET UND HORATIO AUF DEM FRIEDHOF, 1859
Die Geschichte des ewigen Zauderers Hamlet, Prinz von Dänemark, war die erste der vier großen Tragödien Shakespeares: *Hamlet, Othello, King Lear, Macbeth.*

FRANKREICH

Der Staat, den wir heute als Frankreich kennen, existierte zu Beginn des 16. Jh. noch nicht. Damals waren seine Grenzen noch undefiniert und insbesondere die Grenze zu Deutschland sehr vage. Zudem gab es keine einheitliche Sprache. Im Süden sprachen sogar die Gebildeten „langue d'oc" (Okzitanisch), während im Norden „langue d'oil" dominierte, das dem heutigen Französisch ähnlicher war. Gesetze variierten von Ort zu Ort. Den ersten ernsthaften Versuch, ein einheitliches Rechtssystem einzuführen, unternahm Ludwig XII. (*reg.* 1498–1515). Wie bei vielen anderen Staaten war auch die kulturelle Entwicklung Frankreichs im 16. Jh. sehr stark an das wachsende Nationalbewusstsein und einen Anstieg an Schirmherrschaften durch die Fürsten gekoppelt. Die Gehaltslisten der Höfe verdeutlichen, dass diese im 16. Jh. langsam, aber stetig immer länger wurden. 1500 waren unter Ludwig XII. 100 Hofhandwerker beschäftigt; 1544 waren es unter Franz I. bereits 160.

Der Einfluss der klassischen Ausdrucksweise in Kunst und Architektur wurde bei Franz' Umbau seines Palastes in Fontainebleau unübersehbar. 1526 war eine Kurzfassung eines beliebten Werkes des römischen Architekten Vitruv von Diego di Sagredo in Französisch veröffentlicht worden. Das führte in den 1530er- und 1540er-Jahren zum Bau zahlreicher Schlösser, z. B. Chantilly, La Rochefoucauld und Chateaubriand. Der Literatur wurde nun eine ähnliche, wenn auch weit weniger umfangreiche Unterstützung zuteil. Margarete von Navarra (einem kleinen Königreich an der Grenze zu den spanischen Pyrenäen), die starke humanistische und reformatorische Neigungen hegte, spielte dabei eine außergewöhnlich große Rolle. Clément Marot (1496–1544) war der wichtigste Hofdichter in dieser frühen Phase der „höfischen Renaissance" Frankreichs. Marot wurde rasch zu einem begeisterten Humanisten, indem er sich den – wie er es sah – groben Allegorien seiner dichtenden Vorgänger entgegenstellte. Er schrieb fröhliche, sensible, lyrische Briefe, identifizierte sich aber immer stärker mit den neuen evangelischen Bewegungen der Reformer aus den deutschsprachigen Ländern, so wie es seine Gönnerin Margarete von Navarra (die Frau Heinrichs II. von Frankreich) auch getan hatte. Die große linguistische Anziehungskraft der Bibel, die immer häufiger in der Umgangssprache gelesen wurde, nachdem der evangelische Humanist Jacques Lefèvre d'Étaples (1455–1536) sie ins Französische übersetzt hatte, war

CLÉMENT MAROT
Marot war einer der größten Dichter der französischen Renaissance. Er verbrachte einen Großteil seines Lebens im Dienste des Hofes, und seine protestantischen Neigungen führten mehrfach zu Verhaftungen oder Deportationen. Marot entwickelte das *Rondeau* sowie die *Ballade* und führte viele neue Elemente in die französische Lyrik ein, z. B. die Elegie, die Ekloge, das Epigramm, das Epithalamium und das petrarkistische Sonett.

eine der wichtigsten Inspirationsquellen für die neue Literatur im Frankreich des 16. Jh. Die Literatur hatte sich schon immer mit religiösen Themen befasst, aber das hochtechnische Latein eignete sich nicht gut für Lyrik. Für all die Reformatoren, für welche die Bibel und nicht die mittelalterlichen Philosophen das neue Herzstück ihrer Theologie war, boten die Sprache und der Rhythmus der Heiligen Schrift einen viel leichteren Einstieg in die Lyrik (und später in das Drama) der französischen Renaissance.

Eine weitere Figur, die in enger Verbindung zum Hof stand, war der Satiriker François Rabelais (1494–1553). 1520 trat er dem Franziskanerorden bei, aber schon bald geriet er mit seinen Oberen aneinander, weil er Griechisch lernen wollte, um Bibelstellen im Original zu lesen. Daraufhin wechselte er in den Benediktinerorden. 1528–1530 studierte er an der Universität von Paris, schrieb sich dann aber in einer Medizinvorlesung an der Universität von Montpellier ein. Er zog nach Lyon, das damals ein großes Zentrum des Buchdrucks war, wo er für den Drucker Sebastianus Gryphius arbeitete. Eines seiner Werke, die Satire *Pantagruel*, wurde 1533 öffentlich von der Universität von Paris verurteilt. In Jean du Bellay – Bischof von Paris –, mit dem er 1534 nach Rom reiste, fand er aber schnell einen neuen Gönner. 1537 hatte er bereits enge Kontakte zu Franz I. geknüpft. In Rabelais' Arbeiten hat man stets den Eindruck, dass kein System, kein pädagogisches Programm und keine Disziplin ausreichten, den Hunger nach dem Leben zu stillen. 1534 wurde seine erfolgreichste Satire, *Gargantua*, veröffentlicht. Es ist die seltsame Lebensgeschichte des Riesen Gargantua. Für das Buch ist entscheidend, dass Gargantua tatsächlich riesig

FRANÇOIS RABELAIS
Der Renaissancemönch, -arzt und -gelehrte wird seit Jahrhunderten für *Gargantua und Pantagruel*, eine mehrbändige Erzählung voller Witz, Satire, Mythen und Humanismus gepriesen.

UNTEN: FÜTTERUNG DES KLEINEN GARGANTUA
Aus Rabelais' *Gargantua und Pantagruel,* vier Romane, die zwischen 1532 und 1564 veröffentlicht wurden und voller krasser Karikaturen und tiefsinniger Satire sind.

DICE PRÄSENTIERT FRANCUS EIN BANKETT IN ANWESENHEIT VON HYANTE UND CLIMENE
Öl auf Leinwand, Louvre, Paris.
La Françiade, die Pierre de Ronsard (1524-1585) zum Nationalepos à la Vergils *Aeneis* machen wollte, wurde nach dem Tod Karls IX. aufgegeben. Die vier fertigen Bücher wurden 1572 veröffentlicht.

LINKS: PIERRE RONSARD UND LA PLÉIADE
Die Pléiade war eine Gruppe aus sieben französischen Dichtern des 16. Jh., angeführt von Ronsard.

ist (seine erste Mahlzeit besteht aus 17 913 Kühen aus der Stadt Pontille), obwohl nicht deutlich wird, warum es eigentlich so wichtig ist. Rabelais' reine Freude am Verbrauch von Wörtern und Ideen ähnelt Gargantuas gigantischem Appetit. Rabelais im Original zu lesen ist ein schwindelerregender, schwieriger Prozess. Er erfand Hunderte neuer Wörter und holte sich seine Inspiration aus den seltsamsten Verzeichnissen. Es scheint, als könne er seinen Spaß daran, neue Wörter, bizarre, linguistische Explosionen aus Tonfall und Stil sowie fanatastische Charaktere aufzutürmen, nicht im Zaum halten. Die Perfektion verbaler Magersucht ist nichts für Rabelais. Sätze kleben geradezu aneinander, verbunden durch endlose „dann" und „und". Von der sorgfältig ausgearbeiteten Syntax im traditionellen Literaturfranzösisch ist hier nichts zu sehen. Rabelais stand, wie bereits erwähnt, in enger Vebindung zur Druckindustrie. Er veröffentlichte nicht nur seine eigenen Werke und erledigte Arbeiten für Gryphius, sondern publizierte in den frühen 1530er-Jahren auch Übersetzungen medizinischer Werke.

Das Drucken sowie die Freuden und Leiden des professionellen Schreibens spielten in Frankreich schon früh eine Rolle. Im Jahr 1480 hatten nur neun französische Städte eine Druckerpresse, 1500 waren es bereits 40. Die enge Verbindung zwischen dem Humanismus und der neuen Drucktechnik führte für einen Dichterkreis aus der Mitte des Jahrhunderts zu einigen unangenehmen Problemen bezüglich der Eigendefinition, die bewusste Selbstdarstellung inspirierte die sieben Dichter aber gleichermaßen. Diese Gruppe, La Pléiade genannt, traf sich regelmäßig im Hotel Baif, einem umwerfend schönen Gebäude in Paris, das nach den damals neuesten Maßstäben gebaut und mit griechischen Inschriften über den Eingängen versehen worden war.

Der Leiter der Pléiade (mit sieben Mitgliedern, benannt nach den sieben Sternen der Plejaden) war Pierre de Ronsard (1524–1585), obwohl der führende Akademiker der Gruppe eher Jean Dorat (1508–1588) war. Dorat war glühender Anhänger einiger der ungewöhnlicheren, unbedeutenderen Dichter der Antike, z. B. Pindar, Theokritos und der Epigrammatiker der griechischen Anthologie mit ihrem reichen Vokabular und vielfältigen Versformen. Griechisch war das neue Latein, und ein Mitglied der Gruppe schrieb sogar Abhandlungen über die linguistischen Übereinstimmungen zwischen Französisch und Altgriechisch! Die Schaffung einer raffinierten, detaillierten Sprache war das Ziel jenes Werkes, das später als Manifest der Gruppe gewertet wurde: Joachim du Bellays *Verteidigung und Verherrlichung der französischen Sprache* (1549). Wie so oft in dieser Zeit gingen die linguistische und lyrische Reform Hand in Hand. Im ersten Teil argumentiert er, dass Französisch nicht die gleichen Mittel wie Griechisch oder Latein hat, im zweiten Teil beweist er dann aber, wie die Lyrik (und hier meint er natürlich die Lyrik seiner Dichterfreunde der Pléiade) die Mängel der Sprache überwinden und die Güte, welche Französisch zumindest theoretisch erreichen könnte, erneuern und wiederherstellen kann. Linguistische Neuerungen werden seit Langem als unerlässlich für die Schaffung neuer Denkweisen und Gefühle, die Literatur und besonders Lyrik hervorbringen kann, angesehen. Du Bellays Ansicht nach entstanden solche Neuerungen durch das sorgfältige Studium von Altgriechisch und Latein. Ronsard, der als bester Lyriker der französischen Renaissance gilt, kombinierte das Interesse an der rückblickenden Revolution des Humanismus mit einem gesteigerten Interesse an der Natur. Er schrieb viel, von seinen Oden im Jahr 1550 bis zu einem unvollendeten Epos, der *Françiade*. Wasser, Wind und das Rad sind die Symbole seiner rastlosen Kreativität und der Schwierigkeit, Erfahrungen in eine feste Struktur einzubinden – im Angesicht der stets fortschreitenden Zeit und des Todes sowie mit dem Wissen, dass Lyrik einen unsterblich machen kann. Der irische Dichter W. B. Yeats griff über 400 Jahre später diese Thematik Ronsards auf, als er sich entschloss, dessen *Sonnets pour Hélène* zu übersetzen, in denen Hélène gebeten wird, die Gedichte zu lesen, wenn sie alt und grau ist.

JOACHIM DU BELLAY
***(CA.* 1525–1560)**
Im wahren Geist der Renaissance forderte Bellay, die französische Sprache auf das Nievau von Altgriechisch anzuheben. Dieses edle Ziel würde man seiner Ansicht nach am besten durch französische Lyrik erreichen.

Frankreich war im 16. Jh. auch Heimat für eine ganze Reihe anderer Stimmen. Ein weiterer Dichterkreis ist als Lyoneser Dichterschule bekannt. 1555 veröffentlichte Louise Labé (1526–1566) ihr Werk *Oeuvres*. Sie entstammte einer Familie von Seilmachern, und ihre Arbeiten zeigen, dass sie eine breite Auswahl der damaligen Lyrik gelesen hat. Die Begeisterung der Pléiade für die enge Verbindung zwischen Gelehrsamkeit und Lyrik teilte sie nicht. Ihr Interesse lag im Gegenteil eher darin, der (scheinbar endlosen) petrarkistischen Liebslyrik eine neue Wendung zu geben. So betrachtet sie etwa in ihren Sonetten 21 und 23 die Tradition des *Blasons*, in dem Teile des geliebten weiblichen Körpers besungen werden, und fragt, welche Art der Hingabe diese „Zerstückelung" beweisen soll und was wohl der weibliche Ausdruck für das männliche Gegenstück wäre. Auf diese Weise deutet sie kritisch auf die Tradition petrarkistischer Geschlechterpolitik hin.

Eine produktivere Figur war der ebenfalls aus Lyon – das damals ein intellektuelles Gegengewicht zu Paris bildete – stammende Maurice Scève (1501–1564). Scève war ein gebildeter Schriftsteller, der es liebte, seinen Lesern Scherzfragen und Rätsel aufzugeben. In dieser Beziehung war er der Tradition des Emblembuches verpflichtet, in dem ein klassisches Motto durch

JOHANNES CALVIN (1509–1564)
Der Gründer des Calvinismus musste aus seiner Heimat Frankreich in die Schweiz fliehen, um der Verfolgung zu entgehen. Seine Glaubensrichtung verbreitete sich jedoch rasch unter den französischen Intellektuellen und Kaufleuten.

ein Bild illustriert wird. Dieses Bild wird dann durch weitere Lyrik „erklärt". Auf diese Weise wurde eine Art Vokabular aus Symbolen zu Angelegenheiten von philosophischer oder kosmologischer Bedeutung geschaffen, das Scève dann manipulieren konnte. 1544 schrieb er seinen Gedichtzyklus *Delie*. Das Werk unterscheidet sich zwar sehr von der Lyrik der Pléiaden, zeigt aber ein ähnliches Interesse an einer ausgefeilten Struktur. Die Gedichte tarnen sich als Liebesgedichte, sind aber tatsächlich Rätsel, für die Delie, die keine echte Person ist, sondern das kosmologische Prinzip der platonischen Liebe verkörpert, quasi den magischen Schlüssel darstellt.

In Frankreich hatte keine vollständige Reformation wie in England stattgefunden. Im Lauf des 16. Jh. kam es jedoch zu immer deutlicheren religiösen Spannungen. Gegen 1540 hatte sich Franz I. nach einigen Sinnesschwankungen auf die Seite der katholischen Kirche gestellt. Ein großer Theologe der Reformatoren war der Franzose Johannes Calvin. Obwohl er in den 1530er-Jahren nach Genf geflohen war, um dort eine „reine" protestantische Kirche zu gründen, hatte der Calvinismus auf die Kaufleute und Intellektuellen Frankreichs bald großen Einfluss. Die neue Glaubensrichtung verbreitete sich rasant. Mit dem Edikt von Chateaubriand (1551) verordnete König Heinrich II. die brutale Unterdrückung der Calvinisten (damals auch als Hugenotten bekannt). Das Edikt lieferte eine gesetzliche Grundlage für die Verbrennung und andere staatlich befürwortete Formen des Mordes an Andersgläubigen. Nach Heinrichs Tod setzten zuerst Franz II. und dann der noch radikalere Karl IX. (hinter dem seine mächtige, intrigante Mutter Katharina von Medici stand) die Politik der Unterdrückung fort. Höhepunkt des Ganzen war das berüchtigte Massaker in der Batholomäusnacht (1572), bei dem Tausende von Protestanten ums Leben kamen.

1562–1598 tobte in Frankreich ein grausamer Bürgerkrieg. Der internationale Humanismus mit seinem Glauben an die

PORTRÄT MICHEL EYQUEM DE MONTAIGNES (1533–1592),
Französische Schule, Öl auf Leinwand, private Sammlung.
Mit seinem monumentalen autobiografischen Werk *Essais* verfasste Montaigne, auch als Vater des literarischen Essays bekannt, eines der faszinierendsten und persönlichsten Selbstporträts aller Zeiten. Sein Stil, ernsthafte intellektuelle Ansichten mit lockeren Anekdoten und autobiografischen Zügen zu verbinden, machte ihn berühmt.

Geflechte aus Bildung und Literatur sowie mit dem Ehrgeiz, weise Herrscher hervorzubringen, die eine Leidenschaft für die religiöse Erneuerung teilten, war am Ende. Die interessanteste, lesenswerteste und einflussreichste Antwort auf den Bürgerkrieg war zugleich eine der undurchsichtigsten: Montaignes *Essais*.

Michel Eyquem de Montaigne (1533–1592) wurde als Sohn reicher Landbesitzer in Bordeaux geboren. Sein Vater erzog ihn in bester humanistischer Tradition: Er wuchs mit Latein und nicht mit Französisch als Muttersprache auf. Montaigne studierte Jura an der Universität von Toulouse und begann eine Karriere als Anwalt. 1570 schloss er sich jedoch mit seinen Büchern in einer Zitadelle ein und verfasste eine Reihe von Betrachtungen über Leben, Ideen und Literatur. Sie wurden 1580 veröffentlicht, obwohl Montaigne sie ständig erweiterte. Diese Juwelen der Literatur übten einen beispiellosen Einfluss auf Schriftsteller und Philosophen von René Descartes bis Friedrich Nietzsche aus.

Montaignes erklärtes Ziel war es, sich selbst zu verstehen. Einerseits sind die *Essais* aufschlussreiche autobiografische Beobachtungen voller psychologischem Scharfsinn seinen eigenen Gewohnheiten, Marotten und Antrieben gegenüber, die man so bisher in der Literatur noch nicht gesehen hatte. Andererseits ist Montaignes Versuch, sich selbst zu verstehen, gleichzeitig ein Versuch, zu verstehen, was man grundsätzlich über sich selbst wissen kann. Er stellt fest, wie wir uns selbst betrügen und wie schwer es ist, sich seines Wissens sicher zu sein. Montaigne blieb sein ganzes Leben über ein unpolitischer Landbesitzer. Sein Rückzug aus der Öffentlichkeit und seine Flucht in die Tugenden von Selbstbeherrschung und Freundschaft waren jedoch höchst einflussreich. Auf seinem Weg hinab vom Mont Ventoux kommentierte Petrarca einst, dass die einzig wahre Reise nach innen in die Seele führt; Montaigne war der letzte Schritt auf dieser Renaissancereise.

PIETRO ARETINO
Der italienische Dramatiker, Dichter und Satiriker Pietro Aretino nutzte die Möglichkeiten des Buchdrucks voll aus. Er gilt auch als Erfinder der modernen literarischen Pornografie.

UNTEN: BALDASSARE CASTIGLIONE
Mithilfe von Castigliones *Il Libro del Cortegiano (Das Buch vom Hofmann)* verbreitete sich der Humanismus auch in England und Frankreich.

RUGGIERO RETTET ANGELICA In Ariostos Meisterwerk *Orlando Furioso* geht es um den Wahnsinn, der Roland erfasst, als seine Geliebte Angelika mit einem Sarazenenritter durchbrennt.

LUDOVICO ARIOSTO
Ariosto, ein Schriftsteller der italienischen Renaissance, gewann durch seinen Schreibstil Anhänger wie den Wissenschaftler Galileo.

ITALIEN

Italien erwies sich das 16. Jh. hindurch als eine Quelle literarischen Einfallsreichtums. Obwohl das Land permanent von Kriegen gebeutelt wurde – selbst Rom wurde 1527 von den Truppen Karls V. gebrandschatzt –, ließ die kreative Energie nicht nach. Die Betonung der kulturellen Leistungen der Aristokratie wurde in Baldassare Castigliones (1478–1529) einflussreichem Werk *Il Libro del Cortegiano (Das Buch vom Hofmann)* perfekt zusammengefasst. Mit seinen anmutigen Dialogen zeigte er ganz Europa, wie wichtig kulturelles Kapital für die Festigung und Legitimierung der Macht des Adligen und seiner literarischen Anhänger war. Pietro Aretino (1492–1556) hatte eine vielschichtige Karriere – von der Lyrik bis zu Pornografie – und nutzte den Markt, den ihm der Buchdruck eröffnete, weidlich aus.

Die bedeutendsten Werke der späten italienischen Renaissance fand man jedoch in der Epik. Ludovico Ariosto (1474–1533) wurde in Norditalien geboren und studierte Jura sowie die lateinischen Klassiker. Seine Karriere begann er mit Lyrik und einigen Komödien, es gelang ihm jedoch auch mithilfe seines angeblichen Gönners Ippolito d'Este (in Ferrara) nicht, eine vernünftige Anstellung zu finden. Sein Meisterwerk *Orlando Furioso (Der rasende Roland)* wurde erstmals 1516 veröffentlicht und dann zweimal überarbeitet, bis es 1532 noch einmal in seiner Endfassung auf den Markt kam. Die Handlung spielt in der Zeit Karls des Großen und der Kriege gegen die islamischen Sarazenen. Durch die episodische Natur lässt sich das Handlungsschema des Gedichts nur schwer zusammenfassen; das Hauptthema ist jedoch die obsessive Leidenschaft des Ritters Roland für die Heidin Angelika. Als Angelika den verwundeten Sarazenen Medoro rettet, verliebt sie sich in ihn, und die beiden brennen nach China durch. Als er die Nachricht hört, dreht Roland durch und verfolgt daraufhin eine Einmannpolitik der verbrannten Erde quer durch Europa. Ein englischer Ritter reist auf einem Fabelwesen, dem legendären Hippogryph, nach Äthiopien und fliegt dann mit Elijas Streitwagen auf den Mond. Dort birgt er Rolands Verstand, fängt ihn in einer Flasche ein und gibt ihn Roland zurück. Der vor Liebeskummer vergehende Ritter wird daraufhin wieder normal und friedfertig.

Die entscheidenden Merkmale in Ariostos Stil gehen beinahe in entgegengesetzte Richtungen. Da ist zum einen seine Liebe zu plötzlichen Unterbrechungen, um eine andere Anekdote zu erzählen, zum anderen das leichte, ruhige Gefühl einer erzählerischen „Fruchtbarkeit". Es scheint, als sei Ariosto so voller Ideen und Geschichten, dass sein Erzählstil niemals nachließ. Das war es auch, was Galileo an Ariosto mochte. Im Gegensatz dazu sagte der Wissenschaftler über Torquato Tasso (1544–1595), dass dieser nur eine Idee zu nehmen scheine und diese auspresse, bis sie keine Kraft mehr habe. Es gab endlose Variationen des gleichen Themas, so fuhr Galileo fort, weil Tasso nichts von Ariostos Originalität und Reserven besaß.

Tasso, der andere große Epiker der italienischen Renaissance, unterscheidet sich tatsächlich sehr von Ariosto. Ihre Themen gleichen sich zwar (der erste Kreuzzug und die Zusammenstöße zwischen Ost und West), liest man Tasso, betritt man aber eine ganze andere Welt. Während bei Ariosto die Handlung und deren Unterbrechung die treibenden Kräfte sind, befasst sich Tasso 1575 in seiner *La Gerusalemme liberata (Die Befreiung Jerusalems* oder *Gottfried von Bulljon)* mit der Darstellung und Verstärkung von Gefühlen, mit merkwürdigen Kontrasten im Tonfall und mit einer beinahe neurotischen Liebe zum Detail. Seine Charaktere sind, ähnlich wie in Vergils *Aeneis*, stets zwischen Gefühl und Pflicht hin- und hergerissen. Ständig scheinen ungesagte Dinge im Raum zu stehen und unter der Oberfläche zu gären. Tasso wurde von dem damals neuen katholischen Jesuitenorden erzogen. Sein ungewöhnlich starker religiöser Eifer, der tief in der katholischen Reform Mitte des Jahrhunderts verwurzelt war, zeigt sich auch im heftigen, aber nur schwer zu artikulierenden Innenleben seiner Figuren. Diese Charakteristika bewogen einige dazu, Tasso mit den Strömungen in der Kunst zu vergleichen, welche die klassische Einfachheit Michelangelos ablehnten und sie durch bewusst künstliche Posen und Lichteffekte zu ersetzen suchten, wie man es eher von Bronzino und Vasari kennt.

GIERVSALEMME
LIBERATA,
Poema Heroico del Signor Torquato
TASSO.
Al Serenissimo Signore; il Signor Donno
ALFONSO II. D'ESTE
DVCA DI FERRARA, &c.
Tratta dal vero Originale, con aggiunta di quanto manca nell'altre Edittioni, con l'Allegoria dello stesso Autore
Et con gli Argomenti à ciascun Canto del S. Horatio.
ARIOSTI.
Con Priuilegio di Sua Santità: delle Maestà Christianissima:
Et Catolica: della Serenissima Signoria di Venetia:
Del Serenissimo Sig. DVCA di Ferrara:
& d'altri Principi.
In Ferrara 1581.

Faksimile des Titels der ersten Ausgabe von Tasso: Das befreite Jerusalem.
(Wenig verkleinert.)

DIE BEFREIUNG JERUSALEMS
Torquato Tassos größtes Werk, das darauf abzielte, Homer und Vergil zu übertreffen und zum italienischen Nationalepos zu werden.

TORQUATO TASSO (1544–1595)
Tasso ist gefangen in einem Irrenhaus. Tassos Charaktere sind, ähnlich wie Vergils Aeneis, stets zwischen Pflicht und Gefühl hin- und hergerissen. Zudem scheint immer etwas unausgesprochen zu bleiben.

DIE ABFAHRT DES AENEAS UND DER TOD DIDOS
Ein Bild von 1469, das eine Episode aus Vergils *Aeneis zeigt.* (Bibliothèque Municipale, Dijon)

LUIZ VAZ DE CAMÕES *Die Lusiaden* von Portugals berühmtestem Renaissancedichter drehen sich um Vasco de Gamas Expeditionen. Sein Erzählstil wurde von lateinischen Epen wie Vergils *Aeneis* beeinflusst.

Auf der Iberischen Halbinsel schrieb Luiz Vaz de Camões (1524–1580), Portugals berühmter Renaissancedichter, ein weiteres Nationalepos. Er wurde von Dominikanern und Jesuiten erzogen. 1572 veröffentlichte er die *Lusiaden*, die von Vasco da Gamas Expeditionen handeln. Camões hatte Vergils *Aeneis* sorgfältig gelesen, aber sein Werk war eher mit dem Ruhm als mit dem Preis des Imperiums befasst. Sein Erzählstil ist enger an die lateinischen Epen als die Werke Ariostos und Tassos angelehnt, daher wird sein Werk manchmal als etwas zurückblickend angesehen.

Vielleicht ließ Tasso schon ein wenig von den grundlegenden Änderungen im Geschmack, die als „Barock" bekannt werden sollten, durchblitzen. Am meisten wird jedoch Giambattista Marino (1569–1625) mit diesen Änderungen assoziiert. Marino wurde in eine gebildete Anwaltsfamilie hineingeboren. Sein Vater hatte eine entsprechende Karriere für ihn vorgesehen, aber wie so viele seiner literarischen Vorgänger verweigerte er sich. Zu Beginn des 17. Jh. zog er zuerst nach Rom, dann nach Turin und schließlich 1615 nach Paris. Seine wichtigsten Werke sind *Le Rime* (1602) und *L'Adone* (1623). „Der Sinn des Dichters ist das Fantastische", erklärte er.

In vielerlei Hinsicht repräsentierte dies das Ende der erasmischen Besorgnis um Variationen gepaart mit einer senecaischen Vorliebe für markige Aussprüche. So wurden dem kunstvollen, überladenen Barockstil und der darauf folgenden Bevorzugung eines ganz einfachen Stils die Bühne bereitet.

Kapitel 4

BAROCK

DRAMA UND GRANDEUR

KING-JAMES-BIBEL, 1611.
Im Jahr 1604 beauftragte Jakob I. von England 54 Gelehrte damit, die Bibel ins Englische zu übersetzen. Die Gelehrten arbeiteten sieben Jahre lang in sechs Gruppen an drei verschiedenen Orten und verwendeten dabei frühere Übersetzungen sowie Texte in den Originalsprachen. Nach ihrer Veröffentlichung galt diese Bibel über drei Jahrhunderte lang als englische Standardversion. Ihr gediegener Stil hatte großen Einfluss auf die englischsprachige Literatur.

LINKE SEITE: Christoph Kolumbus im Kloster La Rabida, 1856, Eduardo Cano de la Peña, Öl auf Leinwand, Prado, Madrid

Die Reformation brach mit der Idee der allumfassenden Treue zur katholischen Kirche. Das war ein bedeutender Schritt auf dem Weg zur Bildung eines Nationalbewusstseins sowie zur Entstehung von Staaten und führte letztendlich oft zu dem Bedürfnis nach einer neuen Literatur in der Landessprache. Natürlich spielten auch andere Faktoren eine Rolle: Gegen Ende des Mittelalters konnte nahezu jeder örtliche Herrscher einen Krieg anzetteln. Der technische Fortschritt sollte das ändern. Um 1550 war das Kriegführen so teuer geworden, dass es sich nur noch Staatsoberhäupter leisten konnten, was tiefgreifende Konsequenzen hatte. Die überlieferte Vorstellung vom Adligen, der seine Männer in der Schlacht anführte, war gegenstandslos geworden. Durch humanistische Erziehungsideale und eine zunehmende Zentralisierung der Höfe – mit neuen Möglichkeiten der Kunstförderung – wurde der militärische Anführer langsam durch einen kulturellen ersetzt. Im Mittelalter hatte niemand von einem König erwartet, besonders gebildet zu sein (obwohl einige es waren). Jetzt wurde Bildung immer stärker zu einer Möglichkeit, sich dem „gemeinen Volk" gegenüber abzugrenzen.

SPANIEN

Zu Beginn des 15. Jh. galt Spanien in Europa als tiefste Provinz. Den größten Teil des Mittelalters über war es muslimisches Territorium gewesen, in dem die drei großen, monotheistischen Religionen relativ friedlich nebeneinander existierten. Vom 15. bis zu Beginn des 17. Jh. wandelte sich das Land dank des hohen Zuflusses an Silber aus der Neuen Welt, einer gestärkten Landessprache und nicht zuletzt dank Cervantes, einem der größten Schriftsteller der Weltliteratur, von der Provinz zur größten Weltmacht ihrer Zeit. Die Wende brachte auf politischer Ebene die Heirat von Ferdinand und Isabella im Jahr 1469, durch die Kastilien und Aragon vereint wurden. Ihre Ehe wurde zum Symbol für die Vereinigung der gesamten Iberischen Halbinsel: ein Land, eine Kirche, eine Sprache. 1492 verwies Spanien die Juden des Landes. Im gleichen Jahr wurde auch die letzte muslimische Enklave im Süden, Granada, nach einer langen Belagerung zurückerobert. Nach der Schlacht von Alcantara 1580 wurde Portugal von seinem mächtigeren Nachbarn annektiert. Spanien, das im Norden von den Pyrenäen und im Süden vom Felsen von Gibraltar begrenzt wurde,

1605 Miguel de Cervantes veröffentlicht den ersten Teil des legendären *Don Quijote*.

1609 Shakespeares Zyklus aus 154 Sonetten wird veröffentlicht.

1611 Die King-James-Bibel wird veröffentlicht.

1618 Beginn des Dreißigjährigen Krieges.

1623 John Heminge und Henry Condell geben das erste Folio heraus.

1633 John Donne veröffentlicht *Poems*, eine Sammlung all seiner Gedichte.

1642 Englischer Bürgerkrieg; alle Theater werden geschlossen.

1645–1649 Englands König Karl I. ergibt sich Oliver Cromwell und wird hingerichtet. Die Monarchie wird abgeschafft, Cromwell wird zum Lordprotektor.

1660 Karl II. besteigt den Thron von England; Wiedereinführung der Monarchie.

1664 Molière veröffentlicht *Tartuffe*.

1665 Die Pest bricht aus.

1665 François de la Rochefoucauld gibt *Réflexions ou sentences et maximes morales* heraus.

1666 Der Großbrand von London.

1666 Molière führt *Le Misanthrope* auf.

1667 John Milton veröffentlicht *Paradise Lost (Das verlorene Paradies)*.

1668 *Der abentheurliche Simplicissimus Teutsch* von Hans Jakob Christoffel von Grimmelshausen erscheint.

1677 Jean Racine veröffentlicht *Phaedra*.

1681 Andrew Marvells *Miscellaneous Poems* werden posthum veröffentlicht.

1690 John Locke veröffentlicht *Ein Versuch über den menschlichen Verstand*.

1707 England und Schottland vereinigen sich zum Königreich Großbritannien.

bildete schon immer eine geografische Einheit. Nun begann das Land, sich auch religiös und sprachlich zu vereinigen. 1492 veröffentlichte Antonio de Nebrija die erste spanische Grammatik. „Sprache und Macht", so schrieb er, „gehen Hand in Hand." Unglücklicherweise führte die Begeisterung, mit der Renaissanceliteratur in der Landessprache verfasst wurde, oft zu einem Anstieg an Nationaleifer, obwohl ein genauer Zusammenhang zwischen beiden kaum festzumachen ist.

Der sichtbarste Aspekt der spanischen Verwandlung war der räumliche. Mit Christoph Kolumbus' berühmter Reise, bei der er 1492 auf den heutigen Bahamas landete, begann die Expansion in die Neue Welt. Karl V., der 1516–1556 regierte, tat sein Bestes, um die Ansichten aus dem Römischen Reich in einen christlich-spanischen Kontext zu übertragen. Sein Sohn Philipp II. verstärkte dieses Unterfangen. Das Römische Reich war nicht nur eine politische Einheit gewesen; es hatte auch ideologische, sprachliche und literarische Unterstützung gebraucht. All das würde Spanien auch benötigen.

Als Spanien begann, auf der internationalen Bühne die politischen Muskeln spielen zu lassen, wurde das kulturelle und intellektuelle Leben mit einem Mal weitaus energischer, aber auch begrenzter in seinen Ansichten. Während die toleranten, humanistischen Sichtweisen eines Erasmus von Rotterdam im frühen 16. Jh. noch einen gewissen Einfluss hatten, wurden seine Werke nun verboten. Hebräisch etwa, die Sprache der jüdischen „Ketzer", wurde nur noch an der Universität von Salamanca gelehrt. Obwohl der Handel florierte, wurden Reisen ins Ausland zunehmend schwieriger. All dies ist zwar nicht mit einer intellektuellen Verarmung Spaniens gleichzustellen, es bedeutete jedoch, dass sich die spanische Literatur zum Großteil nur noch aus bereits vorhandenen spanischen Werken weiterentwickelte. So wurde einer Art von brillanter Abgeschiedenheit der Weg geebnet. Spanien ging seinen eigenen Weg – erheblich stärker als andere Nationen. Ein gutes Beispiel für diese Unabhängigkeit ist die Entwicklung des Romans.

Stellte Cervantes auf humorvolle Weise ernsthafte Fragen über das Anzweifeln der Geschichten, die wir einander erzählen, so entwickelte sich ein anderer Zweig der spanischen Literatur mit Lichtgeschwindigkeit in die entgegengesetzte Richtung: die Erforschung der tiefsten und intimsten Form der

DON QUIJOTE UND SANCHO PANZA
Don Quixote, ein Edelmann aus der Mancha in Zentralspanien, ist besessen von den ritterlichen Tugenden in den Büchern, die er gelesen hat. Er beschließt, mit seiner Lanze loszuziehen und den Hilflosen beizustehen. Bei seinen Abenteuern wird er von seinem dicklichen, ungebildeten Knappen Sancho Panza begleitet.

DON QUIJOTE

Die Geschichten um verirrte Ritter, Burgen und verworrene Liebschaften entwickelten sich in der Renaissance langsam zum Roman weiter. Der Mann, der in erster Linie dafür verantwortlich war, war Spanier. Gegen Ende des 16. Jh. war in Spanien ein wichtiges literarisches Genre entstanden: der Schelmenroman. Darin wurden Charaktere nur um ihrer selbst Willen erschaffen. Der Hauptdarsteller des Schelmenromans ist oft ein Außenseiter, dem die unmöglichsten und komischten Dinge passieren. Er ist das Gegenteil des epischen Helden wie Aeneas, der eine Mission zu erfüllen hat, auch wenn er dafür einen schrecklichen Preis zahlen muss. Alles wird dem höheren Ziel untergeordnet, wodurch sich der Held strengen Regeln unterwerfen muss. „Sinnlose Freuden" – wie etwa einen Spaziergang mit einer holden Maid – macht das nahezu unmöglich.

Es ist Miguel de Cervantes' (1547–616) literarischem Genius zu verdanken, dass er den beliebigen komischen Vorfall aus dem Schelmenroman entnahm und ihn zusammen mit größeren Belangen in eine verständlichere Handlung vor dem Hintergrund ethischer Bedenken und hartnäckiger Fragen über Wahrheit und Lüge in der Literatur einband. Aus diesem Grund gilt Cervantes als Vater des Romans.

Miguel de Cervantes wurde bei Madrid geboren, und obwohl ihn seine Werke als sehr gebildeten Mann ausweisen, ist unklar, ob er jemals eine Universität besuchte. Sein Lebensweg deutet auf Impulsivität und Idealismus hin: Er verliebte sich in eine Bardame, deren Eltern ihr die Hochzeit mit ihm verboten, schloss sich der spanischen Armee an und verbrachte einige Zeit als Kriegsgefangener. Lange Zeit hatte er keine echte Heimat und zog wie der Held seiner Geschichte von Stadt zu Stadt. 1605 veröffentlichte er den ersten Teil von *Don Quijote* (der zweite Teil erschien 1613, und es gibt sowohl innerhalb der einzelnen Bücher als auch zwischen ihnen einige Unstimmigkeiten in Bezug auf die Handlung). Don Quijote ist ein Adliger, der sich den ritterlichen Tugenden verschrieben hat und dessen Weltfremdheit ihn davon abhält, zu erkennen, dass diese Idealvorstellungen ihm in seiner Situation als verarmter, abgehalfterter Außenseiter nicht weiterhelfen. Bodenständigen, pragmatischen Realismus liefert dabei sein treuer Gefährte, Sancho Panza. Manchmal erzählt Don Quijote die Geschichten, manchmal wird er selbst darin verwickelt. Don Quijote ist jedoch nicht nur eine Ausrede für Cervantes' Liebe zu Abschweifungen und komischen Standardszenen. All seine Handlungen sagen uns etwas über seinen Charakter, an den wir glauben und den wir mögen sollen.

MIGUEL DE CERVANTES
Cervantes' Einfluss auf das Spanische war so bedeutend, dass es oft auch *la lengua de Cervantes* (die Sprache Cervantes') genannt wird.

Miguel Cervantes war aber nicht nur an seinem Protagonisten interessiert. Sein Roman steckt voller Figuren aus den unteren Gesellschaftsschichten, die um ihrer selbst Willen wichtig sind. Ähnlich wie Shakespeare und Tolstoi will er eine Welt erschaffen, an der sein Leser teilhaben kann, obwohl wir uns auch dessen bewusst werden sollen, wie sehr Don Quijotes Persönlichkeit (und die aller anderen Figuren) von früherer Literatur abhängt. Die Bedeutung der Erdichtung und somit der Literatur für unser Selbstverständnis ist für die Handlung des Buches unerlässlich. Cervantes deutet an, dass seine Geschichte auf einem kostbaren historischen Manuskript eines maurischen Gelehrten (Cide Hamete Benengeli) fußt, aber auch das ist ein Fantasieprodukt. Während zu Beginn des Buches einige Figuren versuchen, Don Quijote von der Sinnlosigkeit seiner Ritterlichkeit zu überzeugen, versinkt er am Ende in tiefe Depressionen, als er erkennt, dass das Leben tatsächlich keine Abfolge altmodischer Abenteuer ist. An diesem Punkt versuchen seine Freunde nun, aus ihm wieder den wirklichkeitsfremden Idealisten zu machen, der er früher einmal war.

Ein geradezu schwindelerregend komplexer Nachfolger Don Quijotes ist der 1965 gedrehte spanische Film *Die Handschrift von Saragossa*, in dem es um Wahrheit, Erfindung und Persönlichkeit vor dem Hintergrund von Liebe und Ritterlichkeit im Spanien der Renaissance geht. In der Tat war *Don Quijote* so einflussreich, dass bis heute außer der Bibel kein anderes Buch in mehr Sprachen übersetzt wurde.

inneren Gewissheit. Die „Festung Spanien" wurde als einziges europäisches Land so gut wie nicht von der Reformation beeinträchtigt. So entwickelten sich die religiöse wie die säkuläre Literatur auf eigenen Pfaden. Im 16. und 17. Jh. entstand eine markante, extreme Spielart des Glaubens, deren Literatur bald Einfluss auf andere Länder haben sollte. Die Schlüsselfiguren waren Johannes vom Kreuz (1542–1591) und die heilige Teresa von Avila (1515–1582).

Lope de Vega (1562–1635) war ein Repräsentant der späten Renaissance und ihrer humanistischen Kultur. Während Cervantes beliebte Erzählungen mit philosophischen Fragen zu einem neuen Genre, dem Roman, verband und Mystiker wie die heilige Teresa von Avila sich auf mittelalterliche Bräuche besannen, war Lope de Vega fest in der akademischen Kultur des Humanismus verwurzelt. In Madrid geboren, wurde er in einer Jesuitenschule erzogen und

HEILIGE TERESA VON AVILA (1515–1582)
Die heilige Teresa von Avila war eine spanische Karmeliternonne und Mystikerin. Hier sieht man sie entrückt bei der Betrachtung des Herzens Jesu. Ihr eigenes Herz blutet, weil es von einem Pfeil durchbohrt wurde.

studierte dann an der Universität von Alcala. Obwohl er durchaus religiös war, bevorzugte er ein aktiveres Leben und segelte sogar mit der spanischen Armada gegen England. In Bezug auf sein literarisches Werk hatte er nicht weniger Energie. Geblieben sind uns etliche Bände religiöser Gedichte, eine Liebesgeschichte im Stil der Schäferdichtung, historische Schriften in Versform sowie über 450 Theaterstücke. Was sein Werk so außergewöhnlich machte, war sein Bedürfnis, alles mit einzubeziehen. Vor de Vega wies das spanische Drama einige thematische und stilistische Beschränkungen auf. De Vegas Versuch, aus dem Drama eine Art „Gesamtkunstwerk" zu machen (wie Wagner es später bei seinen Opern versuchte) bedeutete, dass neue Versformen, neue Themen, historische Umschreibungen, Witze, satirische Entrüstung und religiöse Gefühle zu einer schier unerschöpflichen Quelle der Kreativität verbunden wurden. Sein Humanismus entsprang nicht nur der Vergangenheit, sondern de Vega war auch begierig, sich die italienische Literaturkultur, die zwar selbst in der Vergangenheit verwurzelt war (siehe die Opern Monteverdis), aber dennoch immer kunstvoller wurde, zueigen zu machen.

LUIS DE GONGORA

Die Frage, welche Vergangenheit und welche Art des Lateinischen man wiederbeleben sollte, beschäftigte die Humanisten von vornherein. Je mehr Texte aus der Vergangenheit sie entdeckten, desto zwingender wurde die Frage, welche davon man am besten nachahmen sollte. Diese Sorge führte zu einer Obsession mit Stil, die ein typisches Merkmal humanistischer Projekte ist. Bis dato galt seit Generationen die Prosa Ciceros als wegweisend, aber gegen Ende des 16. Jh. kamen neue Modelle wie der dichte, geistreiche Stil eines Seneca oder die ausgeklügelten Werke des Apuleius immer mehr in Mode. Die stilistischen Dispute sprangen bald von Latein auf die verschiedenen Umgangssprachen über. In Spanien fand der berühmteste Streit über den besten Stil für Lyrik zwischen Francisco de Quevedo (1580–1645) und Luis de Gongora (1561–1627) statt. Beide hatten sich gegen die Dominanz des schweren, aber deutlichen „ciceronischen" Kastilischen ausgesprochen, wenn auch auf unterschiedliche Weise. Gongora war Anhänger des *Culteranismo*, eines barocken Stils ähnlich dem des Giambattista Marino, voll komplizierter Metaphern und seltsamer Wortreihenfolgen. Quevedo hingegen stand für den *Conceptismo* – das Bemühen, unter einer einfach wirkenden Oberfläche einen vielschichtigen Eisberg aus Bedeutungen und Assoziationen zu verstecken. Der vereinte Humanismus mit seinen Träumen von einer friedvollen Gelehrtenrepublik war in Spanien am Ende.

FRANKREICH

Während Spanien sich nach den glorreichen Tagen Philipps II. in einer Phase des Niedergangs befand, wuchs durch Frankreichs Hingabe an Wohlstand, Macht und Frieden nach den unbarmherzigen Religionskriegen des 16. Jh. im 17. Jh. eine

KARDINAL RICHELIEU
Von Philippe de Champaigne, Musée des Beaux-Arts, Rouen, Frankreich. Der Politiker und Staatsmann war ein Förderer der Kunst. Er gründete die Académie française, die sich mit der französischen Sprache befasste. Zudem baute er in seiner Pariser Residenz ein Theater und formte ein Ensemble aus fünf Autoren (Corneille, Boisrobert, Colletet, L'Estoille, and Rotrou), die unter seiner Regie Stücke schrieben.

RECHTS: PIERRE CORNEILLE
Musée des Beaux-Arts, Rouen.
Viele von Corneilles 34 Stücken sind Komödien oder Mischformen, aber er ist vor allem für die Schaffung der klassischen französischen Tragödie durch sein innovatives, aber umstrittenes Meisterwerk *Le Cid* (1636–1637) bekannt.

LINKS: *SZENE AUS LE CID*
verfasst von Pierre Corneille (Mary Evans Picture Library)

Kultur von beachtlicher Tiefe heran. Es war jedoch auch eine Zeit massiver politischer, kultureller und linguistischer Zentralisierung. Niemand verkörperte diesen neuen Geist besser als Kardinal Richelieu (1585–1642). Armand Jean du Plessis de Richelieu wurde als Sohn niedriger Adliger in Paris geboren und machte rasant Karriere in der Kirche. In den 1620er-Jahren war er bereits Staatsminister und Kardinal der römisch-katholischen Kirche. Richelieu war sich der Bedrohung seines Landes durch ein zu mächtiges Habsburger-Imperium bewusst. Er setzte deshalb alles daran, Frankreich im Inneren zu festigen. Das Wort des Königs sollte Gesetz sein – gestützt durch die Macht einer katholischen, aber dennoch nationalen Kirche. Die unabhängigen Adligen verloren alle Macht. Der Hof wurde zum unangefochtenen Zentrum aller neuen kulturellen Schirmherrschaften. Zur weiteren Betonung der französischen Einigkeit gab er der Académie française – einer Gelehrtengesellschaft, die überwachte, was als „korrekte" Nutzung des Französischen galt, und die französische Literatur förderte – seine Druckgenehmigung. Zudem unterstützte Richelieu einige Schriftsteller großzügig, von denen der bekannteste der Dramatiker Corneille war. Paris wurde zum literarischen, politischen und akademischen Zentrum Frankreichs – und ist es seitdem geblieben.

Das Drama hinkte den anderen französischen Künsten ein wenig hinterher, denn im Jahrhundert vor Richelieu wurde es nicht besonders geachtet. Wie in England durchbrachen aber auch hier humanistische Stücke als Erste das Monopol der religiösen Stücke und Mysterienspiele. Meist waren es Übersetzungen oder Adaptionen antiker Komödien oder Tragödien. Pierre de Larivey (1550–1612) war in dieser Phase des französischen Dramas eine Schlüsselfigur. Ende des 16. Jh. begann, ausgehend von Italien, ein Zustrom neuer dramatischer Stile, die nicht auf antiken Vorlagen fußten und neuen, gemischten Ausdrucksformen den Weg wiesen: Die Commedia dell'arte, die Schäferdichtung und das Hofballett wurden mit früheren humanistischen Stücken kombiniert und boten den Zuschauern so ein viel gehaltvolleres, anschaulicheres (in visueller und oft auch in musikalischer Hinsicht) Theatererlebnis. Pathos, bizarre Situationen, seltsame Geschichten, Ritter und holde Fräulein, musikalische Zwischenstücke und ein besseres Verständnis vom Mechanismus der Bühnenkunst waren Markenzeichen dieser neuesten dramatischen Ausprägungen zu Beginn des 17. Jh.

Diese vielfältige „Fruchtbarkeit" des Theaters sollte jedoch das Ende des Jahrhunderts nicht überstehen. Je akademisch respektabler das Drama in Rahmen der Literatur wurde, desto strenger wurden auch die Regeln bezüglich der Frage, wie Literatur geschrieben werden sollte. Die Académie française sah sich selbst als oberste Instanz, die entschied, ob ein Stück sich an die Regeln hielt, die von theoretischen Abhandlungen zu Aristoteles' frisch in Mode gekommenem Werk *Poetik* abgeleitet wurden. Pierre Corneille (1606–1684) ist ein gutes Beispiel dafür, wie ein Dramatiker mit dieser neu-aristotelischen Tradition umging. Corneille stammte aus Rouen, wo er bei den Jesuiten eine klassische Erziehung genossen hatte. Da die juristische Karriere, die sein Vater für ihn vorgesehen hatte, nichts für ihn war, zog er 1629 nach Paris, um als Bühnenschriftsteller zu arbeiten. Rasch machte er sich einen Namen und zog dadurch die Aufmerksamkeit Richelieus auf sich. Dieser wählte ihn aus, in einer seiner Propagandamaßnahmen eine wichtige Rolle zu spielen. Richelieu wollte jedoch zu viel Kontrolle über Corneilles Kreativität ausüben, und so gingen die beiden bald wieder getrennte Wege. Als Corneilles neuestes Stück *Le Cid* 1637 vor vollen Häusern aufgeführt wurde, griff die Académie française ein und kritisierte ihn. Laut der Académie versagte das Stück auf mehreren Ebenen: Es respektiere die aristotelische Theorie zum Handlungsaufbau nicht, außerdem weise es unmoralische Tendenzen auf. Als wichtigen Beitrag zur Dramatheorie untersuchte Corneille in seinem Werk *Trois discours sur le poème dramatique* 1659 vorsichtig das Verhältnis zwischen Regeln und Fantasie. Der Autor, der am meisten auf Corneilles Arbeiten aufbaute, war Jean Racine (1639–1699). Wie Corneille war auch Racine von Jesuiten erzogen worden, sollte eine Juralaufbahn einschlagen und kam stattdessen nach Paris, um für die Bühne zu schreiben. Racine war jedoch mehr um die Oberflächenstruktur seiner Werke besorgt als sein Rivale aus Rouen, und seine Stücke, insbesondere *Phèdre* (1677), weisen eine sorgsam ausgearbeitete Eleganz und Einfachheit auf. Noch mehr als bei Corneille scheinen Racines Werke von strengen Anweisungen und einer kontrollierenden Intelligenz beherrscht zu werden, was die tragische Machtlosigkeit seiner Charaktere zusätzlich betont.

Im 17. Jh. gab es jedoch weit mehr als nur Dramen. Zu jener Zeit erreichte die französische Prosa in Bezug auf Kraft und Raffinesse neue Höhen. Blaise Pascal (1663–1662) repräsentiert eine Ausprägung dieser neuen Entwicklung. Er wurde in der Auvergne geboren und war ein mathematisches Wunderkind. Durch Zufall freundete er sich mit

OBEN: JEAN RACINE

RECHTS: *PHÈDRE* von Jean Racine, mit Sarah Bernhardt. Das auf griechischen Tragödien basierende Werk wurde 1677 uraufgeführt.

LINKS: BLAISE PASCAL
Stich aus *Gallery of Portraits*, 1833. Pascals polemische *Provinzbriefe*, eine Verteidigung der Jansenisten gegen die Jesuiten, markieren den Beginn der modernen französischen Prosa.

RECHTS: „DER WOLF ALS HIRTE“
aus den Fabeln de la Fontaines, Farblithografie. Bibliothéque Nationale, Paris

zwei Ärzten seines Vaters an, die beide einem neuen Glauben, dem Jansenismus, anhingen. Jansenisten (benannt nach dem holländischen Reformbischof Jansenius) orientieren sich an der Lehre des heiligen Augustinus von Hippo und lassen sich in mancher Hinsicht mit der lutherischen Betonung dieser Lehre vergleichen – nämlich wie vollkommen sündig und unfähig, sich selbst zu helfen, der Mensch ist. Jansenisten haben im Grunde viel mit dem deutschen Mystizimus, auf den Luther sich bezog, gemeinsam. 1656 und 1657 schrieb Pascal seine *Lettres de Provinciales (Provinzbriefe)* als Angriff auf diese Praktik. Die Briefe gelten als Gipfel der französischen Prosa des 17. Jh., denn sie bewegen sich mühelos und elegant zwischen Spott, Satire und philosophischer Argumentation.

Jean de la Fontaine (1621–1695) war ebenfalls ein Meister der französischen Sprache, wenn auch auf andere Art und Weise. Er wurde in der Champagne geboren und zog nach Paris, um sich dort einen Namen als Autor zu machen. In vielerlei Hinsicht könnte man Fontaine als einen weiteren letzten Ausgräber des literarischen Erbes der Vergangenheit bezeichnen – seine erste Arbeit war eine Adaption eines Werkes des römischen Komödienschreibers Terenz. Das Vorbild für sein Hauptwerk waren jedoch nicht die großen Epiker oder Tragödiendichter wie Vergil oder Euripides. Stattdessen wählte er den ehemaligen Sklaven Aesop, dessen Fabeln meist nur als nette Unterhaltung oder zum Unterrichten von Kindern angesehen wurden. De la Fontaine arbeitete in einer Zeit selbstbewusster Gewandtheit und des Ideals eines allumfassenden Wissens. Sein größtes Geschick war es, die Fabeln für alle Menschen wichtig erscheinen zu lassen. Die Geschichten sind nicht nur in einem feinsinnigen, aber dennoch einfachen Französisch makellos aufgebaut, sondern zeugen auch von seinem Talent für das Geschichtenerzählen.

Jean-Baptiste Poquelin (1622–1673) – besser bekannt unter seinem Künstlernamen Molière – wurde in Paris als Sohn einer gut situierten Familie geboren. Er sollte jedoch nicht dem typischen Lebensweg folgen, der für jemanden seines Standes eigentlich vorgesehen war. Er hatte zwar eine solide jesuitische

Erziehung erhalten, nahm aber schon früh die Bühne ins Visier und arbeitete viele Jahre als Schauspieler. Sein Talent für Bühnenkunst und Dramaturgie übertraf das aller seiner Vorgänger, obwohl er es als Wortschmied nicht mit Racine aufnehmen konnte. Sein Handlungsaufbau ist brillant, sein oft komisch-finsterer Blick auf die menschliche Natur und den Selbstbetrug ist ideal für die seltsamen Schicksalswenden geeignet, von denen seine Stücke geprägt sind. Molière gelang es, die Bühne und insbesondere die Komödie als literarisches und kommerzielles Vehikel, das sich frei von den Vorurteilen der Antike, der Gesellschaftsschicht und der Académie française bewegen konnte, zu rehabilitieren. Auf diese Weise bildet er einen passenden Abschluss zum Ende eines Jahrhunderts, in dem die französische Literatur zu einer eigenen Welt geformt wurde, die niemandem etwas schuldete.

OBEN: ITALIENISCHE UND FRANZÖSISCHE KOMÖDIANTEN SPIELEN MOLIÈRES FARCEN
1670, Verio zugeschrieben, Öl auf Leinwand

RECHTS: STATUE VON MOLIÈRE, PARIS
Molière war berühmt für seine neoklassizistischen Komödien. Bereits zu Beginn seiner Karriere schrieb er elf Possen. Der Einfluss der Commedia dell'arte ist in Molières Stücken unübersehbar.

DEUTSCHLAND

Ein Blick auf die Karte Deutschlands im 17. Jh. enthüllt Dutzende kleiner Königreiche, Fürstentümer und freier Städte. Während Spanien geografisch eine Einheit bildete, waren Deutschlands Grenzen fließend. Böhmen und Mähren, Teile der französischen Provinz, die Schweiz und Gebiete zu beiden Ufern der Elbe wurden von der deutschen Kultur beeinflusst und standen wiederum in enger politischer Verbindung mit dem einen oder anderen Nachbarn. Dieses Flickwerk aus politischen Loyalitäten und unterschiedlichen religiösen Affiliationen, die alle auf Tuchfühlung miteinander existierten, hatte natürlich Konsequenzen. Die wichtigste war das nur langsame Aufkommen der Idee von einem deutschen Staat, vereint durch seine Sprache.

SEBASTIAN BRANT
Der vor allem für sein satirisches Gedicht *Das Narrenschiff (1494)* bekannte Brant gilt als der größte deutsche Dichter vor Goethe. Erzählt wird die Geschichte von 110 Menschen, die per Schiff in das „Narrenparadies" Narragonien fahren. Illustriert mit dramatischen Holzschnitten, persifliert sie die Laster und Torheiten jener Zeit.

Im frühen 17. Jh. gab es durch das Heilige Römische Reich Deutscher Nation durchaus schon so etwas wie eine Einheit. Sie war jedoch (etwa im Vergleich zum spanischen Imperium) eine eher administrativ und kulturell praktische Mischung als eine Ideologie. Tatsächlich war das Land weder heilig, noch römisch, noch ein Reich. Kaiser Rudolf II. (1552–1612), der zur Jahrhundertwende herrschte, war im Grunde eine Verkörperung des Renaissancefürsten mit stark zentralistischen Tendenzen und einer Liebe zu Literatur und Wissenschaft. Dies hätte er dazu nutzen können, sein Reich weiter zu vereinen. Stattdessen verlegte er seinen Hof nach Prag und hielt sich zunehmend aus den Staatsgeschäften heraus. So blieb Deutschland, wie wir es heute nennen würden, ein „multipolares Land".

In den östlichen Teilen des Heiligen Römischen Reiches waren Tschechisch, Deutsch und Latein als Sprachen alle gleich wichtig. Mehr als jedes andere Land wiesen die deutschsprachigen Länder eine Art linguistische Schizophrenie auf: Das literarische Profil war in eine anspruchsvolle, humanistische, lateinische Kultur und eine deutlich hinterwäldlerischere deutsche unterteilt. Das lag nicht nur daran, dass man sich nur langsam auf eine einheitliche Grammatik (so wie die Nebrijas in Spanien) einigen konnte. Die Verbindung zwischen Luther, der deutschen Sprache und seiner Bibelübersetzung war so stark, dass viele deutsche Katholiken ihre literarischen Werke genau aus diesem Grund in Latein verfassten. Tatsächlich bildeten lateinische Schriften (sowohl protestantische als auch katholische) die Vorhut der europäischen Humanistenkultur.

Conrad Celtis (1459–1508) etwa äußerte sich stolz über den wachsenden Beitrag, den Deutschland zur Wiederentdeckung der Antike leistete, und verfasste viele Briefe und Gedichte in der alten Sprache. Petrus Lotichius (1528–1560) schrieb mehrere Gedichtbände in sorgfältiger, subtiler Imitation der altrömischen Elegiker wie Ovid, Properz und Tibullus. Die protestantisch-humanistische Erziehungsreform des Philipp Melanchton und der Universitäten, die sich seine Werke zum Vorbild nahmen, stellte diese Art von Werken auf eine solide Basis. Gegen Ende des Jahrhunderts hatte sich das jesuitische Erziehungssystem in vielen Teilen Süddeutschlands durchgesetzt. So ebnete die jesuitische Kultur mit ihrer größeren Betonung auf die sorgfältige Ausführung – ob visuell, verbal oder musikalisch – dem Barock in diesen Gegenden den Weg.

***DAS NARRENSCHIFF*, CA. 1550,** Das Glückhafftschiff Zürich, Schweiz. Brants satirisches Gedicht begründete ein neues Literaturgenre, bekannt als Narrengeschichten. Sebastian Brants Stil und seine Thematik wurden in ganz Europa aufgegriffen.

Die Nachahmung des geradezu musikalischen Klangbildes der italienischen Lyrik (z. B. in den kürzeren Gedichten Torquato Tassos) gelang den Deutschen zu diesem Zeitpunkt nicht. Wahrscheinlich lag ihre Stärke eher in anderen Bereichen, denn der dauerhafteste (und in einiger Hinsicht auch echteste) Beitrag zur deutschen und im Grunde auch zur Weltliteratur des 16. Jh. war die Hymne. Die Hymne ist eine Art musikalisches Äquivalent zur visuellen Propaganda, die Luther und seine Mitstreiter so wirkungsvoll einsetzten. Sie sollte in erster Linie einprägsam sein, und so zielte sie auf Deutlichkeit in Lehre und Ausdruck ab. Die Hymne war ein beliebtes Medium, das in gut verständlichem Deutsch verfasst wurde. Das Ganze führte aber (wenn auch nur kurzfristig) zu einer weiteren Entfremdung zwischen der gebildeten Lateinkultur und ihrem umgangssprachlichen Pendant. Vor Luthers Bibelübersetzung war das beliebteste umgangssprachliche Werk Sebastian Brants *Narrenschiff*. Die einflussreiche Satire war ein Riesenerfolg und wurde in viele Sprachen, darunter auch ins Lateinische, übersetzt. Brant (1458–1521) war jedoch keine Stimme des Volkes. Er kam aus dem Elsass und stand daher in enger Verbindung mit einer Stadt in der Vorhut des Humanismus, nämlich Straßburg. In loser, episodischer Abfolge, welche die Dummheit, Ignoranz und Gewöhnlichkeit der Menschheit symbolisieren soll, wird in dem Buch die Geschichte einer Reise in das Narrenparadies erzählt. Das Werk gab den Anstoß dazu, weiter zu experimentieren und auch andere humanistische Genres einzudeutschen.

Auch nach dem Augsburger Frieden (1555), der für einen wackeligen Frieden zwischen Protestanten und Katholiken sorgte, blieb die deutsche Literatur rückständig, und die meisten Autoren waren weiterhin der „literarischen Schizophrenie" aus Latein und Deutsch verschrieben. Italienische Texte an die völlig andere deutsche Sprachstruktur anzupassen erwies sich als sehr schwierig. Die neue Mode einer sehr visuellen und begrifflich komplizierten Form der Lyrik erschien dagegen viel einfacher. Martin Opitz von Boberfeld (1597–1639) strebte danach, diesen Trend in Deutschland zu festigen. Opitz wurde in Niederschlesien, im Südwesten des heutigen Polen, geboren. 1618 ging er zum Studium nach Frankfurt. Die Sprache ist ein Werkzeug der Literatur; literarische und linguistische Entwicklungen sind immer miteinander verbunden. Es war daher nicht erstaunlich, dass sich Opitz' erstes Buch *Von der deutschen Poeterei* (1618) davon handelte drehte, wie man aus Deutsch ein ordentliches Werkzeug zum Ausdruck von Gedanken und Literatur machen kann. Opitz versuchte, eine Reihe von Grundregeln aufzustellen, in welcher Situation sich welche Ausdrucksweise am besten eignete. Zu diesem Zweck

MARTIN OPITZ VON BOBERFELD, auf dem Titelblatt seiner poetischen Werke, begleitet von Freunden und Anhängern. Martin Opitz bestätigte die Eignung der deutschen Sprache für Poetik und stellte die Regeln der deutschen Poetik auf.

wollte er ein reineres Deutsch etablieren, das als Grundlage für den Ausdruck einer ganzen Reihe verschiedener Genres die-nen sollte. Äußerst repräsentativ für dieses here Ziel ist Opitz' Werk *Vesuvius* (1633). Obwohl er sich um eine sehr strenge Auslegung einiger neo-lateinischer Regeln bemühte, war er aber immer auch sehr an den charakteristischen Merkmalen der deutschen Sprache, die sich so sehr von den romanischen Sprachen wie Italienisch, Französisch oder Latein unterscheidet, interessiert. Im Sinne dieser nationalistischen Rückeroberung der „wahren" deutschen Sprache ist es nur allzu passend, dass sein letztes großes Werk, welches er noch vollendete, eine Ausgabe eines linguistisch archaischen deutschen Heldenliedes aus dem 11. Jh. war: das *Annolied*.

Opitz ließ sich in Danzig nieder, wo er sich einen Posten am Hof Wladislaws IV. Wasa (1595–1648) sicherte und schließlich an der Pest starb. Dort beeinflusste er den jungen Dichter Christian Hoffmann von Hoffmannswaldau (1617–1679). Hoffmannswaldau sollte die Ausdrucksstärke der deutschen Sprache noch weiter verbessern. Außerdem erweiterte er das Themenspektrum um ausgesprochen erotische Themen – mit einer besonderen Betonung der weiblichen Psychologie (beispielsweise in seinen *Heldenbriefen*). Während bei Opitz das Lateinische jedoch noch immer im Hintergrund stand, kann man Hoffmannswaldau als einen rein deutschen Schriftsteller sehen, egal wie verpflichtet er Opitz' neu-lateinischen Theorien gewesen sein mag. Die dritte Schlüsselfigur des deutschen Barocks kam ebenfalls aus Schlesien: Andreas Gryphius (1616–1664).

CHRISTIAN HOFFMANN VON HOFFMANNSWALDAU
Hofmannswaldau, ein Freund von Martin Opitz und Andreas Gryphius, wurde erst nach seinem Tod 1679 berühmt. Sein Gebrauch ungewöhnlicher Methaphern, raffinierter Rhetorik und kühner Erotik wurde als „galanter Stil" bekannt.

ANDREAS GRYPHIUS
Gryphius war ein Lyriker und Dramatiker des deutschen Barocks. Da er während des Dreißigjährigen Krieges aufwuchs, drehen sich viele seiner Werke um Krieg und Tod, von denen das bekannteste wohl *Gedanken* ist. Er schrieb aber auch Komödien und Tragödien in der Umgangssprache.

DIE RATIFIZIERUNG DES FRIEDENS VON MÜNSTER
ca. 1837, Claude Jacquand, Öl auf Leinwand.
Der Westfälische Frieden, von Zeitgenossen auch gern Friede der Erschöpfung genannt, bezieht sich auf die zwei Friedensverträge von Osnabrück und Münster (unterzeichnet am 15. Mai bzw. 24. Oktober 1648), mit denen der Dreißigjährige Krieg im Heiligen Römischen Reich Deutscher Nation und der Achtzigjährige Krieg zwischen Spanien und den Sieben Vereinigten Niederlanden beendet wurden. Die Hauptbeteiligten an den Verhandlungen waren das Heilige Römische Reich, Spanien, Schweden, Frankreich und die Niederlande. Mit der Unterzeichnung der Verträge wurde das Fundament für das moderne europäische Staatensystem gelegt.

RELIGIÖSE KONFLIKTE UND LITERATUR IN EUROPA

Für Schriftsteller, die nach Ruhe und Frieden suchten, war Polen eine gute Wahl, denn es hatte viel weniger unter den religiösen und militärischen Konflikten des frühen 17. Jh. zu leiden als andere Teile Europas. Der wackelige Augsburger Frieden hatte zur Regel *„cuius regio, eius religio"* geführt, was bedeutete, dass der Fürst die Religion seiner Untertanen bestimmen konnte. Unglücklicherweise machte das wiederum jeden, der diese Religion nicht ausübte, zu einem politisch subversiven Element und noch dazu zu einem Ketzer. Dieses Spannungsfeld war zum Teil für das wichtigste Ereignis des 17. Jh., den Dreißigjährigen Krieg (1618–1648), verantwortlich. Der Krieg begann als Streit über die Religionsfreiheit der böhmischen Protestanten (in der heutigen Tschechischen Republik). Der Kaiser des Heiligen Römischen Reiches hatte, so schien es, diese Freiheit stetig untergraben. Bald kam eine Reihe anderer Beschwerden und Nationen hinzu, sodass gegen 1630 fast das gesamte Mittel- und Westeuropa am Krieg beteiligt war.

Es war der blutigste Konflikt, der bis dato in Europa ausgetragen worden war, und Millionen Zivilisten kamen ums Leben. Als 1648 endlich wieder Frieden in das von religiösen Konflikten zerrüttete Europa einkehrte, begannen Schriftsteller, einen kritischeren Blick auf die Beziehung zwischen dem Hof und dem Fördersystem, durch das sie finanziell unterstützt wurden, zu werfen. Natürlich änderte sich nichts über Nacht. Die Entstehung neuer Genres und der ersten Zeitungen sollte die Art und Weise, wie einige Autoren sich selbst und ihre Leser betrachteten, jedoch verändern.

Dichter sehen sich oft als eine Art höhere Gewalt. Das liegt zum Teil am Geheimnis der Kreativität. Woher kommen Gedichte und warum? Homer wurde von der Muse geküsst, Horaz sah sich selbst als Priesterpoeten. Literarisches Talent bringt also sowohl Privilegien als auch Pflichten mit sich. Man hat die Pflicht, sein Handwerk zu lernen und sich darum zu bemühen, und das Recht, sich auszudrücken und gehört zu werden. Diese alte Vorstellung verband sich mit dem humanistischen

Ideal einer *res publica literaria*, einer Gelehrtenrepublik. Es war eine natürliche Weiterentwicklung dieses humanistischen Ideals (nach den Grausamkeiten des Krieges), dass Männer (und gelegentlich auch Frauen) das Recht haben sollten, frei zu sprechen, zu schaffen und auch zu kritisieren. Diese Vorstellung setzte sich in der zweiten Hälfte des 17. Jh. ganz langsam durch. Deutschland blieb vorerst in verschiedene Fürstentümer und freie Städte unterteilt. England und die Beneluxländer hingegen nahmen die Verbindung zwischen einer fortschrittllichen Gelehrtenrepublik und dem Ideal der freien Meinungsäußerung besonders schnell an.

CROMWELL UND MILTON
Hier diktiert Oliver Cromwell dem Dichter John Milton – dem Lateinsekretär des Rates, der Botschaften aus dem Ausland ins Lateinische übersetzte.

ENGLAND

Unter Jakob I. wurden England und Schottland vereint, und die Zentralisierung der Befehlsgewalt schritt rasch voran. Bald wurden aber Konflikte zwischen den zunehmend selbstherrlichen Aktionen von Jakobs Sohn, Karl I., und dem Parlament offensichtlich. Der Hof stand mit seinem Versuch, der Mittelpunkt der kulturellen Produktivität zu sein, auf verlorenem Posten. Immer mehr Menschen lernten lesen, und die Geistlichen waren gebildeter als jemals zuvor. Die Universitäten von Oxford und Cambridge wurden erneut zu Zentren der europäischen Kultur. Die wissenschaftliche Revolution in London hing mindestens genauso von einfachen Apothekern und Handwerkern wie vom König oder vom Adel ab. Die Theater waren ein beliebter Ort für die Diskussion neuer Ideen, und auch Frauen begannen, sich zu Wort zu melden. Obwohl man das Parlament keineswegs als Beschützer von Meinungsfreiheit und Menschenrechten im modernen Sinn ansehen darf, betonte der Konflikt doch, wie viele verschiedene Quellen der Befehlsgewalt es in England gab. Zudem begann für die englische Sprache eine Phase außerordentlichen Reichtums. Unglaublich talentierte Schriftsteller wie William Shakespeare, John Donne und Samuel Daniel hatten die Dichtkunst komplexer und dichter gemacht. Die Prosa hinkte dieser Entwicklung hingegen noch hinterher. In der Mitte des Jahrhunderts brachte England jedoch feinsinnige, überaus elegante Schriftsteller wie Sir Thomas Browne (1605–1682) hervor, dessen *Hydrotaphia* als das beste englische Prosawerk des Jahrhunderts gilt. Die meisten Dichter wehrten sich gegen John Donnes Vielschichtigkeit, denn die Dichtung in dieser Phase betonte die liedartigen Eigenschaften in einer (endlich erfolgreichen) Imitation der italienischen Lyriktradition. Edmund Waller (1607–1687) ist vielleicht das beste Beispiel dafür: „Go, Lovely Rose/Tell her that wastes my time, and me/That now she knows/When I resembler her to thee/How sweet and fair she seems to be."

SIR THOMAS BROWNE

Einigen Schriftstellern erschien eine solche Poesie politisch unverantwortlich. Der Konflikt zwischen Karl I. und dem Parlament erreichte mit dem Bürgerkrieg in den 1640er-Jahren, der mit einer vorübergehenden Abschaffung der Monarchie und der Hinrichtung Karls I. endete, seinen Höhepunkt. Die literarische Persönlichkeit, die diese Zeit der republikanischen Regierung und das Erbe der Gelehrtenrepublik am besten verkörpert, ist John Milton (1608–1674). Die nach der Hinrichtung Karls I. gegründete englische Republik wurde von Oliver Cromwell angeführt. Milton verbrachte einige Zeit im Dienste Cromwells und war dabei direkt an der Erstellung politischer Dokumente beteiligt. Die Verwandlung vom frühen Humanisten zum politischen Staatsdiener lässt sich am besten durch die Vorstellung, die Milton von seinem Recht auf Meinungsäußerung – sowohl säkular als auch poetisch – hatte, erklären. Mehr als jeder andere vor ihm in der Geschichte Englands war Milton fest entschlossen, ein Dichter zu sein. Sein Vorbild war Vergil. Die ersten Gedichte, die er während und nach seiner Studienzeit in Cambridge schrieb, waren (wie Vergils frühe Hirtengedichte) aufgrund ihrer ausgefeilten Klangstruktur bemerkenswert. Er nahm begeistert an der europäischen Lernkultur teil und reiste nach Italien, wo er von verschiedenen Dichtern und Gelehrten herzlich empfangen wurde. Überzeugt puritanischen Idealen anhängend verband er

JOHN MILTON (1608–1674)
Um 1666 verfasste Milton *Paradise Lost (Das Verlorene Paradies)*. Da er erblindet war, musste er seinen Töchtern das Gedicht diktieren. Ursprünglich sollte sein episches Gedicht auf der Artussage, einem der Gründungsmythen des englischen Nationalismus, basieren. Später entschloss er sich jedoch für das universelle Thema des Sündenfalls.

RECHTS: Satan und Beelzebub, aus Miltons verlorenem Paradies (1868)

DER ABSTIEG TYPHONS UND DER GÖTTER IN DIE HÖLLE
Miltons Hymne über den Morgen von Christi Geburt, illustriert von William Blake, Aquarell auf Papier, Whitworth Art Gallery, University of Manchester

seinen Respekt vor dem antiken Ideal der Parrhesia (wie man in einer flammenden Verteidigung der freien Meinungsäußerung und der Pressefreiheit in seiner *Areopagitica* nachlesen kann) mit dem Glauben an die Wichtigkeit der Schaffung eines neuen Jerusalems für die Gottesfürchtigen.

Milton wandte sich schließlich dem Schreiben eines viel größeren Werkes zu: *Paradise Lost (Das verlorene Paradies)*. In diesem Epos erzählte er die Geschichte von Adams und Evas Verbannung aus dem Paradies. Ihre Sünde bestand darin, eine Frucht vom Baum der Erkenntnis gegessen zu haben, obwohl Gott es ihnen verboten hatte. Das Gedicht beginnt mit den Worten: „Des Menschen erste Schuld ...".

Es ging jedoch noch ein weiteres Paradies verloren: 1660 wurde die Monarchie wieder eingeführt, und die englischen Untertanen waren nicht mehr länger frei. Milton glaubte leidenschaftlich an die Bedeutung eines freien politischen Willens – nicht jeder Widerspruch sei gleich Ungehorsam. Der Mensch müsse sich zwar dem Willen Gottes unterwerfen, aber Gott könne kein Tyrann sein, wie Karl I. es war. Der rebellische Satan hat das ganze Gedicht hindurch die wahrscheinlich besten und denkwürdigsten Sätze. Vielleicht war Miltons Einstellung zu Satan bewundernder und politischer, als es nach der biblischen Tradition akzeptabel war.

DIE BENELUXLÄNDER

England hatte jedoch kein Monopol auf innovative Staatsformen und die Betonung der Parrhesia. Die Beneluxländer profitierten ebenfalls von dieser neuen Redefreiheit. War Italien im 16. Jh. noch das Zentrum der neuesten literarischen und intellektuellen Trends, ging der Stab Mitte des 17. Jh. vor allem an die holländische Republik über. Literarisch gesehen hatte sie jedoch einige Nachteile zu überwinden. Das größte Problem war die Sprache, die keine lange oder bedeutende Tradition hatte. Auf viele wirkte Niederländisch wie eine minderwertige Version des Deutschen. Nur wenige Europäer verstanden die Sprache, und die Konzentration auf den internationalen Handel, der den Kern des holländischen Imperiums bildete, bedeutete, dass die Holländer selbst recht sprachkundig waren.

Ihr guter Ruf in Bezug auf intellektuelle und politische Freiheit und ihre erstklassigen Universitäten (allen voran die Universität von Leiden) führten dazu, dass die Beneluxländer bald allen möglichen europäischen Einflüssen ausgesetzt

JOOST VAN DEN VONDEL
ca. 1650, Stich von de Visscher.
Der Dichter und Dramatiker Joost van den Vondel schrieb einige der größten Werke der niederländischen Literatur. Neben seinen Gedichten und Theaterstücken war er für seine beißenden politischen Satiren bekannt.

RECHTS: Der niederländische Dichter Joost van den Vondel wird durch ein Musik- und Literaturfest in Ruremonde (Niederlande) geehrt.

waren. Die großen Reichtümer, die durch den Handel ins Land flossen, wurden für die Schaffung typisch niederländischer Skulpturen, Gemälde und Architektur verwendet. Die Literatur stand hinter diesen visuellen und akademischen Formen der kulturellen Identität oftmals zurück, entwickelte sich aber trotzdem langsam weiter.

Der berühmteste Autor war Joost van den Vondel (1587–1589), der eine Reihe biblischer und historischer Tragödien schrieb. Sein Gebrauch der holländischen Sprache wurde dabei von zeitgenössischen Dichtern in höchsten Tönen gelobt. Zur Veranschaulichung, wie vielpolig die Literaturwelt zu jener Zeit geworden war, sollte man sich vor Augen halten, dass der Schlesier Andreas Gryphius van den Vondel besucht hatte und dass Gryphius' weitere Entwicklung – und somit auch die Entwicklung des deutschen Barocks – nicht zuletzt dem Einfluss des Holländers zu verdanken war.

Die Renaissance war eine Art rückwärts orientierte Revolution, die nach Antworten auf die Nöte der Gesellschaft und Modellen zur Integrierung der Werke aus der klassischen Vergangenheit suchte. Dieser neue Sinn für die Möglichkeiten des literarischen Ausdrucks und der wissenschaftlichen Entwicklung sowie die neuen Werkzeuge zum Austausch von Ideen zeigen, warum das 17. Jh. einerseits zwar den Todesstoß für den Humanismus brachte, aber dennoch voll und ganz von dessen Errungenschaften und Methoden abhängig war. Nun war die Zeit reif für neue Revolutionen.

Kapitel 5

VON DER AUFKLÄRUNG ZUM KLASSIZISMUS

VERNUNFT UND WISSEN

DENIS DIDEROT
Zusammen mit dem Mathematiker Jean le Rond d'Alembert war Diderot der Chefredakteur der *Encyclopédie*. Er zeichnete verantwortlich für die vergrößerte Bandbreite der *Encyclopédie*, mit der er ein Werkzeug für radikale und revolutionäre Meinungen schuf. Hier diskutiert Diderot die Enzyklopädie mit Kollegen.

LINKE SEITE:
Goethes Faust, Faust trifft Gretchen, 1860, James Jacques Joseph Tissot (1836–1902), Öl auf Leinwand, Musée d'Orsay, Paris

FRANKREICH

Der Text, der wohl am besten die Aufklärungsbewegung innerhalb der französischen Kultur definiert, ist die *Encyclopédie, ou dictionnaire raisonné des sciences, des arts et des métiers*. Sie wurde zwischen 1751 und 1772 veröffentlicht. 1772, 1777 und 1780 wurden neue Teile bzw. Überarbeitungen hinzugefügt. Man fand darin Schriften der berühmtesten Köpfe der französischen Aufklärung, etwa von Voltaire, Rousseau und Montesquieu. Die meisten Beiträge stammten von Louis de Jaucourt, der insgesamt 17 266 Artikel verfasste. Ohne die Bemühungen des Philosophen und Schriftstellers Denis Diderot (1713–1784), der zusammen mit Jean d'Alembert 1751 zum Mitherausgeber wurde und über 25 Jahre lang eine redaktionelle Position behielt, wäre das ambitionierte Projekt wohl niemals beendet worden.

Ziel der *Encyclopédie* war die Verbreitung von Wissen, inspiriert durch Francis Bacons *Advancement of Knowledge*, in dem er Wissen in die drei Bereiche Geschichte, Philosophie und Poesie unterteilt hatte. Insgeheim erhofften sich die Autoren auch, dass ihr Werk als Manifest der Aufklärung dienen würde. Die Obrigkeit in Frankreich, die sich besonders an der religiösen Toleranz in der *Encyclopédie* stieß, ließ das Werk kurzerhand durch königliche Anordnung verbieten und beendete das Projekt 1759. Da die Herausgeber jedoch von berühmten Persönlichkeiten wie Madame de Pompadour unterstützt wurden, gingen die Arbeiten heimlich weiter. Unnötig zu erwähnen, dass das Werk gewaltigen Einfluss auf das politische Denken hatte, das letztendlich die Französische Revolution entzünden sollte.

Neben seiner Arbeit an der *Encyclopédie* war Diderot auch Schriftsteller und Dramatiker. Bekannt ist er vor allem für sein Werk von 1796, *Jacques le Fataliste (Jacques der Fatalist)*, in dem der Knecht Jacques seinem Herrn von seinen Liebesgeschichten erzählt. Die Philosophie des Romans, dass es eine „Rolle da oben" gibt, auf der alle vergangenen und zukünftigen Ereignisse festgehalten werden, verleitete einige Kritiker dazu, das Werk als deterministisch anzusehen. Diderot ist auch für seine gefühlvollen Dramen und *Le rêve de D'Alembert* (*D'Alemberts Traum*, 1769) bekannt. Der Titel wird meist für drei verwandte Dialoge verwendet, die nach dem Tod Diderots veröffentlicht wurden. Darin stellt er sich Gespräche mit d'Alembert, dem

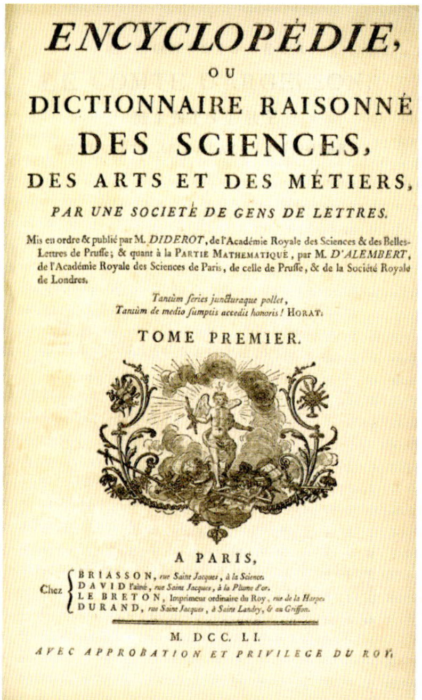
ENCYCLOPÉDIE,
OU
DICTIONNAIRE RAISONNÉ
DES SCIENCES,
DES ARTS ET DES MÉTIERS,
PAR UNE SOCIETÉ DE GENS DE LETTRES.

Mis en ordre & publié par M. *DIDEROT*, de l'Académie Royale des Sciences & des Belles-Lettres de Pruſſe; & quant à la PARTIE MATHEMATIQUE, par M. *D'ALEMBERT*, de l'Académie Royale des Sciences de Paris, de celle de Pruſſe, & de la Société Royale de Londres.

Tantùm ſeries juncturaque pollet,
Tantùm de medio ſumptis accedit honoris! HORAT.

TOME PREMIER.

A PARIS,
Chez BRIASSON, *rue Saint Jacques, à la Science.*
DAVID l'aîné, *rue Saint Jacques, à la Plume d'or.*
LE BRETON, Imprimeur ordinaire du Roy, *rue de la Harpe.*
DURAND, *rue Saint Jacques, à Saint Landry, & au Griffon.*

M. DCC. LI.
AVEC APPROBATION ET PRIVILEGE DU ROY.

OBEN: JEAN LE ROND D'ALEMBERT Französischer Wissenschaftler, Mathematiker und Philosoph, der mit Diderot an der *Encyclopédie* arbeitete

LINKS: TITELBLATT *ENCYCLOPÉDIE* Die 1751 erstmals veröffentlichte *Encyclopédie* war ein Hauptwerk der Aufklärung.

Mitherausgeber der *Encyclopédie*, vor. Jean le Rond d'Alembert (1717–1783), Mathematiker, Mechaniker, Physiker und Philosoph (der auch für seine Wellengleichung bekannt ist) lektorierte von den späten 1740er-Jahren bis 1757 die Artikel über Mathematik und Wissenschaft. Zudem verfasste er selbst über 1000 Beiträge, inklusive der berühmten Einleitung, in welcher der Aufbau der *Encyclopédie* sowie deren Geschichte und die dahinterstehenden Gedanken erklärt werden.

Eine der wichtigsten Persönlichkeiten der französischen Aufklärung und ein weiterer Mitwirkender an der *Encyclopédie* war der Schriftsteller, Dramatiker und Dichter François-Marie Arouet (1694–1778), der unter dem Pseudonym „Voltaire" schrieb. Voltaires frühe Leidenschaft für die Dichtkunst musste der Prosa weichen, und schon bald eignete er sich einen ironischen, geistreichen Schreibstil an. Voltaire ist vor allem für seine Theaterstücke bekannt, von denen er über 50 verfasste. Einige, wie *Œdipe* (1718), *Zaïre* (1732) und *Eriphile* (1732), blieben unvollendet. Seine wichtigsten Werke sind seine philosophischen Schriften, die er nach der Rückkehr aus einem zweijährigen Exil in England zu verfassen begann. 1734 veröffentlichte er *Lettres philosophiques* (*Philosophische Briefe*). Das darin besungene Lob auf den freien Geist in England wurde in Paris jedoch nicht gut aufgenommen. Voltaire musste aus Angst vor einer Verhaftung aufs Land ziehen. Nachdem er 15 Jahre in Lothringen und kurze Zeit in Preußen gelebt hatte, ließ er sich 1755 bei Genf nieder. 1759 veröffentlichte er *Candide oder die beste aller Welten*. Obwohl er wieder nach Frankreich zurückzog, besuchte er Paris, wo er als wagemutigster Fürsprecher des aufklärerischen Gedankengutes galt, nur noch einmal kurz vor seinem Tod. Seine Gedanken, die am besten in seinem *Dictionnaire philosophique* (*Philosophisches Wörterbuch*, 1764) verdeutlicht werden, lassen sich mit denjenigen Newtons und Lockes vergleichen, die ebenfalls Wissenschaft und Empirismus mit einem religiösen Glauben, der formelle Religon scheute und sich stattdessen an die Mysterien des Glaubens an sich klammerte, verbanden. Voltaire wird aus diesem Grund hinsichtlich seiner Philosophie oft als Deist und hinsichtlich seiner Politik als Humanist bezeichnet.

Eine weitere Figur der Aufklärung, deren kontroverse Schriften zur Bildung der französischen Revolutionsgedanken beitrugen, war der Philosoph und Romancier Jean-Jacques Rousseau (1712–1778). Während seiner Tätigkeit als Hauslehrer der Familie des Abbé de Mably in Savoyen kam Rousseau erstmals mit den Philosophen der Aufklärung in Berührung. In Paris sollte er zudem Diderot kennenlernen. Später, nachdem er eine Stellung als Sekretär eines reichen Steuerpächters angenommen hatte, begann er Artikel für die *Encyclopédie* zu schreiben. 1749 verfasste er einen preisgekrönten Aufsatz für die Académie de Dijon, *Discours sur les sciences et les arts* (*Abhandlung über die Wissenschaft und die Künste*). Darin nahm die Entwicklung seiner Philosophie ihren Anfang, denn er deutete an, dass der einzelne Mensch weder durch die Kunst

1700–1721 Russland besiegt Schweden im Großen Nordischen Krieg. Russland ist die neue Macht im Baltikum.

1701–1714 Im Spanischen Erbfolgekrieg schließen sich europäische Mächte (Hl. Römisches Reich, England, Portugal und die Niederlande) zusammen, um die Besteigung des französischen Throns durch Philipp V. zu verhindern. Durch die Frieden von Utrecht (1714) und Rastatt (1714) wird der Krieg beendet.

1717 Alexander Pope veröffentlicht *The Rape of the Lock*.

1719 Daniel Defoe veröffentlicht *Robinson Crusoe*, den ersten echten Roman auf Englisch.

1726 Jonathan Swift veröffentlicht *Gullivers Reisen*; 1729 folgt *A Modest Proposal*.

1733–1734 Alexander Pope beendet *An Essay on Man*.

1740 Friedrich der Große von Preußen macht Preußen zu einer politischen Macht. 1756 überfällt er Sachsen und zettelt den Siebenjährigen Krieg an.

1751 Erste Ausgabe der *Encyclopédie*, herausgegeben von Denis Diderot.

1755 Samuel Johnson veröffentlicht das *Dictionary of the English Language*, das erste richtige englische Wörterbuch.

1756–1763 Der Siebenjährige Krieg. Der Sieg Großbritanniens und Preußens beendet Frankreichs Stellung als Führungsmacht.

1759 Voltaire veröffentlicht *Candide*; Samuel Johnson veröffentlicht *The History of Rasselas* und *Prince of Abissinia*.

1775–1763 Amerikanischer Unabhängigkeitskrieg.

1783 Frieden von Paris; Großbritannien erkennt die Unabhängigkeit der Vereinigten Staaten von Amerika an.

1789–1799 Französische Revolution, inspiriert durch die Aufklärung.

noch durch die Wissenschaft glücklich werden könne. 1753 nahm er noch einmal an dem Wettbewerb teil, diesmal mit *Discours sur l'origine et les fondements de l'inégalité parmi les hommes (Abhandlung über den Ursprung und die Grundlagen der Ungleichheit unter den Menschen)*. In dieser zweiten Schrift erweiterte er die Argumente des ersten Aufsatzes, indem er behauptete, die Gesellschaft schade dem Menschen nur, hingegen könne er im Einklang mit der Natur frei, unabhängig und unschuldig leben. Im Gegensatz zu seinem britischen Zeitgenossen Thomas Hobbes sah Rousseau das Rechtssystem

GANZ LINKS: VOLTAIRE
Der französische Autor ist als Kämpfer gegen Tyrannei und Intoleranz bekannt. Zusammen mit Montesquieu, John Locke, Thomas Hobbes und Jean-Jacques Rousseau war er eine der Schlüsselfiguren der Aufklärung.

LINKS: VOLTAIRES *CANDIDE*, Dr. Pangloss, gespielt von Harley, Bühnenversion, 1759. *Candide* gilt als Voltaires bekanntestes Werk. Darin parodiert er die Philosophie Gottfried Wilhelm Leibniz'. Leibniz zufolge ist alles in der Welt perfekt. Die Welt Voltaires, in die sein Held nach einer Reihe von Schicksalsschlägen gerät, ist alles andere als das.

LINKS: JEAN-JACQUES ROUSSEAU, Öl auf Leinwand, Musée Historique de la Ville de Paris, Musée Carnavalet, Paris. Rousseau war ein Philosoph und Polittheoretiker, dessen Aufsätze viel Einfluss auf die Anführer der Französischen Revolution hatten.

RECHTS: DAS RENNEN, Illustration aus Rousseaus *Émile*, einer bahnbrechenden Abhandlung über die Erziehung

als ungerecht und subjektiv an, als Weg für die Reichen, die Armen zu kontrollieren und zu betrügen.

Zu seinen späteren Werken gehörte *Du contrat social* (*Vom Gesellschaftsvertrag,* 1762), in dem er dafür plädierte, demokratische, republikanische Ideale, beeinflusst vom antiken Sparta, aufrechtzuerhalten. Außerdem beschrieb er, wie man die Freiheit dazu nutzen kann, sich mit Recht und Politik auseinanderzusetzen. Verhielte sich jeder nach seinem freien Willen, würde die Gesellschaft – so argumentierte er – durch den allgemeinen Willen regiert. Diese Reaktion auf das Uniformitätsprinzip, das von den Denkern der Aufklärung verteidigt wurde, führte zu ganz neuen Denkansätzen in Bezug auf die Gesellschaft. Rousseau zeigte, wie man sich diese als sich ständig weiterentwickelndes Gebilde vorstellen könne. Damit eng verbunden war seine Ansicht, der religiöse Glaube sei ein natürlicher Instinkt, der dem Herzen und nicht dem Verstand entspringe. In *Émile oder über die Erziehung* (1762) konnte er diese Vorstellungen frei entfalten. In dem Werk wies er die gegebenen Erziehungssysteme zurück und plädierte stattdessen dafür, instinktiver und natürlicher an das Lernen heranzugehen. Die Schrift wurde verboten (wie bereits *Vom Gesellschaftsvertrag),* und Rousseau floh in die Schweiz, wo der örtliche Pastor die Gemeinde gegen ihn aufhetzte. Als Ergebnis verbrachte er seine späteren Jahre zumeist auf Reisen, gleichwohl verfasste er noch seine bahnbrechende Autobiografie *Les confessions (Die Bekenntnisse).* Rousseau hinterließ mit seinen Werken ein bleibendes Erbe, das großen Einfluss auf die Französische Revolution hatte und den europäischen Philosophen der späten Romantik den Weg ebnete.

DEUTSCHLAND

Obwohl die Zeit der Religionskriege 1648 endlich zu Ende gegangen war, befand sich die Kultur im Heiligen Römischen Reich und in den deutschen Staaten das restliche 17. Jh. über weiter im Niedergang. Gegen Mitte des 18. Jh., fand nach Jahrzehnten der kulturellen Stagnation plötzlich eine bedeutende literarische und kulturelle Wiederbelebung statt, die in der Weimarer Klassik der 1790er-Jahre ihren Höhepunkt finden sollte. Diese Phase ist auch als Goethes Zeitalter bekannt. Nach der Vorstellung der Aufklärung sollte man sich die Macht der Bildung und Wissenschaft zunutze machen, um Fortschritte zu erzielen. Die Wurzeln dieses rationalistischen Arguments lassen sich bis zu dem englischen Wissenschaftler Sir Isaac Newton und dem deutschen Philosophen Gottfried Wilhelm Leibniz zurückverfolgen. Leibniz sah in seinen Schriften, die im frühen 18. Jh. herausgegeben wurden, das Universum als absolutistischen Staat mit Gott als Monarchen bzw. zentraler Monade, an deren Vorbild sich alle anderen Monaden, der Mensch eingeschlossen, orientieren sollten. Dieses metaphysische Modell beeinflusste viele deutsche Schriftsteller, so auch Goethe, der seinen Protagonisten Faust als Monade, die nach Erlösung strebte, darstellte.

Während der Wirtschaftskriese im späten 17. Jh. versuchten die deutschen Aristokraten und die gebildete Oberschicht, sich an ihren französischen Kollegen zu orientieren, um von den Veränderungen in der französischen Kultur zu profitieren. Leibniz schrieb fast alle seine Abhandlungen in Französisch oder Latein, während sich der Adel, der die deutsche Kultur als vulgär ansah, auf der Suche nach kultureller Inspiration in Frankreich und Italien umsah. Gegen 1750 führten die Bemühungen zu zeigen, dass Deutschland sehr wohl eines literarischen Ausdrucks fähig war, dazu, sich auf die Suche nach einheimischen Qualitäten in der deutschen Kultur zu machen, die man zur Entdeckung einer vereinten kulturellen Identität nutzen könnte.

Dennoch wurden die ersten Literaturreformen zwischen 1724 und 1740 stark vom französischen Klassizismus des 17. Jh. beeinflusst. Ihr wichtigster Befürworter war der konservative Leipziger Professor Johann Christoph Gottsched (1700–1766), der 1730 seinen *Versuch einer critischen Dichtkunst vor die Deutschen* verfasste. Für Gottsched war die Vernunft der wichtigste Faktor für die Schaffung und Verbreitung von Literatur. Seine Theorien fußten auf einer nahezu wörtlichen Auslegung von Aristoteles' *Poetik*. Ein weiteres Projekt Gottscheds war die Reform des deutschen Theaters, für das er Tragödien und Komödien nach klassischem französischen Muster, insbesondere nach Molière, verfasste. Damit wollte er die Extravaganz und Vulgarität ausmerzen, die er in den bestehenden Theaterformen sah. Zudem gab Gottsched einige der ersten Wochenzeitungen heraus, welche das moralische Niveau des deutschen Mittelstands verbessern sollten. Die Wochenzeitungen, die deutlich beliebter waren als Gottscheds Stücke, brachten zudem die Meinung des deutschen Mittelstands öffentlich zum Ausdruck.

Natürlich gab es Widerstand gegen Gottscheds moralistischen, abgeleiteten und eingeschränkten Schreibstil. Zwei Schweizer

JOHANN CHRISTOPH GOTTSCHED
Deutscher Autor und Kritiker, der als Kind der Aufklärung die Verwendung einer rationalistischen Philosophie der Ästhetik für die deutsche Literatur vorschlug

Kritiker, Johann Jakob Bodmer und Johann Jakob Breitinger, benutzten John Miltons Epos *Paradise Lost* (1667) als Vorbild für ihr Argument, bei einem literarischen Werk müsse es viel stärker auf die Fantasie ankommen – was Gottsched praktisch ignoriert hatte. Bald schlossen sich einige deutsche Dichter dieser fortschrittlichen Gruppe an. Friedrich Gottlieb Klopstock (1724–1803) ließ sich ebenfalls von *Paradise Lost* inspirieren. In seinen patriotischen Oden und dem religiösen Epos *Der Messias* (1748–1773) beweist er ein „miltonistisches" Vergnügen an frömmelnden Gefühlen. Klopstock, der als Student mit dem Verfassen des *Messias* begann, lebte viele Jahre in Dänemark unter der Schirmherrschaft Friedrichs V. Seine Werke hatten Einfluss auf Dichter wie Goethe, Rilke und Hölderlin und nahmen bereits die Sturm-und-Drang-Bewegung Mitte bis Ende des 18. Jh. vorweg.

JOHANN JACOB BODMER (LINKS) UND JOHANN JACOB BREITINGER
Die Schweizer Gelehrten Bodmer und Breitinger plädierten für die Freiheit der Fantasie angesichts der Beschränkungen, die ihr vom französischen Pseudoklassizismus auferlegt wurden.

Eine etwas allgemeinere Reaktion auf Gottscheds konservative Philosophien kann man in der Entwicklung der Empfindsamkeit, einer ästhetischen Tendenz, die zur Mitte des Jahrhunderts in Europa und vor allem in Norddeutschland florierte, erkennen. Ihre Ursprünge lagen zum Teil in einem Kult der Empfindsamkeit (engl. *sensibility*), den Autoren wie Samuel Richardson und Laurence Sterne in Großbritannien vertraten. Der Musiker und Verleger Johann Christoph Bode fertigte 1768 eine äußerst erfolgreiche Übersetzung von Sternes *A Sentimental Journey through France and Italy* unter dem Titel *Yoriks empfindsame Reise* an. Bodes Wortschöpfung „empfindsam" wurde zum Schlagwort dieser Zeit. Zu den deutschen Kreativen, welche die Empfindsamkeit in ihren Werken anwendeten, gehörten Klopstock selbst, Christian Fürchtegott Gellert (1715–1769) und Sophie de la Roche (1730–1807), Autorin des ersten auf Deutsch verfassten Briefromans. Den Einfluss der Empfindsamkeit kann man zudem auch in Goethes frühen Werken erkennen.

FRIEDRICH G. KLOPSTOCK
Deutscher Dichter mit Einfluss auf Goethe, die Göttinger Dichter sowie auf die Sturm-und-Drang-Bewegung.

In der Zwischenzeit waren auch andere Persönlichkeiten der Aufklärung auf der Bildfläche erschienen. Der Erste war Gotthold Ephraim Lessing (1729–1781), ein relativ lautstarker Gegner von Gottscheds Reformen. Während seiner Arbeit als Bibliothekar in Wolfenbüttel entdeckte Lessing 1774 eine Abhandlung über die Malerei aus dem 12. Jh.: *De diversis artibus*. Von diesem Text inspiriert schrieb er *Laokoon oder über die Grenzen der Mahlerey und Poesie* (1766), in dem er das neoklassizistische Ideal antiker Schönheit angriff. Er holte sich seine Anregung stattdessen von der Laokoon-Gruppe, einer antiken Marmorstatue, die den trojanischen Priester Laokoon mit seinen Söhnen zeigt. Für Lessing verkörperte diese Gruppe die tiefgreifende Fähigkeit, einen „fruchtbaren" Augenblick auszuwählen, der nicht nur seine Epoche perfekt zusammenfasst, sondern zudem die Fantasie anregt. Die Bedeutung *Laokoons* liegt in der Betonung der Kunst als Ausdruck des Schönheitssinns und nicht so sehr der Religion und Philosophie. Kunst konnte einfach nur schön und nicht immer nur sinnvoll sein. Ferner schlug Lessing vor, die deutschen Schriftsteller sollten sich eher an der englischen Literatur, allen voran an Shakespeares Werken statt an der französischen Klassizismusschule orientieren. Abhandlungen wie *Briefe die neueste Litteratur betreffend* (1759–1765) und die *Hamburgische Dramaturgie* (1767–1769) brachten die republikanische Historikerin Catherine Macaulay dazu, Lessing als „ersten Kritiker Europas" zu bezeichnen. Lessing spielte auch eine führende Rolle in der Entwicklung des deutschen Theaters. Zu seinen Werken gehören *Emilia Galotti* (1772) und *Miss Sara Sampson* (1755), die ersten bedeutenden deutschen Tragödien. Unter seinen Komödien waren *Minna von Barnhelm* (1767) und *Nathan der Weise* (1779), in denen religiöse Toleranz gepredigt wurde. Mehrere englische Schriftsteller und Dichter, darunter auch Samuel Taylor Coleridge und George Eliot, lobten Lessings Fähigkeit, seine humanistischen und liberalen Ansichten mittels klarer, deutlicher Prosa auszudrücken.

Die großen literarischen Bemühungen der deutschen Schriftsteller während der Aufklärung gipfelten in der Sturm-und-Drang-Bewegung Mitte bis Ende des 18. Jh. Der Name wurde von einem 1766 erschienenen Stück Maximilian Klingers über die Amerikanische Revolution abgeleitet. Beeinflusst durch die Ansichten Rousseaus und den dramatischen Stil Shakespeares wurde die Bewegung durch den Ausdruck emotionaler Aufgewühltheit und durch die Ablehnung der neoklassizistischen Literaturvorlagen charakterisiert. Die Anhänger der Bewegung versuchten, tief empfundene Gefühle so dramatisch wie möglich darzustellen. Mit den Arbeiten von Jakob Michael Reinhold Lenz (1751–1792) und den frühen Werken Schillers und Goethes erlebte die Bewegung, die heutzutage als ein erstes Aufflammen der Romantik nach der klassischen Gelassenheit der Aufklärung angesehen wird, in den 1760er- und 1770er-Jahren ihren Höhepunkt.

GANZ LINKS: LAOKOON UND SEINE SÖHNE VON SCHLANGEN GEWÜRGT, Skulptur, 2. Jh. v. Chr., 1506 bei Rom gefunden. Lessings *Laokoon oder über die Grenzen der Mahlerey und Poesie* ist die erste systematische Abhandlung über Ästhetik in der Aufklärung. Darin werden Poesie und Malerei als unabhängige Künste dargestellt.

NATHAN DER WEISE Aufführung von Lessings *Nathan der Weise* am Wiener Volkstheater (2002).

GANZ LINKS: JOHANN CHRISTOPH FRIEDRICH VON SCHILLER Der enge Freund Goethes ist vor allem für seine Stücke *Die Räuber* (1781), die *Wallenstein*-Trilogie (1800–1801), *Maria Stuart* (1801) und *Wilhelm Tell* (1804) bekannt. Hier sieht man ihn bei einer Vorstellung für Karl Alexander von Sachsen-Weimar-Eisenach.

LINKS: *WALLENSTEIN*, alte Postkarte, Illustration des 3. Aktes, Szene 15, von Schillers Trilogie. Die Trilogie über den Dreißigjährigen Krieg gilt als Schillers Meisterwerk.

Obwohl Goethes Frühwerk *Götz von Berlichingen* (1773) und Schillers *Die Räuber* (1780–1781) als ultimativer Ausdruck des Sturm und Drang gelten, sind auch die Schriften von Lenz ausgesprochen wichtig. Der in Lettland geborene Dramatiker und Dichter, der heute als Vorläufer des Naturalismus im 19. Jh. und des expressionistischen Theaters im 20. Jh. gilt, lernte den jungen Goethe 1771 in einem Literaturkreis in Straßburg kennen. Zu seinen Werken gehören das Versepos *Die Landplagen* (1769), die Dramen *Der Hofmeister, oder Vorteile der Privaterziehung* (1774), *Der Neue Menoza* (1774) und *Die Freunde machen den Philosophen* (1776) sowie der Aufsatz *Anmerkungen übers Theater* (1774). Ein weiterer bekannter Anhänger der Sturm-und-Drang-Bewegung war Johann Gottfried Herder (1744–1803), Philosoph, Kritiker und Sammler von Volksliedern.

Die frühen Arbeiten des Dramatikers, Historikers, Dichters und Kritikers Johann Christoph Friedrich von Schiller (1759–1805) weisen die Markenzeichen der Bewegung auf. Durch sein frühes Werk *Die Räuber* (1781), das er mit nur 22 Jahren schrieb, etablierte sich Schiller als Schlüsselfigur des Sturm und Drang. In dem Stück kann man deutlich die Einflüsse von Shakespeares Werken *Richard III* und *König Lear* erkennen. In seinem zweiten wichtigen Stück, *Kabale und Liebe* (1784), griff Schiller die zeitgenössische Gesellschaft an, indem er die schädigende Einwirkung, die ein Despotenstaat auf eine unglückliche Liebesgeschichte hatte, aufzeigte. Sein Stück *Wallenstein* (1799) war endlich auch ein finanzieller Erfolg. Sein letztes vollendetes Werk war *Wilhelm Tell* (1804).

Schiller war auch als Dichter und Lyriker bekannt. 1797–1798 arbeitete er zusammen mit Goethe an einer Reihe von Balladen. Neben seiner Anstellung als Geschichtsprofessor in Jena schrieb Schiller historische Abhandlungen über den Aufstand in den Niederlanden (1788) sowie über den Dreißigjährigen Krieg. Er war ein begeisterter Leser Kants und verfasste die *Philosophischen Briefe* (1786) fußend auf dessen Philosophie. Schillers viele Abhandlungen über Ästhetik sollten großen Einfluss auf die Werke des deutschen Philosophen Schegel haben. 1795 verfasste er eine Schrift, in der er andeutete,

JOHANN WOLFGANG VON GOETHE

Die Karriere des Dichters, Dramatikers, Gelehrten, Wissenschaftlers und Staatsmannes Johann Wolfgang von Goethe (geb. 1749 in Frankfurt am Main, gest. 1832 in Weimar) umfasste die meisten einflussreichen Bewegungen seiner Epoche, etwa den Rationalismus der Aufklärung, die Sturm-und-Drang-Zeit sowie die Weimarer Klassik. Ursprünglich von der Sturm-und-Drang-Bewegung beeinflusst, wurde Goethes Stil zunehmend gemäßigter und klassischer, wie man an seinen *Wilhelm-Meister*-Romanen sehen kann. Bekannt ist er für seine Dramen wie *Götz von Berlichingen* (1773) und *Torquato Tasso* (1790), während international vor allem sein Meisterwerk *Faust* (1808–1832) großes Aufsehen erregte.

Als er in den späten 1760er-Jahren die Werke William Shakespeares kennenlernte, hatte Goethe bereits einige Komödien geschrieben. 1773 verfasste er sein erstes Stück im shakespearischen Stil, *Götz von Berlichingen*. Das Stück wurde noch im gleichen Jahr in Berlin uraufgeführt. Diese idealisierte Darstellung eines Räuberbarons wurde quasi zur Speerspitze der Sturm-und-Drang-Bewegung, während sein Nebenprodukt – ein Ritterdrama, das in mittelalterlichen Kulissen spielte und der zunehmenden Begeisterung für Romantik frönte – in Deutschland immer beliebter wurde. Zu seinen weiteren Stücken gehören *Stella* (1776), die in Spanien angesiedelte Tragödie *Clavigo* (1779) sowie *Egmont*, ein Stück über den Aufstand in den Niederlanden von 1567, das Goethe erst 1787 vollendete. Vor der Uraufführung 1791 überarbeitete Schiller das Stück noch einmal ausführlich. Die ursprüngliche Version wurde dagegen erst 1810 zum ersten Mal gespielt.

Im Jahr 1775 zog Goethe in das Herzogtum Weimar, wo er als Geheimrat in den Dienst des Herzogs trat. Teil seiner Pflichten war es, Theaterstücke zur Unterhaltung der herzoglichen Familie aufführen zu lassen. Das erste Stück war eine frühe Prosaversion seines eigenen Werks *Iphigenie auf Tauris* (1779). Während eines längeren Aufenthalts in Italien (1786–1788) brachte er das Stück in Versform. Dabei nutzte er die Situation von Euripides' *Iphigenie* als Prisma, durch das er die Moralvorstellungen des 18. Jh. beleuchtete. 1802 wurde das Stück in einer neuen Version produziert. In Italien schrieb Goethe auch *Torquato Tasso*, das sich in mancher Hinsicht mit *Iphigenie* vergleichen lässt. Nach seiner Rückkehr aus Italien wurde er 1791 zum Direktor des Weimarer Hoftheaters ernannt, einer professionellen Theatertruppe, die in ganz Europa berühmt wurde.

GOETHES FAUST: MEPHISTOPHELES ZEIGT FAUST IN EINER VISION GRETCHEN

JOHANN WOLFGANG VON GOETHE, im Alter von 23 Jahren in Wetzlar. In Wetzlar arbeitete Goethe als Anwalt. Er schrieb für die *Frankfurter Gelehrte Anzeigen* (1772) und veröffentlichte zwei Jahre später seinen ersten Roman, *Die Leiden des jungen Werther*, mit dem er den Prototypen des romantischen Helden schuf.

Das Stück aber, das Goethes Geschick als Dramatiker, Dichter und Philosoph am besten wiedergibt, ist zugleich sein größtes Werk: *Faust*. Goethe begann in den 1770er-Jahren, an dem Stück zu arbeiten, das ihn sein ganzes Leben begleiten sollte. Den ursprünglichen Entwurf verwarf er; dieser wurde aber später wiederentdeckt und 1887 als *Urfaust* veröffentlicht. In einer Sammlung von Werken, die er 1790 herausgab, fand sich auch eine zweite, unveröffentliche Version des Stückes. Es war schließlich sein Kollege Schiller, der ihn dazu überredete, weiter an dem Stück zu arbeiten. Dies tat Goethe dann 1799 und beendete daraufhin auch den ersten Teil. Dieser Teil, in dem von der Verführung und dem Fall Gretchens erzählt wird, wurde 1808 veröffentlicht; der zweite Teil, in dem Faust unter anderem auf Zeitreise geht und Helena von Troja heiratet, wurde 1832 vollendet, aber erst nach Goethes Tod herausgegeben. Liest man beide Teile im Zusammenhang, vermitteln sie uns Goethes Nachdenklichkeit zum Ende seines Lebens hin, während sie einen zunehmend nostalgischen Klassizismus widerspiegeln, der Goethe von den frühen Stimmen der deutschen Romantik abgrenzt.

Aufgrund seiner enormen Komplexität war die Bühnenumsetzung des *Faust* schwierig. Viele Theatertruppen führten deshalb den einfacheren *Urfaust* auf. Teil 1 wurde in Deutschland erst 1829 uraufgeführt, bei Teil 2 dauerte es gar bis 1854. Die erste Produktion beider Teile konnte man 1876 in Weimar bewundern. Deutlich spätere Versionen stammten etwa von Max Reinhardt (1909) und Gustaf Gründgens (1932).

dass sich seine Ideen von denen seines Zeitgenossen Goethe entfernten. In *Über naïve und sentimentalische Dichtung* (1795–1796) setzte er seinen offensichtlich modernen, selbstreflektierenden Stil Goethes älterem, unbefangeneren Genie gegenüber.

Schiller und Goethe waren die wichtigsten Vertreter dieser Epoche der deutschen Literatur, die heute auch als Weimarer Klassik bezeichnet wird. Der Name entstand, weil die beiden Schriftsteller als Bürger des Herzogtums Sachsen-Weimar Teil einer Gruppe von kulturellen Persönlichkeiten und Intellektuellen wurden, die unter der Schirmherrschaft Anna Amalias, Herzogin von Sachsen-Weimar (1739–1807), stand. Während früher die Zeit zwischen Goethes Rückkehr aus

GOETHE UND SCHILLER, Denkmal in Weimar. 1794, sechs Jahre, nachdem sie sich kennengelernt hatten, wurden Goethe und Schiller enge Freunde. Ihre Freundschaft, die erst 1805 mit Schillers Tod endete, beeinflusste beider Leben sehr. Es ist Schiller zu verdanken, dass Goethe die Arbeit an seinem Meisterwerk *Faust*, Teil 1, wieder aufnahm. Es wurde drei Jahre nach Schillers Tod vollendet.

Italien und Schillers Tod im Jahr 1805 als Phase der Weimarer Klassik angesehen wurde, gilt heute als diese eher die Zeit bis zum Tod Goethes 1832. Als Antwort auf die Werke Johann Joachim Wincklemanns (1717–1768) zur Ästhetik entwickelten Goethe und Schiller ein Verständnis für soziale und kulturelle Reformen – betrachtet durch das Prisma der Ästhetik, bei der organische Einheit und Harmonie von grundlegender Bedeutung waren. Man kann die Weimarer Klassik als Goethes und Schillers Versuch ansehen, die Sturm-und-Drang-Bewegung mit der Aufklärung auszusöhnen, indem sie die Lebendigkeit und Energie des Ersteren mit der Harmonie und dem Rationalismus des Letzteren verbanden. Dieser Aussöhnungsversuch bedeutete schlussendlich, dass Schiller in seinen Arbeiten zwar durchaus die deutsche Romantik vorhersah, die allgemeinen Prinzipien der Weimarer Klassik aber dieser subjektiven und modernisierenden Bewegung aber widersprachen.

GROSSBRITANNIEN

1702 bestieg Königin Anne nach dem Tod Wilhelms III. den englischen Thron. Am 1. Mai 1707 wurden England und Schottland zum Königreich Großbritannien vereint, dessen erster Herrscher Anne war. Sie regierte zwölf Jahre lang bis zu ihrem Tod im Jahr 1714. Damit war auch das Schicksal des Hauses Stuart besiegelt, denn der Thronfolger war Georg I., ihr Großcousin aus dem Hause Hannover. Mit seiner Herrschaft begann eine Phase, die auch als „Augustinisches Zeitalter" bekannt ist und bis ca. 1745 dauerte. In dieser Zeit kam es in Europa – wie früher bei Vergil, Horaz und Ovid unter Kaiser Augustus 27 v. Chr.–14 n. Chr. – zu einem neuerlichen Engagement für den Rationalismus.

ALEXANDER POPE (1688–1744)
Alexander Pope, englischer Dichter und Satiriker, Farbillustration

Als Teil dieser Nostalgie kam es im späten 17. und frühen 18. Jh. zu einem Wiederaufflammen der Satire, einer Form von Literatur, die fest in der antiken griechischen Lyrik verwurzelt ist. Den größten Einfluss auf die englische Satire jener Zeit hatten aber römische Satiriker, allen voran Horaz. Alexander Pope (1688–1744) war der bekannteste und erfolgreichste Vertreter des Genres. Popes „scheinheroische" Werke wie *Essay on Criticism* (*Vom Kritizismus*, 1711) und *The Rape of the Lock* (*Der Lockenraub*, 1712, erweitert 1714) führten eine neue literarische Tradition ein, bei der komplexe äußerliche Strukturen mit relativ oberflächlichen Themen kombiniert wurden – quasi als Parodie auf die alten Heldengedichte. In *The Rape of the Lock*, in dem ein recht unwichtiges Ereignis, nämlich der Diebstahl einer Haarlocke, beschrieben wird, stellt er die Tauglichkeit des Hochstils in einer moralisch korrupten, aber selbstgefälligen Gesellschaft infrage. Gleichzeitig bestätigte er aber stets seine Treue zu Königin Anne, wie man seiner Schäferdichtung *Windsor Forest* (1713) entnehmen kann. Pope, Sohn eines katholischen Leinenhändlers, war einer der Ersten einer Generation professioneller Schriftsteller. Er sicherte sich seine finanzielle Unabhängigkeit, indem er 1720 Homers *Ilias* und 1726 die *Odyssee* in heroische Reimpaare übersetzte und 1725 eine neue Ausgabe von Shakespeares Werken herausbrachte.

Pope, überzeugter Anhänger der konservativen Tories, symbolisierte den neuen politischen Konfrontationskurs in einer Zeit, in welcher der Whig-Minister Robert Walpole aufstieg, 1721 erst zum Finanzminister und dann zum ersten inoffiziellen Premierminister (dieser Titel war damals rechtlich nicht anerkannt) ernannt wurde. 1730 wurde Walpole zum unangefochtenen Oberhaupt des Kabinetts, wo er bis zu seinem Rücktritt 1741 herrschte. Sein

JONATHAN SWIFT, *ca.* 1718, Charles Jervas, Öl auf Leinwand, National Portrait Gallery, London.
Der anglo-irische Dichter, Flugblattschreiber und Satiriker Swift ist vor allem für sein Meisterwerk *Gullivers Reisen* bekannt. Obwohl es oft als Kinderbuch angesehen wird, ist die Geschichte eine soziopolitische Satire, die politische Ereignisse sowie englische Werte verspottet.

steigender Einfluss wurde durch das Konkurrenzdenken der englischen Gesellschaft und durch die wachsende Betonung des Handels und individueller Interessengruppen widergespiegelt.

Ein Schriftsteller, dem die politischen Veränderungen gar nicht zusagten, war Jonathan Swift (1667–1745), dem wie Pope unter Königin Anne politische Gunst zuteil geworden war und der als Flugblattschreiber der Tories gearbeitet hatte. Als Ergebnis porträtieren seine Schriften – wie die Popes – eine Gesellschaft, die er weder verstand noch billigte. Nachdem die Whigs 1714 wieder an die Macht gekommen waren, verließ Swift England und nahm die Dekanswürde an der St. Patrick's Cathedral in Dublin, Irland, an. In den 1720er-Jahren schrieb er einen Großteil seiner wichtigsten Werke, inklusive einer Reihe satirischer Flugblätter – wie *The Drapier's Letters* (*Drapiers Briefe*, 1724) und *A Modest Proposal* (*Ein bescheidener Vorschlag*, 1729), eine bösartige Satire, in der vorgeschlagen wird, die Reichen mit armen irischen Kindern zu füttern – sowie sein Meisterwerk *Gullivers Travels* (*Gullivers Reisen*, 1726). In *Gullivers Reisen* wird die Geschichte von Lemuel Gullivers Reisen in fantastische und sinnbildliche Länder geschildert, die jeweils Aspekte der neuen Gesellschaft symbolisieren. Ironischerweise waren die Werke Swifts und Poes in ihrer satirischen Betonung etwas rückläufig, da ihre Kritik an der zunehmend politisch geteilten Gesellschaft ein tiefverwurzeltes Misstrauen gegenüber Fortschritt und Veränderung wiedergab.

Die schwindelerregenden Veränderungen des neuen Zeitalters brachten viele Schriftsteller dazu, nach Erklärungen und Definitionen zu suchen, anhand derer sie die Ereignisse in den literarischen „Griff" bekommen konnten. Samuel Johnsons *Dictionary*, das 1755 nach achtjähriger Arbeit veröffentlicht wurde, stellt einen solchen Versuch dar, die sich verändernde linguistische und kulturelle Welt zu definieren. In der Zwischenzeit riefen Autoren wie John Dryden, Daniel Defoe und Swift nach der Einführung einer Akademie, welche die Sprache regulieren sollte. In diesem Zusammenhang ist es nicht verwunderlich, dass das Romangenre im 18. Jh. entstand, denn dieses eröffnete nun die Möglichkeit, dem Individuum in einer veränderlichen Gesellschaft eine Stimme zu geben und diese Gesellschaft in all ihren Ausprägungen darzustellen. Dies inspirierte viele Schriftsteller, vor allem diejenigen aus der Mittelklasse, die sich Gehör verschaffen wollten.

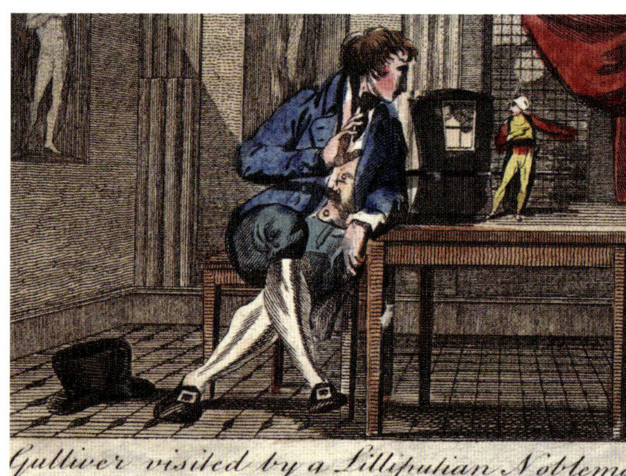

GULLIVERS REISEN *ca.* 1850: Eine Illustration aus Jonathan Swifts Roman *Gullivers Reisen*. Gulliver betrachtet einen Lilliputaner, der auf dem Tisch steht. (Foto: Hulton Archive/Getty Images)

GANZ LINKS:
ROBINSON CRUSOE,
Erstveröffentlichung 1719.
Nach einem Schiffbruch gestrandet, verbringt Crusoe 28 schwere Jahre voller Entbehrungen, Einsamkeit und Kannibalen auf einer einsamen Insel. In diesem Bild entdeckt er die Fußspuren Freitags und realisiert, dass er nicht der einzige Bewohner der Insel ist.

LINKS:
MOLL FLANDERS,
Cover der Londoner Ausgabe, Erstausgabe 1722.
Nach dem großen Erfolg von *Robinson Crusoe* schrieb Defoe *Moll Flanders*, eine Charakterstudie der Protagonisten sowie eine Kritik an ihrer sozialen und politischen Umgebung.

Der Roman, wie wir ihn heute kennen, erschien erstmals 1719 mit der Veröffentlichung von *Robinson Crusoe* von Daniel Defoe (1660–1731) auf der Bildfläche. Durch seine Konzentration auf den Mittelstand – geprägt durch die Notwendigkeit, in einer kommerziell ausgerichteten Gesellschaft für den Lebensunterhalt zu arbeiten, gepaart mit dem direkten, geschäftsmäßigen Schreibstil und den Anspielungen auf Rasse und Klasse – verkörpert der Roman die Hauptanliegen jener Zeit. Die Betonung der Individualität Crusoes lenkt die Aufmerksamkeit des Lesers zusätzlich auf die Natur der Beziehung zwischen Mensch und Gott, einem damals vieldiskutierten Thema. In Defoes zweitem Roman, *Moll Flanders* (1722), liegt durch die Darstellung der Figuren als eine Art Handelsware die Betonung eher auf dem Marktplatz und nicht auf der Kirche als Mittelpunkt des täglichen Lebens. Defoes Einfluss auf die Geschichte des Romans ist geradezu unermesslich groß, denn durch die Diskussion um die Nöte seiner Gesellschaft etablierte er die Themen, die zur Hauptstütze des Romangenres werden sollten. Obwohl man ihn nicht als den ersten Romancier im wahrsten Sinne des Wortes bezeichnen kann – der Restaurationsdramatiker William Congreve hatte 1713 *Incognita* veröffentlicht und es „Roman" genannt, während die Restaurationsdramatikerin Aphra Benn bereits ca. 1688 ihren Roman *Oroonoko* verfasst hatte –, waren Defoes Romane so zeitgleich geschrieben worden, dass sie das Genre an sich definierten. Die nächsten bedeutenden englischen Romanciers, Samuel Richardson und Henry Fielding, beschäftigten sich mit den gleichen Themen wie Defoe, passten diese aber an ihre eigenen Absichten an. Während Defoe gern exotische Handlungsorte wählte, um die Belange einer sich verändernden Gesellschaft zu spiegeln, richteten Richardson und Fielding ihren Blick nach innen und stellten persönlichere und vorwiegend inländische Themen dar.

Samuel Richardsons Briefromane *Pamela* (1740), *Clarissa* (1747–1748) und *Sir Charles Grandison* (1753–1754) spiegelten diese Rückkehr zu heimischen Gefilden wider. Er zeigte darin Menschen, die vor dem Hintergrund der zeitgenössischen britischen Gesellschaft persönliche Herausforderungen zu meistern haben. Richardsons Figuren waren ständig mit Liebe und Romantik beschäftigt – so sehr, dass *Pamela* oft als der Prototyp des empfindsamen Romans angesehen wird. Einige Zeitgenossen Richardsons lehnten seine „Gefühlsduselei" ab. Henry Fielding veröffentlichte etwa die Parodie *Shamela* (1741) als Kritik an *Pamela*. Er erhob Einwände dagegen, dass Richardsons Heldin die Avancen ihres Herrn zurückweist, nur um ihn am Ende doch zu heiraten. Nach zeitgenössischen Maßstäben ist Richardson aber – dank seiner Betonung der psychologischen Vielschichtigkeit – der modernere Autor. Pamela erduldet Hunderte Seiten des Selbstzweifels, bevor ihre „Tugend" belohnt wird. Darüber hinaus zeigt sich Richardsons Erforschung des Romangenres in seinem Wechsel von der komischen *Pamela* zur vielschichtigen Tragödie *Clarissa*.

Fieldings Charaktere sind weit weniger komplex. Ihre Reaktionen und Antworten auf bestimmte Situationen sind von Instinkt und sozialer Konditionierung geprägt. Fieldings Misstrauen gegenüber psychologischer Selbstbetrachtung zeigt seinen sozialen Status als Magistrat – im Gegensatz zum weltlichen Geschäftsmann Richardson –, der eine traditionellere Weltsicht vertrat. Für Fielding war schockierend und beunruhigend, dass Pamela, ein einfaches Dienstmädchen, als Romanheldin so viel logisches Denken aufweisen durfte. Fieldings eigene Romane wie *Shamela* und *The History of Tom Jones, a Foundling* (*Tom Jones*, 1749) vertreten daher die Rückkehr zu traditionelleren Ansichten über Klasse und Beziehungen. Sogar sexuelle Begegnungen werden als belanglose Begebenheiten von bestenfalls momentaner Bedeutung hingestellt. Die moralische Einfachheit von Fieldings Arbeiten ist eine Reaktion auf eine zunehmend komplizierter werdende, veränderliche Welt, während seine parodienhaften Darstellungen diese Veränderungen problematisieren und schlussendlich ablehnen.

THE HISTORY OF TOM JONES, A FOUNDLING
Tom Jones, erstmals 1749 in England veröffentlicht, ist Henry Fieldings dritter Roman. In der Komödie wird die Entwicklung der Hauptperson verfolgt. Die Illustration zeigt einen Mann, der in ein Zimmer eindringt, in dem sich eine Dame und ein Herr befinden.

Ein Romancier, der es wagte, das Genre selbst zu parodieren und dabei die Konzentration auf die Innerlichkeit infrage zu stellen, war Laurence Sterne. Man kann die Bedeutung seiner Werke, insbesondere seines bekanntesten Romans *The Life and Opinions of Tristram Shandy, Gentleman* (*Leben und Ansichten von Tristram Shandy, Gentleman*, 1759–1767), für die Entwicklung des modernen Romans gar nicht hoch genug bewerten. In *Tristram Shandy* stellt er den typischen Romaninhalt, die Lebensgeschichte eines Menschen, auf den Kopf, indem er nicht in chronologischer Reihenfolge vorgeht und so die erzählerischen Erwartungen des Lesers durchkreuzt. Der Erzähler ist so introspektiv und zügellos, dass die Handlung niemals wirklich voranschreitet. Auf einen Leser, der an Briefromane gewöhnt ist, in denen die Handlung in chronologischer Reihenfolge erzählt wird, müssen die thematischen und strukturellen Abschweifungen in Sternes sogenanntem Roman verwirrend, ja geradezu schockierend gewirkt haben.

Tatsächlich würden *Tristram Shandys* Eigenarten, die er im Überfluss besitzt, wahrscheinlich auch einen modernen Leser verwirren. Der Erzähler übernimmt die merkwürdige Position eines Beobachters bei seiner eigenen Empfängnis und Geburt, ein wesentlicher Teil des Werks handelt von der Zeit vor seiner Geburt und lässt ihm so wenig Platz, seine eigene Geschichte zu erzählen. Zudem sind die Kapitel nicht in Reihenfolge nummeriert, sodass sich der Leser fragen muss, ob er den Roman – wie gewohnt – von vorn bis hinten durchliest, oder ob er sich lieber an Sternes alternative Reihenfolge hält. Es gibt also zwei verschiedene Möglichkeiten, das Buch zu lesen. Außerdem verwendet Sterne ein seltsames System zur Betonung wichtiger Ereignisse oder Gefühle. Bei einem Tod fügt er etwa eine schwarze Seite ein, womit er die Künstlichkeit zusätzlich betont. *A Sentimental Journey through France and Italy* (*Eine empfindsame Reise durch Frankreich und Italien*, 1768), Sternes zweites berühmtes Werk, verwischt die Grenzen zwischen Reisebericht, Roman und Memoiren und verspottet dabei sanft die neue Empfindsamkeit in der Literatur. Obwohl dieses Buch deutlich besser aufgenommen wurde als *Tristram Shandy*, verstarb der Autor nur einen Monat nach der Veröffentlichung völlig verarmt. Die Leser waren einfach noch nicht empfänglich für Sternes erschreckend modernen Stil.

In den letzten Jahren erhielten Sternes Werke, insbesondere *Tristram Shandy*, mehr kritische Anerkennung, denn sie scheinen viele Fragen vorwegzunehmen, die Schriftsteller zu Beginn des 20. Jh. bewegten. Autoren wie Joseph Conrad, Virginia Woolf, James Joyce und D. H. Lawrence nutzten ihre Werke, um nicht nur die Kunst der zwischenmenschlichen Beziehungen, sondern auch die Romanform an sich infrage zu stellen. Seit den Tagen Defoes und Richardsons und durch die Blütezeit des Romans im 19. Jh. hindurch wurde der Roman allgemein als passendste, wenn auch entsprechend fehlerhafte Form der Alltagsdarstellung angesehen. Im späten 18. Jh. war

LAURENCE STERNE,
Öl auf Leinwand, National Portrait Gallery, London. Sterne ist vor allem für die Romane *Tristram Shandy, Gentleman* und *A Sentimental Journey through France and Italy* bekannt. Er führte eine Romanform ein, bei der die Handlung hinter den Ausführungen des Erzählers zurücksteht.

SENTIMENTAL JOURNEY
Laurence Sternes Alter Ego Yorick trifft in dem Roman *Sentimental Journey* auf Grisette. (Mary Evans Picture Library)

Sterne hingegen der Einzige, der diese Annahmen infrage stellte. Ganz wie seine modernen Erben hatte er es gewagt, die Belastbarkeit des Romans auf die Probe zu stellen. Es ist daher kaum verwunderlich, dass Joyces *Ulysses* (1922) und selbst Salman Rushdies anglo-indischem Roman *Midnight's Children* einiges dem frühzeitigen Modell Sternes verdanken.

ITALIEN

Mitte des 18. Jh. erschienen in Italien zwei Schriftsteller auf der Bildfläche, die es sich in den Kopf gesetzt hatten, die Commedia dell'arte wiederzubeleben. Der venezische Dramatiker Carlo Goldoni (1707–1793) wollte eigentlich Anwalt werden, fühlte sich dann aber zum Theater hingezogen, um die Commedia zu reformieren. Er setzte seine Reformen durch, indem er die improvisierten Erzählungen mit den Rahmenhandlungen der Commedia durch voll ausgearbeitete, auf Charakteren basierende Komödien ersetzte. Goldoni wurde stark vom französischen Dramatiker Molière beeinflusst, was ihm den Spitznamen des „italienischen Molière" einbrachte. Einige seiner Schauspieler und vor allem der Dramatiker Carlo Gozzi (1720–1806), der eigene Reformpläne verfolgte, leisteten Goldonis Bemühungen erbitterten Widerstand.

Goldonis erster Versuch war *Momoló cortesan (Der Lebemann,* 1738). Danach folgte *Il servitori di due patroni* (*Der Diener zweier Herren*, 1743), das eines seiner berühmtesten Stücke werden sollte. 1750 verfasste er sein Manifest für die Reform des Theaters, *Il teatro comico (Das Theater. Ein komisches Stück).* Im gleichen Jahr kam er auf dem Höhepunkt seines Erfolges an, und zwar mit den Komödien *Il Bugiardo (Der Lügner)* und *La Bottega del caffè (Das Kaffeehaus).* Anschließend folgte ein Stück, das allgemein als sein Meisterwerk gilt: *La locandiera* (*Mirandolina,* 1751). Es erfreute Zuschauer in ganz Europa und erreichte schließlich sogar Amerika. Zudem inspirierte es bis ins 20. Jh. hinein unzählige Adaptionen.

1751 verließ Goldoni das Teatro Sant'Angelo in Venedig, wo er seine größten Erfolge gefeiert hatte, und ging zum Teatro San Luca. Dieses erwies sich jedoch als viel zu groß für seine intimen kleinen Komödien. Zudem zog er sich die Feindschaft seiner Kollegen Gozzi und Pietro Chiari zu. Das Ganze führte schließlich zu seinem Umzug nach Paris. Dort schrieb er Stücke in Italienisch und Französisch für die Comèdie-Italienne, die aber nicht so erfolgreich wie erhofft waren. Nachdem er noch in die Französische Revolution verwickelt wurde, starb er

CARLO GOLDONI (1707–1793)
Italienischer Dramatiker, der die moderne italienische Komödie im Stil Molières schuf. Louvre, Paris, Frankreich.

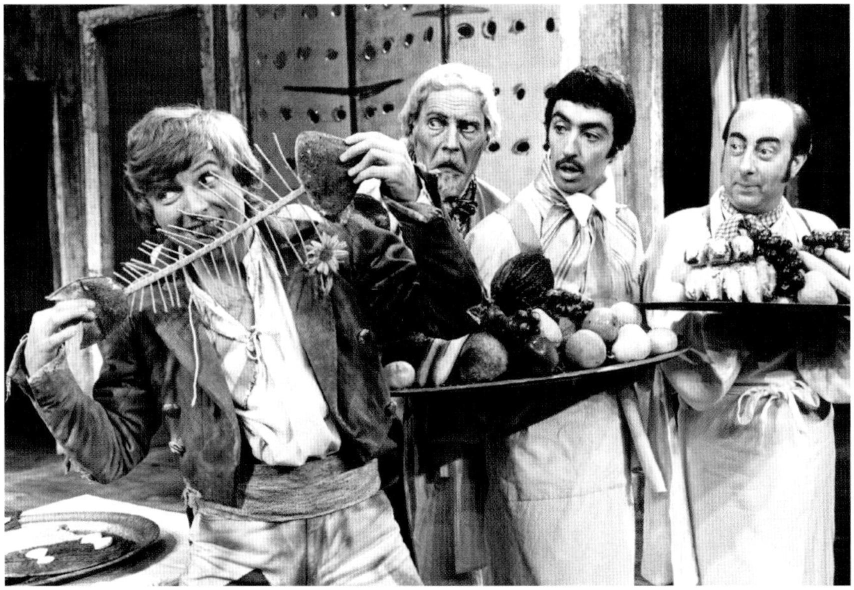

GOLDONIS *DER DIENER ZWEIER HERREN,*
Tommy Steele als Diener Truffaldino. Truffaldino, der Diener der Hauptperson Beatrice, ist die zentrale Figur dieses Stückes. Er klagt ständig über Hunger zu haben, und sucht permanent nach etwas Essbarem. Eines der Hauptthemen des Stückes ist die Charakterentwicklung Truffaldinos, der, wie angedeutet wird, in Wirklichkeit hungrig nach Liebe ist. Die Figuren wurden im Stil der Commedia dell'arte gehalten. In der klassischen Commedia-Tradition lernt der Schauspieler eine bestimmte Art, Charaktere (oft durch eine Maske betont) darzustellen, und perfektioniert diese im Lauf seiner Karriere. Die Schauspieler arbeiten nur mit einer Rahmenhandlung, improvisieren dann ihre Rollen und führen Possen auf.

völlig verarmt. Durch seine Fähigkeit, die Markenzeichen der Commedia dell'arte auf realistische Komödien zu übertragen, hinterließ er ein bleibendes Erbe, mit dem er auch das Drama bourgeois Diderots in Frankreich beeinflusste. Seine Stücke werden auch heute noch auf den Bühnen der Welt aufgeführt.

Goldonis Rivale Gozzi hatte ebenfalls versucht, die Commedia zu reformieren. Während er jedoch eher auf die Veränderung ihrer Beschaffenheit und Methoden abzielte, lehnte er Veränderungen in der Thematik ab. Das Ergebnis war eine neue Art von Theaterstück: das Märchendrama, eine Kombination aus fantastischen Schauplätzen mit unbeschwerten Possen. Im Gegensatz zu den realistischen, bürgerlichen Komödien Carlo Goldonis zog es Gozzi vor, fantastische Geschichten von Zauberern, Tieren und ungewöhnlichen Figuren zu erzählen. Seine erfolgreichsten Stücke waren *L'amore delle tre melarance (Die Liebe zu den drei Pomeranzen), Il corvo* (*Der Rabe*, 1761), *Il re cervo* (*König Hirsch*, 1762), *Turandot*, basierend auf einem chinesischen Märchen, sowie *L'augellin belverde* (*Der schöne grüne Vogel*, 1765). Gozzis Stücke wurden bis ins 20. Jh. hinein aufgeführt, zwei wurden sogar als Libretti adaptiert: Prokowjews *Die Liebe zu den drei Orangen* (1921) und Puccinis berühmte *Turandot* (1926). Man kann Gozzis Werke als Vorläufer für die Dramen Luigi Pirandellos sehen, da seine fantastischen Figuren den Weg für Pirandellos Verwendung der Mythologie ebneten.

CARLO GOZZI
Italienischer Dramatiker und Traditionalist, der die Neuerungen Goldonis ablehnte

Kapitel 6

VON DER ROMANTIK ZUM REALISMUS

ÄSTHETIK UND GEFÜHLE

JOHANN GOTTLIEB FICHTES REDE AN DEUTSCHE, 1807–1808. Der deutsche Philosoph war einer der Begründer des deutschen Idealismus, einer Bewegung, die aus den philosophischen Schriften Immanuel Kants hervorging. Fichtes philosophische Theorie wechselte von moralischer Vernunft zu religiösem Glauben, als er von Jena (1793–1798) nach Berlin (1799–1806) zog. Seine Philosophie bildet die Verbindung zwischen den Ideen Kants und Georg Wilhelm Friedrich Hegels.

LINKE SEITE: *La Belle Dame Sans Merci*, eine Ballade des englischen Dichters John Keats, Öl auf Leinwand, 1902, Sir Frank Dicksee. Das Gedicht steckt voller Rätsel. Erzählt wird die Geschichte einer Fee, die einen Ritter verführt und ihn dann zurücklässt, um in einer toten Welt langsam zu verkümmern und schließlich zu sterben. Die Präraffaeliten nahmen sich Keats' Themen an und malten oder schrieben über wunderschöne, aber tödliche Frauen, viele von ihnen Zauberinnen oder Feen. Ihre Helden waren immer allein, in sich selbst gefangen und auf ihr eigenes Dilemma konzentriert.

DEUTSCHLAND

Johann Christian Friedrich Hölderlin (1770–1843) schlug eine Brücke zwischen der späten Aufklärung und der frühen Romantik. Obwohl er zu Lebzeiten wenig Aufmerksamkeit erhielt und bis zur Mitte des 20. Jh. fast vergessen blieb, gilt er heute als einer der großen deutschen Lyriker. Hölderlin strebte zunächst eine kirchliche Laufbahn an, fand sich dann aber hin- und hergerissen zwischen der Hingabe zur protestantischen Theologie und der Liebe zur griechischen Mythologie. Er entschied sich, Dichter zu werden, und glaubte, so als Vermittler zwischen Mensch und Gott dienen zu können.

1793 gab Schiller in seiner Zeitschrift *Neue Thalia* einige Gedichte Hölderlins zusammen mit dem unvollendeten Roman *Hyperion*, einer Geschichte über die Befreiung Griechenlands, heraus. Der ältere Schriftsteller, dessen Einfluss in einigen frühen Werken Hölderlins erkennbar ist, schlug ihm eine Stelle als Hauslehrer vor, um seine literarische Karriere finanziell zu unterstützen. 1795 verliebte sich Hölderlin in die Frau seines Arbeitgebers – sie taucht als „Diotima" in seinen Gedichten und im zweiten Band des *Hyperion* (1799) auf. Nach der Entdeckung der Affäre und seiner Entlassung begann Hölderlin, eine Tragödie zu schreiben, *Der Tod des Empedokles*. Die erste Version vervollständigte er aber nicht ganz (es gibt auch Teile einer zweiten und dritten Version). Trotz einer fortschreitenden Geisteskrankheit war Hölderlin in den Jahren 1798–1801 sehr produktiv. Neben mehreren Oden verfasste er die großartigen Elegien *Menons Klagen um Diotima* sowie *Brod und Wein*.

Nachdem er einige Zeit in Bordeaux, Frankreich, verbracht hatte, kehrte er in seine Heimatstadt Nürtingen zurück – zu Fuß. Bei seiner Ankunft wurde der Familie und Freunden klar, dass er an akuter Schizophrenie litt. Dennoch schrieb Hölderlin weiter, auch wenn seine Werke aus jener Zeit (1802–1806) – darunter *Friedensfeier*, *Der Einzige* und *Patmos* – die Anzeichen seiner Geisteskrankheit aufweisen. Zusätzlich fertigte er Übersetzungen von Sophokles' *Antigone* und *Oedipus Tyrannus* (1804) in Versform an. Nachdem sein Freund und Gönner Isaak von Sinclair 1805 verhaftet wurde, litt Hölderlins Geisteszustand merklich. Nach einem Klinikaufenthalt in Tübingen wurde er zur Pflege in das Haus des Tischlers Ernst Zimmer gebracht, wo er die nächsten 30 Jahre lebte. Hölderlins Talent war gleichzeitig sein Verderben: Bei dem Versuch, christliche und klassische

Bräuche harmonisch mit deutscher Lyrik zu verbinden, hatte er eine einzigartige Ausdrucksform geschaffen; es war ihm jedoch nicht gelungen, eine zufriedenstellende Lösung zu finden.

Hölderlins unruhiger Idealismus beeinflusste zwei literarische Strömungen, die zum Beginn des 19. Jh. auftauchten: Die Jenaer Romantik bezeichnet die erste Phase der deutschen Romantik; die 1798–1804 in Jena ansässige Gruppe wurde von Ludwig Tieck angeführt. Zwei weitere wichtige Mitglieder waren die Brüder August Wilhelm und Friedrich von Schlegel. Im *Athenäum*, der Zeitschrift der Gruppe, stellten sie die theoretischen Grundlagen der Romantik auf. Sie argumentierten, dass es die erste Pflicht der Kritik sei, das Recht des Genius, seiner Neigung zu folgen, anzuerkennen. Weitere Gruppenmitglieder waren Johann Gottlieb Fichte und Friedrich von Schelling, deren Werke die philosophische Neigung der Romantik betonten, während der Theologe Friedrich Schleiermacher die Vorstellung von Individualismus im religiösen Denken darlegte.

Die bleibenden Errungenschaften der Jenaer Romantik findet man am ehesten in den Texten Friedrich Leopold von Hardenbergs (1772–1801), der unter dem Pseudonym „Novalis" schrieb. Novalis studierte an der Universität Jena Jura und lernte dort Schlegel kennen. 1796 wurde er zum Revisor der sächsischen Saline in Weißenfels ernannt. Dort verlobte er sich mit der zwölfjährigen Sophie von Kühn. Ihr früher Tod 1797 führte zum Verfassen der *Hymnen an die Nächte* (1800). In ihnen feiert Novalis die Nacht, ein Symbol für den Tod, als Mittel zur Kommunikation mit Gott. Zudem stellt er sich darin vor, Sophie nach seinem Tod wiederzusehen.

Vor allem in seinen letzten Jahren war Novalis sehr kreativ. Er arbeitete u. a. an dem Manuskript für ein philosophisches System. Im Lauf seines Lebens wurden zwei Sammlungen von Fragmenten veröffentlicht, *Blütenstaub* (1798) sowie *Glauben und Liebe* (1798), die beide seinen Versuch unterstreichen, die Lücke zwischen Dichtung, Philosophie und Wissenschaft zu schließen. In *Heinrich von Ofterdingen* (1802 posthum veröffentlicht) werden die romantischen Abenteuer eines jungen Dichters beschrieben, während das wiederkehrende Leitmotiv der blauen Blume zum Symbol romantischer Sehnsucht wurde. In dem Aufsatz *Die Christenheit oder Europa* (1799) argumentiert Novalis, dass die christliche Kirche – wie vor der Reformation und Aufklärung – wiedervereinigt werden müsse, damit man sich die mittelalterlichen Ideale eines kulturellen, sozialen und intellektuellen Einklanges zueigen machen könne.

JOHANN LUDWIG TIECK (1773–1853)
Tieck, ein ausgesprochen produktiver Autor der frühen Romantik in Deutschland, sitzt Modell für den Bildhauer David d'Angers.

1806 wurde in Heidelberg eine zweite Phase der Romantik eingeläutet. Die Anführer dieser Gruppe waren Clemens Brentano, Achim von Arnim und Joseph von Görres. Ihre Zeitschrift hieß *Zeitung für Einsiedler* (1808). Die Gruppe ist vor allem für eine Sammlung von Volksliedern, *Des Knaben Wunderhorn* (1805–1808), bekannt. Der erste, 1805 veröffentlichte Band wurde Goethe gewidmet. Dieser sprach sich lobend darüber aus; andere Kritiker bemängelten jedoch philosophische Ungenauigkeiten.

Der Dichter, Schriftsteller und Dramatiker Clemens Brentano (1778–1842) kannte Goethe und die Jenaer Romantiker

1781–1790 Immanuel Kant veröffentlicht *Kritik der reinen Vernunft*.

1782–1789 Jean-Jacques Rousseau veröffentlicht *Les Confessions*.

1789–1799 Die Französische Revolution.

1792 Johann Gottlieb Fichte schreibt *Versuch einer Kritik aller Offenbarungen*.

1794 William Blake veröffentlicht *Songs of Innocence* und *Songs of Experience*.

1795 Friedrich Wilhelm Joseph von Schelling veröffentlicht sein erstes philosophisches Werk *Über die Möglichkeit einer Form der Philosophie überhaupt*. Durch seine Betonung der Natur und der Philosophie des Ganzen werden die Romantiker auf ihn aufmerksam.

1798 William Wordsworth und Samuel Taylor Coleridge schreiben die *Lyrical Ballads*.

1801 Das Königreich von Großbritannien (England und Schottland) und Irland entsteht.

1804–1815 Herrschaft Napoleon Bonapartes.

1812–1818 George Gordon, Lord Byron verfasst *Childe Harold's Pilgrimage*.

1818–1820 Lyrik von Percy Bysshe Shelley und John Keats.

1820 Alphonse de Lamartine veröffentlicht *Méditations Poétiques*.

1824 Giacomo Leopardi schreibt *Canzoni*, seinen ersten Gedichtband.

1834 Alexander Sergejewitsch Puschkin veröffentlicht *Pique Dame*.

1837 Viktoria wird Königin Großbritanniens.

1840 Percy Bysshe Shelleys *A Defence of Poetry* wird posthum veröffentlicht.

1847 Charlotte Brontë veröffentlicht *Jane Eyre und* Emily Brontë *Wuthering Heights*.

durch seine Familie. Nachdem er sein Studium in Jena abgebrochen hatte, lernte er Arnim kennen und gab mit ihm *Des Knaben Wunderhorn* heraus. Als Schriftsteller feierte er seine größten Erfolge mit *Gockel, Hinkel und Gackelia* (1838). Brentanos Versuche, Folklore und Fantasie zu verbinden, werden durch seine Novelle *Geschichte vom braven Kasperl und dem schönen Annerl* (1817) unterstrichen, während sein Roman *Godwi* (1801) beide Phasen der deutschen Romantik quert. Andere wichtige Werke waren die Dramen

NOVALIS
Novalis, der eigentlich Friedrich Leopold von Hardenberg hieß, hatte großen Einfluss auf das Denken in der späten Romantik. Als er 1801 starb, blieben seine philosophischen Romanzen *Heinrich von Ofterdingen* und *Die Lehrlinge Zu Sais* unvollendet. Im ersten Werk sucht Heinrich, ein junger Dichter aus dem Mittelalter, eine mysteriöse blaue Blume. Diese wurde zum Leitmotiv von Novalis' Visionen und später zum Symbol romantischer Sehnsucht schlechthin.

ERNST THEODOR AMADEUS HOFFMANN MIT FRAU ODER MUSE
In E.T.A. Hoffmanns Geschichten decken übernatürliche Wesen gern die Geheimnisse der Menschen auf. Anfangs der Musik und der Malerei zugetan, begann Hoffmann, sich erst in mittleren Jahren für das Schreiben zu interessieren. Seine besten Werke entstanden in den letzten zehn Jahren seines kurzen Lebens. Hoffmanns Geschichten beinhalten erste Anflüge von Horror- und Fantasy-Elementen.

Ponce de Leon (1801) und *Die Gründung Prags* (1815). Achim von Arnims (1781–1831) Beiträge mögen vielleicht nicht so bemerkenswert gewesen sein wie diejenigen Brentanos, aber seine Bemühungen, in seinen Kurzgeschichten Realismus und Fantasie zu verbinden, waren dennoch einflussreich. Als Gruppe waren die Heidelberger etwas praktischer und zielgerichteter ausgerichtet als ihre Jenaer Vorgänger. Sie regten das Interesse ihrer Mitbürger an Deutschland an und begründeten das Studium der deutschen Philosophie sowie der mittelalterlichen Literatur.

Eine bedeutende Figur der späten deutschen Romantik war der Schriftsteller, Komponist und Maler Ernst Theodor Amadeus (E.T.A.) Hoffmann (1776–1822). Seine ganze künstlerische Karriere hindurch arbeitete er immer wieder in verschiedenen juristischen Positionen; seine erste große Liebe galt jedoch der Musik. 1813 änderte er seinen dritten Vornamen zu Ehren Mozarts von Wilhelm in Amadeus. Seine ersten Werke waren musikalischer Natur – das Ballet *Arlequin* (1811) und die Oper *Undine* (1816 uraufgeführt). Bald darauf folgte die vierbändige Sammlung von Kurzgeschichten *Phantasiestücke in Callots Manier* (1814–1815). Darin schmuggeln sich übernatürliche, finstere Wesen in das Leben der Menschen, um die Schattenseiten der menschlichen Natur zu offenbaren. Hoffmann schrieb auch zwei Romane, *Die Elixire des Teufels* (1815–1816) und *Lebensansichten des Katers Murr nebst Fragmentarischer Biographie des Kapellmeisters Johannes Kreisler* (1820–1822). Kurz vor seinem Tod 1822 verfasste Hoffmann noch über 50 Kurzgeschichten, von denen einige später in den Sammelbänden *Nachtstücke* (1817) und *Die Serapionsbrüder* (1819–1821) veröffentlicht wurden. Diese späten Werke erfreuten sich auch in England, Frankreich und sogar in den USA großer Beliebtheit. Hoffmanns eher bürokratischer Lebensstil verlieh den Geschichten, in denen es immer wieder um den Kampf zwischen dem Alltag und der Fantasiewelt geht, eine gewisse Realität. Seine Fantasiegebilde inspirierten Opern von Richard Wagner, Paul Hindemith und Jacques Offenbach sowie Ballette von Léo Delibes und Pjotr Iljitsch Tschaikowski.

Das akribische Sammeln von Märchen kann man als unausweichliche Konsequenz der Bemühungen der deutschen Romantiker deuten, die Liebe zur Folklore und zu Mythen wiederauferstehen zu lassen. Die *Kinder- und Hausmärchen* (1812–1822), gesammelt von Jacob Ludwig Karl Grimm (1785–1863) und Wilhelm Karl Grimm (1786–1859), markierten die Geburt der germanischen Altertumswissenschaft. Vertraut gemacht wurden die Brüder mit der Volkskunde durch Brentano und Herder, die sie während ihres Jurastudiums an der Universität Marburg kennengelernt hatten. 1816 hatten sie ihr Studium bereits aufgegeben, um sich ganz der Literaturforschung zu widmen. Zuerst sammelten sie Volkslieder und Märchen für Arnim und Brentano, dann begannen sie, methodisch an eigenen Projekten zu arbeiten. Sie sammelten Material aus England, Irland, Spanien, den Niederlanden, Skandinavien, Serbien und Finnland. Durch den

Titel *Kinder- und Hausmärchen* wurde angedeutet, dass sich die Geschichten sowohl für Kinder als auch für Erwachsene eigneten. Die Sammlung bestand aus 200 Geschichten, von denen die meisten nur mündlich überliefert waren. Sie wurde überall in Deutschland und bald auch überall auf der Welt veröffentlicht und ist heute noch in 70 Sprachen erhältlich. Weitere wichtige Werke der Brüder Grimm waren *Deutsche Sagen* (1816–1818) sowie Jacobs Arbeiten *Deutsche Grammatik* und *Deutsche Rechtsaltertümer* (1828).

ROTKÄPPCHEN AUS *GRIMMS MÄRCHEN*
Auf dieser Postkarte versteckt sich Rotkäppchen vor dem bösen Wolf. Die Geschichte stammt aus *Kinder- und Hausmärchen*, die 1812 erstmals von den Brüdern Jacob und Wilhelm Grimm veröffentlicht wurden.

DÄNEMARK

In Dänemark machte zu jener Zeit ein Schriftsteller von sich reden, dessen Begeisterung für Folklore ihm den Beinamen „Märchenmeister" einhandeln sollte. Hans Christian Andersen (1805–1875) verfasste sein erstes wichtiges Werk, die Fantasiegeschichte *Fodrejse fra Holmens Kanal til Østpynten af Amager i aarene 1828 og 1829 (Fußreise von Holmens Kanal zur Ostspitze von Amager in den Jahren 1828 und 1829)* – im Stil E. T. A. Hoffmanns – während seines Studiums in Kopenhagen. Obwohl die Erzählung ein Erfolg wurde, gab Andersen das Schreiben für mehrere Jahre auf, sodass er, als 1835 sein erstes Märchenbuch erschien, als Romancier angesehen wurde. Dennoch brachte ihm die Märchenbuchreihe *Eventyr, fortalte for børn* (*Märchen, für Kinder erzählt,* 1835 und 1837) sofort Aufmerksamkeit ein, nicht zuletzt dank seines idiomatischen Stils, der ganz auf erhabene rhetorische Methoden verzichtet. Die Gedichtsammlung in Prosa *Billedbog uden Billeder (Bilderbuch ohne Bilder)* erschien 1840, während ein weiterer Kunstmärchenband 1842 vollendet wurde. 1843, 1847 und 1852 kamen neue Sammlungen heraus.

Andersen hinterließ ein bleibendes Erbe – zu seinen bekanntesten Geschichten gehören *Den lille Havfrue (Die kleine Meerjungfrau), Den lille Pige med Svolvstikkerne (Das kleine Mädchen mit den Schwefelhölzern), Prindsessen paa Ærten (Die Prinzessin auf der Erbse)* und *Sneedronningen (Die Schneekönigin)*. Wie bei den Brüdern Grimm verbinden Andersens Märchen die Erzählperspektive eines Kindes mit dem Scharfsinn eines Erwachsenen, um die Natur des Leidens und den Konflikt zwischen Gut und Böse zu kommentieren. Trotz großen Lobes für seine Arbeit sah Andersen sich selbst eher als Außenseiter. Eine hieraus resultierende Traurigkeit ist vor allem in seinen bemerkenswertesten Märchen und Geschichten, von denen viele noch heute immer wieder neu interpretiert werden, deutlich spürbar.

***DIE KLEINE MEERJUNGFRAU* VON HANS CHRISTIAN ANDERSEN**
Obwohl er viele Genres – Romane, Gedichte, Theaterstücke und Reiseberichte – schrieb, ist Hans Christian Andersen vor allem für seine Märchen bekannt. Viele davon, etwa *Das hässliche Entlein* (1843), *Des Kaisers neue Kleider* (1837) und *Die kleine Meerjungfrau* (1837) wurden weltberühmt. Andersen verfasste zwischen 1835 und 1874 über 150 Märchen. Er führte das Genre der Volksmärchen ein, die früher nur mündlich weitergegeben wurden. Zudem schrieb er in einer einfachen Sprache und kombinierte dabei die Empfindsamkeit des Erwachsenen mit einer kindlichen Einfachheit.

FRANKREICH

Der französische Roman des späten 18. Jh. befasste sich mit den Vorbereitungen und Konsequenzen der Französischen Revolution. Einige Schriftsteller, die von den Ideen Rousseas beeinflusst waren, schrieben Werke voller Glut und Möglichkeiten; dazu gehörten *Les liaisons dangereuses* (*Gefährliche Liebschaften*, 1782) von Pierre Choderlos de Laclos, der utopische, in Mauritius spielende Roman *Paul und Virginie* (*Paul et Virginie*, 1788) von Jacques-Henri Bernardin de Saint-Pierre sowie *Les nuits de Paris (Pariser Nächte)* von Nicolas Edme Restif de la Bretonne. Obwohl diese Werke sich von der Thematik her sehr unterschieden, zeigten sie doch alle die Verlagerung des literarischen Schwerpunktes von der Gemeinschaft hin zum Individuum.

Eine ganz andere Antwort auf die Zeit der großen Veränderungen hatte Donatien-Alphonese-François, Comte de Sade, besser bekannt als Marquis de Sade, dessen Interesse an der Beziehung zwischen Macht, Schmerz und Lust zur Schöpfung des Begriffs „Sadismus" führte. In einer bewussten Verfälschung des Aufklärungsgedankens argumentierte er, das Verfolgen völliger Freiheit müsse auch das Verfolgen der individuellen Begehren bedeuten; daher rührte dann auch der Lustgewinn durch Grausamkeit in seinem Roman *Justine ou les infortunes de la vertu* (*Justine oder das Missgeschick der Tugend*, 1791) sowie *Juliette* (1797) her. Das Buch, das er während seiner Inhaftierung in der Bastille verfasste, *Les 120 Journées de Sodome ou L'Ecole du Libertinage* (*Die 120 Tage von Sodom*, 1784–1785, veröffentlicht 1804), wird heute als wichtige Studie der Vorstellungskraft unseres Unterbewusstseins betrachtet.

DER MARQUIS DE SADE IM GEFÄNGNIS, Stich

Durch das zentralistische Regime Napoleons, in dem die Rückkehr zur Klassik ermutigt wurde, finden wir nur wenig Nachweise für Veränderungen in der Literatur in den Jahren 1789–1815. Gleichwohl gab es immer noch Anhänger von Rousseaus Betonung der Subjektivität und des Ausdrucks. André Chenier (1762–1794) wird mit der ersten Generation der französischen Romantiker in Verbindung gebracht, da sein Werk erst 1819 veröffentlicht wurde. In seinen Schriften setzte er klassische Mythen ein, um den modernen Zustand zu

CHATEAUBRIAND
(1768–1848)
Vicomte François-René de Chateaubriand, französischer Schriftsteller und Staatsmann. (Mary Evans Picture Library)

verstehen. Dies wird vor allem in seinem unvollendeten Epos *Hermes* deutlich sowie in seinen politsatirischen Gedichten *Ïambes*, die er im Gefängnis schrieb. Der Schriftsteller, dessen Werke während der Französischen Revolution die größte Bedeutung hatten, war François-René, Vicomte de Chateaubriand (1768–1848), der 1797 *Essai sur les révolutions* veröffentlichte. In dem komplexen, oft abschweifenden Werk versucht er, Revolutionen ganz allgemein und die Französische Revolution im Besonderen zu verstehen. Allen Werken Chateaubriands gemeinsam ist das Gefühl, dass die Französische Revolution der Gesellschaft geschadet habe. Besonders deutlich wird es in seiner Autobiografie *Mémoires d'outre-tombe* (1848–1850), in der er mithilfe des realen Handlungsrahmens über die Geschichte Frankreichs nachdenkt.

Eine weitere einflussreiche Figur war die vielseitige Schriftstellerin und Denkerin Mme. de Staël (Anne Louise Germaine Necker, Baronne de Staël-Holstein, 1766–1817). Ursprünglich eine liberal denkende Unterstützerin der Revolutionsideale, wurde sie später, als ihr Angebot zu helfen abgelehnt wurde, zur radikalen Gegnerin Napoleons. In ihren beiden Romanen *Delphine* (1802) und *Corinne* (1807) konzentriert sie sich auf die Grenzen, welche die Gesellschaft unabhängigen Frauen zu setzen versucht. Ihre einflussreichsten Arbeiten waren aber *De la literature* (*Über die Literatur,* 1800) und *De l'Allemagne* (*Über Deutschland,* 1810), in denen sie behauptete, nachrevolutionäre Gesellschaften benötigten neue Formen des literarischen Ausdrucks. Sehr zum Missfallen ihrer neoklassizistischen Kollegen schlug sie sogar vor, die Franzosen sollten sich von Schriftstellern wie Shakespeare, Ossian und den deutschen Romantikern inspirieren lassen.

Aufgrund der Verwüstungen durch die Revolution und der Auswirkungen des napoleonischen Regimes erblühte die echte Romantik in Frankreich viel später als in Großbritannien oder Deutschland. Französische Autoren prägten die Begriffe *mal du siècle* (Weltschmerz) und *enfant du siècle* (Weltkind), um ihre Verzweiflung zum Ausdruck zu bringen. Der Dichter und Dramatiker Alfred de Musset betitelte seine Autobiografie *La confession d'un enfant du siècle* (1836). Obwohl sich die meisten französischen Romantiker zu den Nöten ihres Landes äußerten, offenbarte sich bald eine Unterteilung zwischen dem

ALFRED DE MUSSET MIT GEORGE SAND
Mussets Affäre mit der Romanautorin George Sand (1804–1876) in den Jahren 1833–1835 inspirierte einige seiner besten Gedichte. *La Confession D'un Enfant Du Siècle* (1835), ein fiktiver Bericht über die Affäre, reflektiert den Weltschmerz in der Phase des Konflikts zwischen Liberalen und Monarchisten. Musset schrieb die ersten modernen französischen Dramen.

TOD DES CHATTERTON,
1856, von Henry Wallis
Öl auf Leinwand, The Tate Gallery, London.
Thomas Chatterton (1752–1770) starb mit 17 Jahren an einer Arsenvergiftung. Der englische Dichter erfand einen Mönch aus dem 15. Jh., Thomas Rowley aus Bristol, sowie dessen angebliche Gedichte und wurde so berühmt. An Chattertons Genie und seinen tragischen Tod wird von romantischen Dichtern wiederholt erinnert: *Adonais* von Shelley, *Resolution and Independence* von Wordsworth, *A Monody on the Death of Chatterton* von Coleridge, *Five English Poets* von Dante Gabriel Rossetti und *To Chatterton* von John Keats. In Alfred de Vignys *Chatterton* wird die fiktive Geschichte des Dichters erzählt.

Pessimismus der Aristokraten von 1820 und der Frustration der eher bürgerlichen Generation von 1830. Der 1820er-Dichter Alphonse de Lamartine (1790–1869), erweckte mit Werken wie *Méditations poetiques* (1820) und *Harmonies poétiques et religieuses* (1830) ein Gefühl von unerfüllter Sehnsucht, gemäßigt durch Anflüge von Aufruhr und Verzweiflung.

Im Vergleich dazu stellt die Generation von 1830 einen Wendepunkt in der französischen Romantik dar, indem sie den Leiden und Schwächen der Romantik nachgeben und den Dichter als Propheten oder Visionär ansehen. Comte Alfred de Vigny (1797–1863) sieht den Dichter etwa in *Les Destinées* (1838–1863) als moralischen Philosophen, der in seiner Verzweiflung eine gewisse Eleganz aufweist. Der junge Alfred de Musset schrieb in der Zwischenzeit höchst ausgelassene Werke wie seine *Contes d'Espagne et d'Italie (Spanische und italienische Erzählungen, 1830)*. Bald folgten Gedichte über die Linderung des Leidens, etwa sein Gedichtband *Nuits (Nächte, 1835–1837)*. De Vigny und de Musset sind aber auch für ihre Dramen bekannt. De Vigny verfasste das bürgerliche Drama *Chatterton* (1835) über den Selbstmord Thomas Chattertons, eines englischen Dichters aus dem 18. Jh. De Musset war mit historischen Komödien und Tragödien recht erfolgreich. Mit den Werken Gérard de Nervals (1805–1855), zu denen die zwölf Sonette *Les Chimières* (1844–1854) und der Prosatext *Aurélia* (1853–1854) gehören, erreichte die Dichtkunst der französischen Romantik ihren Höhepunkt. Durch ihre Verwendung von Mystik und Symbolen nahm sie die Symbolismusbewegung der 1850er-Jahre bereits vorweg.

Der Roman war die Literaturform, die sich in dieser Periode am schnellsten weiterentwickelte. Die fiktive Autobiografie *Adolphe* (1816) des Romanciers Benjamin Constant (1767–1830) setzte die Tradition des französischen Psychologieromans mit seiner Betonung der individuellen Persönlichkeit fort und entwickelte sie weiter. Der Roman ist aufgrund seiner modernen Auffassung von Moral bemerkenswert. George Sand (1804–1876) war eine überaus produktive Schriftstellerin dieser Zeit. Ihre frühen Romane *Indiana* (1832), *Valentine* (1832) und *Lélia* (1833) beschäftigten sich mit der Position der Frau innerhalb der Ehe und der Gesellschaft. In ihren„rustikaleren" Werken *La Mare au Diable* (*Das Teufelsmoor,* 1846), *François le Champi* (*François das Findelkind,* 1848) und *Le Petite Fadette* (*Die kleine Fadette,* 1849) verbindet sie ihre Liebe zum Landleben mit der Sympathie für die Armen. Alexandre Dumas (1802–1870), der Autor so bekannter historischer Romane wie *Les trois Mousquétaires* (*Die drei Musketiere,* 1844) und *Le comte de Monte-Cristo* (*Der Graf von Monte Cristo,* 1844–1845) war ebenso fleißig. Ein weiterer einflussreicher Romancier, Dichter, Kritiker und Journalist war Théophile Gautier (1811–1872), der die These der „l'art pour l'art" („Kunst um der Kunst Willen") in Bezug auf Literatur, die einen rein ästhetischen Zweck erfüllte, aufstellte. In vielerlei Hinsicht markieren seine Schriften die Veränderung in der französischen Literatur des 19. Jh., als diese romantische, ästhetische und schließlich auch naturalistische Vorbilder annahm.

ITALIEN

Die wichtigsten Autoren der italienischen Romantik waren Alessandro Manzoni (1785–1873) und Giacomo Leopardi (1798–1837). Manzoni begann seine Karriere als Dichter. Obwohl seine erste bedeutende Arbeit das antikirchliche Gedicht *Il trionfo della libertà* (1805) war, kehrte er 1810 zum Katholizismus zurück und verfasste die *Inni sacri* (*Heilige Hymnen,* 1815–1822). Zu seinen weiteren Werken gehörten Oden über die Piemonteser Revolution von 1821 und den Tod Napoleons (1822), eine Abhandlung über katholische Ethik (1819) und zwei von Shakespeare beeinflusste historische Tragödien, *Il conte di Carmagnola* (*Der Graf von Carmagnola,* 1820) und *Adelchi* (*Adelgis,* aufgeführt 1822).

Manzonis Meisterwerk, *I promessi sposi* (*Die Verlobten*), wurde zwischen 1825 und 1827 veröffentlicht und hochgelobt. Der Roman, der in der Lombardei des 16. Jh. während des Dreißigjährigen Krieges spielt, ist aufgrund seiner verständnisvollen Darstellung der Liebesgeschichte zwischen zwei Landarbeitern bemerkenswert. Manzoni verwendet darin den zeitgenössischen florentinischen Dialekt und symbolisiert so seine Loyalität zur Kultur der italienischen Mittelklasse. Sein Widerstand gegen das Elitedenken in der Literatur und sein tiefer Glaube machten ihn zu einer Art Nationalhelden. 1860 wurde er zum Senator ernannt und 1873 mit einem Staatsbegräbniss beerdigt. Seine Prosa wurde zum Vorbild vieler italienischer Schriftsteller.

ALESSANDRO MANZONI,
Italienischer Romancier und Dichter

Giacomo Leopardi ist für seine großartige Lyrik sowie seine herausragenden philosophischen Werke bekannt. Das „Wunderkind", das mit seinem immer schlechter werdenden Augenlicht und einer schwierigen Beziehung zu seinen Eltern zu kämpfen hatte, schrieb sich alle Hoffnung und Bitterkeit mit Gedichten wie *Appressamento della morte* (1835), einem visionären Werk im Stil Petrarcas und Dantes, von der Seele. Seine unerwiderte Liebe zu seiner Cousine, gepaart mit dem Tod eines engen Freundes der Familie führte in den Jahren 1817–1818 zu den Elegien *Il primo amore (Die erste Liebe)* und *A Silvia (An Silvia)*. Zu Leopardis Gedichtbänden gehören *Canzoni* (1824), *Versi* (1826) und *Il Canti* (1831). Außerdem vollendete er *Operette Morali* (*Moralische Werkchen,* 1827), ein philosophisches Werk über Verzweiflung und Sehnsucht. Seine letztes Werk war *La Ginestra (Der Ginster)*, auch bekannt als *Il Fiore del Deserto* (1836). Es gilt dank seines Versuches, die Kraft des Pessimismus als Mittel zur Veränderung zu betonen, als sein moralisches Vermächtnis als Dichter.

***DEATH OF THE STRONG WICKED MAN,* AQUARELL VON BLAKE**

The Grave, ein Gedicht des schottischen Autors Robert Blaire aus dem Jahr 1742, wurde von William Blake 1805 illustriert.

GROSSBRITANNIEN

Die Botschaft der Französischen Revolution versetzte die britische Kultur in Aufruhr und beeinflusste das Denken nahezu jedes britischen Schriftstellers jener Zeit. Der anglo-irische Historiker Edmund Burke sorgte sich in *Reflections on the Revolutions in France* (*Über die Französische Revolution. Betrachtungen und Abhandlungen*, 1790) darum, dass die Revolution ein gefährlicher Bruch mit der alten Ordnung wäre. Seine These wurde aber rasch durch Thomas Paines *Rights of Man* (*Die Menschenrechte*, 1791) und Mary Wollstonecrafts *A Vindication of the Rights of Men* (*Verteidigung der Menschenrechte*, 1791) und *A Vindication on the Rights of Woman* (*Ein Plädoyer für die Rechte der Frau*, 1792) zurückgewiesen. Die Debatte setzte sich fort, als Großbritannien 1793 in einen Krieg mit Frankreich hineingezogen wurde, der mit Napoleons Niederlage in Waterloo 1815 endete. Inmitten all dieser politischen und sozialen Turbulenzen mussten die Autoren die Auswirkungen, welche diese neue Weltordnung auf Frankreich haben würde, bewerten und sich mit ihrem eigenen Nationalstolz und ihren Verpflichtungen auseinandersetzen.

Der Dichter, Maler und Kupferstecher William Blake (1757–1827) begriff die Französische Revolution als Chance für einen Neustart. Die Rationalität und Materialität des 18. Jh. hinterfragend, sah er in den Nachwehen der Revolution die

Möglichkeit, tiefgreifendere und vergeistigtere Denkweisen einzuführen. In seinen Gedichtbänden *Songs of Innocence* (*Lieder der Unschuld*, 1789) und *Songs of Experience* (*Lieder der Erfahrung*, 1794), bildeten die Gedichte des einen Bandes Kontrapunkte zu jenen des anderen. Die Kunstfertigkeit dieser Struktur fordert den Leser dazu auf, die Gültigkeit der Gegenüberstellung von Begriffen wie „Unschuld" und „Erfahrung" zu hinterfragen. So wird aus den Gedichten eine Spiegelung der britischen Gesellschaft; einer Gesellschaft, in der alte Werte und Sichtweisen infrage gestellt werden und neue Ideen als Inspiration dienen, während sie gleichzeitig Angst schüren. Blake stellte die These auf, eine bedingungslose Hingabe zu Gott sei gefährlich für die spirituelle Entwicklung des Einzelnen. Dieses Argument wird in seinen Werken *The Book of Thel* (1789), *The Marriage of Heaven and Hell* (*Die Hochzeit von Himmel und Hölle*, 1790–1793), *Visions of the Daughters of Albion* (1793), *The Book of Urizen* (1794), *The Four Zoas* (1794–1804), *Jerusalem* (1804–1820) und *Milton* (1804–1808), in denen er die Freiheit des Individums feiert, das sich von den Fesseln der Institutionen befreit, weiter ausgearbeitet. Blake versuchte, seine radikale Gesellschaftsvision durch ein Lexikon der Symbole zu vermitteln, was dazu führte, dass seine späteren Werke fast gar nicht beachtet wurden. Erst später, als der irische Poet W. B. Yeats (1865–1939), selbst ein Anhänger des Symbolismus, Blake wiederentdeckte, wurde seinen Werken die gebührende Aufmerksamkeit geschenkt.

Im Gegensatz zu Blake war William Wordsworth (1770–1850) bereits zu Lebzeiten populär. Ursprünglich ein begeisterter Anhänger der Französischen Revolution, änderte er nach der Schreckensherrschaft 1793 seine Meinung und zog sich aus dem öffentlichen Leben zurück. In seinen *Lyrical Ballads* (*Lyrische Balladen*, 1798), einem Gemeinschaftswerk mit Samuel Taylor Coleridge, wird Wordsworths Betonung der Natur als Führung für Emotionen deutlich. In diesem Werk, das als einer der bestimmendsten Texte der englischen Romantik gilt, wird die Aufmerksamkeit auf das Individuum gerichtet, und zwar durch eine Sprache, die versucht, die Alltagssprache zu imitieren. Durch dieses Betonen des Einzelnen wird eine Ablehnung gegenüber der Kirche und dem Staat angedeutet, die äußerst revolutionäre Anklänge hatte. Wordsworths Thesen werden jedoch durch Selbstzweifel verkompliziert, die sowohl in den *Lyrical Ballads* als auch in seinem halb autobiografischen epischen Gedicht *The Prelude* (*Präludium*, 1799; überarbeitet 1805, in neuer Version veröffentlicht 1850) nicht zu übersehen sind.

Während Blake ein idealistischer Visionär und Wordsworth ein fantasievoller, introvertierter Mensch waren, galt Samuel Taylor Coleridge (1772–1834) als pessimistischer Visionär mit lebhafter Fantasie. Einerseits verfügte er über ein außerordentliches Talent, seine Vorstellungskraft zu Papier zu bringen, wie in seinem berühmten Gedicht *Kubla Khan or a Vision in a Dream: A Fragment* (1797; veröffentlicht 1816) deutlich wird. Andererseits betonen seine Ansicht, dass die menschliche Natur nicht mit Religion zu vereinbaren ist – siehe *The Rime of the Ancient Mariner* (*Die Ballade vom alten Seemann*, 1797–1798) – und seine Neigung, Werke zu überarbeiten und unvollendet zu lassen, sein Gefühl des Versagens, da es ihm nicht gelingt, die radikalen philosophischen und religiösen Bestandteile seiner Persönlichkeit zu einer einzelnen, dichterischen Vision zu vereinen. Gleichwohl hatten seine Philosophie der Dichtkunst und besonders seine kritischen Schriften zu Shakespeare enormen Einfluss auf die Entwicklung der Literaturkritik im frühen 20. Jh.

George Gordon, Lord Byron (1788–1824), aus der „zweiten Generation" der Romantiker, war bereits zu Lebzeiten populärer – und berüchtigter – als jeder seiner Vorgänger. Nach einer ganzen Reihe von Fehltritten – inklusiver der Affäre mit einer verheirateten Aristokratin und einer angeblichen Liaison mit seiner Halbschwester – verbrachte Byron den Großteil seines Lebens im Exil. Er verfasste politisch engagierte, kraftvolle, oft humorvolle Werke mit Helden aus den Randgruppen der

Gesellschaft, deren Herangehensweise an das Leben eines „Laissez-faire" die Heuchelei der anderen aufdeckte. Byron entwickelte diesen Charakter in seinen poetischen Dramen *Manfred* (1817) und *Cain* (1821) sowie zuletzt in dem charmanten Freigeist Don Juan, dem Namensgeber seines berühmtesten Werkes (1819–1824). In *Don Juan* verkompliziert die Synthese zwischen der sexuellen und persönlichen Freiheit des Helden Byrons politischen Standpunkt, denn man kann Don Juan entweder als Figur vergangener Zeiten, die sich nach Belieben austobt, oder als fortschrittlich denkenden Revolutionär ansehen.

Die Dichtkunst Percy Bysshe Shelleys (1792–1822) war, zumindest auf den ersten Blick, in ihren revolutionären Zielen ernsthafter als die Byrons. Auf der einen Seite war Shelley sicherlich der radikalste unter den Dichtern der Romantik: Für die Veröffentlichung eines Flugblatts mit dem Titel *The Neccessity of Atheism* (*Die Notwendigkeit des Atheismus*, 1811) flog er vom University College Oxford. Andererseits war Shelleys privilegierte Mittelklasseerziehung gepaart mit einer Selbstüberschätzung, die vor allem in seinem Aufsatz *A Defence of Poetry* (1821, veröffentlicht 1840) deutlich wird, in dem er Dichter als „nicht erkannte Gesetzgeber der Welt" bezeichnet. Einige Kritiker sehen in Shelleys politischen Ansichten wenig mehr als poetisches Posieren, während andere sie als Versuch werten, die Sympathien der Arbeiterklasse zu erringen – und gleichzeitig die eigenen intellektuellen Kreise abzuschrecken. Dennoch hat Shelleys Glaube an die Macht des Einzelnen , die Gesellschaft zu verändern, seinen Werken bleibenden Nachdruck verliehen. So scheint z. B. sein episches Gedicht *The Masque of Anarchy* (*Die Maske der Anarchie*, 1819), verfasst als Antwort auf das Massaker

JOHN KEATS, 1818, Joseph Severn.
Die zweite Generation englischer Romantiker bestand aus Lord Byron, John Keats und P. B. Shelley. Shelley kannte Keats und Byron. Er schrieb die Elegie *Adonais* zu Keats' Tod.

LINKS: PERCY BYSSHE SHELLEY, 1845, Joseph Severn, Öl auf Leinwand, Keats-Shelley Memorial House, Rom.

MARY SHELLEY UND DIE SCHAUERLITERATUR

Die Schauerliteratur, ein sehr populäres Genre von den 1760er-Jahren bis in die 1820er-Jahre hinein, ist bis heute eine einflussreiche Erzählform. So, wie sich die Sentimentalisten weigerten, das Leben zu sehen, wie es war, könnte man Ähnliches über die Autoren der Schauerliteratur sagen. Das Genre ist wahrscheinlich vom englischen Schriftsteller Horace Walpole (1717–1797) mit seinem Roman *The Castle of Otranto* (*Das Schloss von Otranto*, 1764) erfunden worden. Es reizte die romantischen Vorstellungen bis ins Letzte aus und bezog dabei Melodrama, Parodie und sogar die Selbstparodie mit ein. Die Schauerliteratur steht in enger Verbindung zur Wiedergeburt der gotischen Architektur, in welcher der Rationalismus des neoklassizistischen Stils schlicht abgelehnt wird. Auf ähnliche Art und Weise lehnt die Schauerliteratur alle gemäßigten Ausdrucksformen ab und genießt die Extreme an Gefühlen und Erfahrungen.

Auch Ann Radcliffe (1764–1823) erfreute sich großer Beliebtheit. Ihre sensiblen Heldinnen stießen immer wieder auf außergewöhnliche Phänomene, die aber letztendlich durch natürliche Erklärungen aufgeklärt wurden. Das wird besonders in *The Mysteries of Udolpho* (*Die Geheimnisse von Udolpho*, 1794) deutlich. Walpoles und Radcliffes Schauerromane sind sich aber insofern einig, dass beide versuchen, die Möglichkeiten des menschlichen Unbewussten zu erforschen. Diese neue Form der Ausdrucksliteratur beeinflusste auch ähnliche Bewegungen im Rest Europas. In Frankreich nannte man Schauerliteratur „schwarze Romane". Französische und deutsche Schauerromane waren oft viel düsterer und brutaler als ihre englischen Gegenstücke.

***FRANKENSTEIN* VON MARY SHELLEY,** Stich als Titelbild, Erstveröffentlichung 1818. Philosophische und moralische Auswirkungen sowie Themen wie die Natur gegen den Menschen und Gut gegen Böse hallen im Schauerroman nach.

Der bemerkenswerteste Schauerroman ist sicherlich *Frankenstein* (1818) von Mary Shelley (1797–1851), der Ehefrau Percy Shelleys, die das Metier brillant nutzte, um die Möglichkeiten und die Ungewissheit ihrer Zeit zu erforschen. *Frankenstein* fordert Erzählperspektiven heraus und wirbelt soziale Thesen durcheinander, indem die Welt des Dr. Frankenstein und seines „Monsters" als reale Welt und die eigentlich reale Welt als Ort von Geheimnissen und Missverständnissen hingestellt wird. Auf diese Weise kann der Leser die Beziehung des Einzelnen zur Außenwelt bewerten und sich fragen, wie „echt" sie wirklich ist. Der Roman hat aber auch eine feministische Dimension: Indem Shelley einen Außenseiter zum Mittelpunkt macht und die Vermutungen, die ihn umgeben, anficht, stellt sie die Frage, was es bedeutet, als weibliche Autorin im Mittelpunkt einer von Männern beherrschten Literaturwelt zu stehen. Zudem ahnt Shelley durch ihr Ausreizen des Genres im Grunde bereits die Science-Fiction-Romane des 20. Jh. voraus.

Der Schauerroman wirkte sich auf viele Genres in der Romantik und darüber hinaus aus. In Frankreich merkte man den Einfluss deutlich in den Werken des Marquis de Sade sowie in Victor Hugos Drama *Notre-Dame de Paris* (*Der Glöckner von Notre-Dame*, 1831). In Amerika inspirierte die Schauerliteratur die düsteren Geschichten Edgar Allen Poes, und sie drang sogar bis zum schwarzen Humor der Schriftsteller Harper Lee, Flannery O'Connor und William Faulkner durch. Die Ausdrucksweise dieses Genres findet man auch bei den Autoren der dystopischen Literatur des 20. Jh., etwa in George Orwells *1984* (1949), in *The Handmaid's Tale* (*Der Report der Magd*,

1985) der kanadischen Autorin Margaret Atwood sowie in den Horrorgeschichten Stephen Kings.

Aber vor allem in Großbritannien hinterließ der Schauerroman einen bleibenden Eindruck. Jane Austens *Northanger Abbey* (*Die Abtei von Northanger*, 1798/99, erschienen 1817) kann man als Parodie auf die Schauerliteratur verstehen: Ihre Heldin stellt sich ihr Leben als eine Aneinanderreihung von Katastrophen vor, obwohl es tatsächlich viel nüchterner ist. Die Figur der Bertha Rochester in Charlotte Brontës *Jane Eyre* (1847) holt sich ihre Inspiration aus der Schauerliteratur. Einige viktorianische Autoren wandten sich der Gruselthematik als Mittel zu, um die wissenschaftlichen und industriellen Veränderungen in der Gesellschaft zu untersuchen. Bram Stokers *Dracula* (1897) gilt als der legitime Nachfolger *Frankensteins*, während Oscar Wildes *The Picture of Dorian Gray* (*Das Bildnis des Dorian Gray*, 1891), Robert Louis Stevensons *Dr. Jekyll and Mr. Hyde* (1886) sowie Henry James' Novelle *The Turn of the Screw* (*Das Durchdrehen der Schraube*, 1898) der Schauerliteratur verpflichtet sind. Im 20. Jh. sind auch Daphne du Mauriers *Rebecca* (1938) und Jean Rhys' *Wild Sargasso Sea* (*Sargassomeer*, 1966) stark vom Schauergenre beeinflusst.

In unserer heutigen Zeit lehnt sich eine ganze Reihe von Medien an Genre des Schauerromans an, von Comics bis zur Rockmusik – es gibt sogar einen Musikstil der sich „Gothic" nennt. Es ist ein Zeichen der Stärke des Erbes der Schauerliteratur, dass wir noch heute von seinen Extremen fasziniert sind.

JANE EYRE UND DIE ZIGEUNERIN, aus Charlotte Brontës Roman *Jane Eyre* (1847)

von Peterloo, durch sein trochäisches Versmaß den einfachen Arbeiter anzusprechen. Shelleys idealistische Vision, die er in seinem epischen Gedicht *Queen Mab* (1813) umrissen hat, sollte spätere Dichter wie Swinburne, Rossetti, Tennyson und Yeats beeinflussen.

Shelleys *Mask of Anarchy* mit seinem Fokus auf den britischen Arbeiter spiegelt eine Veränderung in der Gesellschaft wider, die gegen Ende der Feindseligkeiten mit Frankreich 1815 und mit dem Beginn der industriellen Revolution stattfand. Auf den ersten Blick ist es daher überraschend, dass diese Epoche auch sensible Dichter wie John Keats (1792–1821) hervorbrachte. Keats Konzentration auf das gespaltene Verhältnis des Einzelnen zur Gesellschaft kann man als Kontrapunkt zu der zunehmenden Teilung der britischen Gesellschaft sehen. Seine *Odes* (*Oden*, 1819) mit ihrer Verherrlichung der Jugend und der Betonung der Verbindung zwischen Schönheit und Wahrheit beeinflusste das Denken der Ästhetikbewegung der 1860er-Jahren. Seine dramatischen Gedichte wie *Lamia* (1819) und *Endymion* (1817), in denen er Mythen zum Problematisieren (und Sexualisieren) der menschlichen Erfahrung nutzt, hatten große Auswirkungen auf die Malerei und Dichtkunst der Präraffaeliten in den 1850er-Jahren. Keats' Erbe liegt aber nicht nur in seinem literarischen Einfluss, sondern auch in der gewagten Idee, dass in jedem von uns die Anlage zu verborgenen Eigenschaften schlummert, und manche von ihnen sind düster und unschön.

Es gab aber auch eine Gegenbewegung zu den grüblerischen Selbstzweifeln und der psychologischen Intensität der romantischen Dichter. Jane Austen (1775–1817) nutzte in ihren Romanen lieber Witz und Ironie anstatt Allegorien und Anspielungen, um die Veränderungen in der Gesellschaft zu kommentieren und sich auf die scheinbare Neuordnung der Mittelklasse zu Beginn des 19. Jh. zu konzentrieren. In Austens Romanen wird der Einfluss des sentimentalen Romanciers Samuel Johnson durch ihre Anspielungen auf den Briefroman, die Betonung der Heldinnen und deren Konzentration auf die Beziehungen innerhalb kleiner sozialer Gruppen deutlich. Ihre Sozialkritik, zu der auch die Sorge um die Freiheit und um die Rechte der Frau gehört, verleiht ihren Werke eine Sensibilität, die absolut passend für das Großbritannien des 19. Jh. ist. Ihr meisterhafter Schreibstil und ihre tiefgründigen Einblicke in menschliche Beziehungen haben ihren sechs Romanen *Sense and Sensibility* (*Verstand und Gefühl*, 1811), *Pride and Prejudice* (*Stolz und Vorurteil*, 1813), *Mansfield Park* (1814), *Emma* (1816), *Northanger Abbey* (*Die Abtei von Northanger*, 1798/99, erschienen 1818) und *Persuasion* (*Überredung*, 1818) eine bleibende Qualität verliehen.

Sir Walter Scott (1771–1832) begann seine Karriere als Dichter, aber sein Talent für das Geschichtenerzählen ist bereits in seinen ersten Romanen, die er nicht unter seinem Namen veröffentlichte, unübersehbar. Die Romane spielen in Schottland zur Zeit der Jakobitischen Rebellion (1688–1746). Zu ihnen gehören *Waverley* (1814) und *The Heart of Midlothian* (*Das Herz von Midlothian*, 1818). Bald darauf begann Scott, an einer weiteren Reihe historischer Romane zu arbeiten, welche dieses Mal im England des 12. Jh. angesiedelt war. Bekanntester Roman dieser Reihe war *Ivanhoe* (1819), der vor allem durch die Einbeziehung der sympathischen jüdischen Heldin Rebecca bemerkenswert ist. Insgesamt gesehen gilt er als „Erfinder" des historischen Romans.

OSTEUROPA

Der in Polen geborene Johann Gottfried von Herder (1744–1803), eine führende Persönlichkeit der deutschen Sturm-

ÜBERREDUNG

Überredung, 1816 verfasst und 1818 posthum veröffentlicht, war Jane Austens letzter Roman. Wie in ihren anderen Romanen beschreibt sie auch hier detailliert den Alltag ihrer Figuren – Männer und Frauen aus der oberen Mittelschicht im England des 19. Jh. Anne Elliot, die Heldin der Geschichte, wird dazu „überredet", den Mann, den sie liebt, aufgrund ihrer Standesunterschiede nicht zu heiraten. Durch diese Liebegeschichte äußerte Jane Austen harsche Kritik am britischen Klassensystem.

JOHANN GOTTFRIED VON HERDER
Herder befürwortete die Emanzipation der deutschen Literatur von ausländischen Einflüssen. In seinen Essays entwickelt er die Idee des Volksgeistes, der sich in der Sprache und in der Literatur einer Nation ausdrückt. In seiner Sammlung *Stimmen der Völker in Liedern* (1778–1779) fasste er Volkslieder aus vielen verschiedenen Ländern zusammen.

und-Drang-Bewegung, zeichnete Volkssprachen auf. Sein besonderes Interesse galt traditionellen Liedtexten. Das veranlasste ihn dazu, alte Volkslieder aus vielen Teilen der Welt zu sammeln. Seine Wiederentdeckung alter Bräuche, eine Form der Bewahrung und Förderung des Nationalstolzes, hinterließ ein bleibendes Erbe für die Völker Europas. Während Dörfer und Städte ständig wuchsen, wurden Menschen, die immer noch dem ländlichen Leben frönten, von den Romantikern in ganz Europa aus einem nostalgischen Blickwinkel betrachtet. Das Sammeln alter Volkstraditionen wurde zu einer beliebten und geachteten Freizeitbeschäftigung. Daraus entstand wiederum die Vorstellung vom „glücklichen Bauern", die von Malern, Choreografen und Musikern gleichermaßen in ihren Werken aufgegriffen wurde.

Herders Einfluss wird vor allem im Wachstum der einheimischen Volksliteratur in Osteuropa deutlich. In Serbien war der Sprachgelehrte Vuk Stefanovic Karadzic (1787–1864), ein Reformer des kyrillischen Alphabets für den serbischen Gebrauch, damit beschäftigt, sich den Titel des „Vaters" der serbischen Volksliteratur zu verdienen. Karadzic reiste durch Serbien, Bosnien und Kroatien und sammelte Geschichten, die überwiegend in seinem vierbändigen Werk *Volkslieder der Serben* (1822–1833) veröffentlicht wurden. Auch die slowenische Literatur erblühte in der ersten Hälfte des 19. Jh., als France Prešeren (1800–1849) und Matija Cop neue Genres in der Dichtkunst einführten. Prešeren, Sloweniens Nationaldichter, verfasste vielschichtige Sonette wie *Sonetni venec* (1834). In der Zwischenzeit war auch in den Bulgaren das Nationalbewusstsein erwacht, und zwar durch Novobulgarski, die neue (moderne) bulgarische Schriftsprache, basierend auf dem östlichen Dialekt (statt auf dem Kirchenslawisch). Zu den Pionieren gehörten Sophronius von Wraza, dessen *Nedelnik* (1806) als erstes modernes bulgarisches Buch gedruckt wurde, sowie N. Gerow, der das erste echte bulagrische Wörterbuch zusammenstellte. Ihre gemeinsamen Bemühungen führten zum Erwachen des bulgarischen Nationalbewusstseins.

Nun entstand auch in der Slowakei eine Schriftsprache. Der katholische Priester Ján Hollý (1785–1849) war der erste slowakische Autor, der erfolgreich Gedichte in seiner Muttersprache verfasste. Gleichzeitig bestanden die Slowaken aber weiterhin darauf, Texte im tschechischen Dialekt zu lesen.

Sogar *Ján Kollár's Slávy dcera* (1824), das als Hauptwerk der slowakischen Literatur gilt, wurde in Tschechisch verfasst. Eine Gruppe junger lutherischer Slowaken, angeführt von L'udovít Štúr, beschloss, künftig dem Slowakischen den Vorzug zu geben. Spätere Dichter wie Andrej Sládkovic (Andrej Braxatoris) und Janko Král verwendeten eine verfeinerte Form der slowakischen Schriftsprache.

Der Trend zum Untersuchen und Festschreiben einheimischer Kulturen veranlasste tschechische Gelehrte (im damaligen Böhmen und Mähren), die frühere Literatur und Geschichte ihres Landes genauer zu betrachten. Der Patriotismus, wiederbelebt als Reaktion auf die Habsburger Regierung, verband sich mit den aktuellen Strömungen der Romantik und ließ so das Interesse an der Literatur wieder aufflammen. Die Wiederbelebung der tschechischen Schriftsprache durch den Gelehrten Josef Dobrovský (1753–1829) wurde durch die Publikation von Josef Jungmanns tschechisch-deutschem Wörterbuch (1835–1839) weiter gefestigt. Diese Bemühungen wurden wiederum in den Texten des romantischen Dichters Karel Hynek Mácha (1810–1836) bestätigt, dem man die Einflüsse Lord Byrons, Walter Scotts und der polnischen Romantiker anmerkte.

In Polen war der Dichter Adam Bernard Mickiewicz (1798–1855) ein lebenslanger Kämpfer für die nationale Freiheit seines Landes, und er zeigte den wachsenden Einfluss der Folklore in seinen Werken. Während Mickiewiczs erster Gedichtband *Poezye* (1822) Balladen und Romanzen beinhaltete, beschrieb er in der Einleitung sein Verlangen, westliche Einflüsse in die polnische Literatur zu integrieren. Im zweiten Band seiner *Poezye* (1823) war er jedoch zu einer neuen Form des romantischen Ausdrucks übergegangen. Der Band enthielt die Teile zwei und vier seines *Dziady (Totenfeier)*, in dem er folkloristische Elemente mit einer tragischen Liebegeschichte verband. Im dritten Teil von *Dziady* (1833) stellt er sich vor, welch wichtige Rolle Polen im Rahmen der westeuropäischen Nationen spielen könnte. Mickiewiczs Meisterwerk *Pan Tadeusz* (*Herr Thaddäus*, 1834), ein episches Gedicht, in dem das Leben des polnischen Adels im frühen 19. Jh. beschrieben wird, wendet sich mit der Bitte, Polen von der russischen Herrschaft zu befreien, an Napoleons Streitkräfte sowie an die polnische Armee unter seiner Befehlsgewalt.

RUSSLAND

Der Literaturkritiker Wissarion Belinski (1811–1848) schlug 1739 als das Jahr vor, in dem die russische Literatur ihren Anfang nahm. Obwohl aktuelle Kritiken diese These anfechten, da sie die einheimischen russischen Schriften ignoriert, die seit Hunderten von Jahren existierten, nahm der internationale Einfluss der russischen Literatur im 18. Jh. zweifelsohne zu. Bis ins 19. Jh. hinein wurden russische Werke durch ihre Beschäftigung mit ihrer Beziehung zu westlichen Kulturen geprägt. Es ist auch nicht verwunderlich, dass Werke, die den westlichen Literaturgrundsätzen widersprachen, in Russland sehr erfolgreich waren, da die Schriftsteller immer auf der Suche nach einer Möglichkeit waren, die westlichen Traditionen in ihrer Literatur infragezustellen.

Unter dem Einfluss Peters des Großen, der bis 1725 herrschte, wurde die westliche Kultur derart bevorzugt, dass bis zum 19. Jh. Französisch zur Sprache des Adels geworden war. Als Ergebnis dieser kulturellen Einmischung betrachteten russische Kritiker die Literatur als ausländischen Import. Unter der Herrschaft Katharina II. der Großen (1762–1796) begannen russische Dichter jedoch endlich, ihre eigene Stimme zu entwickeln. Der erfolgreichste war Gawriil Derschawin (1743–1816), der vor allem für seine Lobrede *Oda K Felitse* (1782) sowie durch seine Oden *Bog* (1784) und *Vodopad* (1791–1794) bekannt war. Der Prosaschriftsteller Nikolai Karamsin (1766–1826) entwickelte sich in der Zwischenzeit zur beherrschenden Persönlichkeit des Sentimentalismus. Sein bekanntestes Werk war die zwölfbändige *Geschichte des russischen Staates* (1818–1826). Sein Werk tat aber nichts dafür, die Sprache des Volkes zu bestätigen, da er einen völlig neuen Sprachstil, basierend auf Französisch, einführte und neue Wörter kreierte.

Das 19. Jh. begann mit dem – wie es heute genannt wird – „Goldenen Zeitalter" der russischen Dichtkunst. Diese von einer aristokratischen Sensibilität geprägte Zeit wird in den Werken Wassili Schukowskis (1783–1852) und in den teilweise verspielten, teilweise erotischen und melodramatischen Gedichten Konstantin Batjuschkows (1787–1855) perfekt wiedergegeben. Der bemerkenswerteste Dichter war aber Alexander Sergejewitsch Puschkin (1799–1837), der als Gründer der modernen russischen Literatur und auch als Former der russischen Schiftsprache gilt. Als philosophisch angehauchter Schriftsteller, der die Gültigkeit der Kultur an sich zu ergründen suchte, adoptierte Puschkin einen parodienhaften

ALEKSANDER PUSCHKIN, IWAN KRYLOW, WASSILI SCHUKOWSKI UND NICOLAI GNEDICH, Öl auf Leinwand, Hermitage, St. Petersburg.
Seit dem 17. Jh. wurde die russische Kultur von westeuropäischen Werten beeinflusst. Das führte im 18. Jh., als russische Schriftsteller versuchten, ihre nationale Identität innerhalb der Literatur zu bestimmen, zu einer kulturellen Krise. Schließlich fand die russische Sprache aber in den Werken von W. A. Schukowski und A. S. Puschkin zu ihrer Form.

Schreibstil und verfasste erotische, oftmals geradeheraus frevlerische Schein-Epen wie die *Gabrielade* (1821), eine gewagte Nacherzählung der Verkündigung, sowie *Ruslan und Ljudmila* (1820), eine Parodie auf das Epos, das Märchen, die Ballade und die Romanze. Zu seinen lyrischen Werken gehören Schriften über die doppelte Identität des Dichters als Künstler und Mann, politische Gedichte, die den Drahtseilakt zwischen Lob und Spott für den Zaren und seine Behandlung der Polen wagt, die gewagten Kompositionen *Vospominaniye* (1828) und *Elegiya* (1830), bemerkenswerte Liebesgedichte, sowie *Ne day mne Bog soyti s uma (Betrachtungen über das Böse im Menschen).*

Puschkins Werke lassen sich durch ihre vielschichtige Struktur nur schwer übersetzen. Mit seinem fast shakespearehaften Drama *Boris Godunow* (1824–1825) überschreitet Puschkin beinahe die Grenzen der Verserzählung. Der Höhepunkt seiner Arbeiten in dieser Erzählform ist jedoch *Eugen Onegin* (1825–1832), der heute als erster bedeutender russischer Roman gilt. Darin wird die Geschichte Onegins, eines „überflüssigen" Mannes, durch eine schier endlose Aneinanderreihung von Abschweifungen, Erzählstimmen und Eigenoparodien erzählt. Da das Werk als Serie über mehrere Jahre hinweg publiziert wurde, konnte der Autor es an seine wechselnden Ansichten anpassen.

Als wichtigster Prosadichter dieser Epoche gilt Nikolai Wassiljewisch Gogol (1809–1852). Zu seinen Kurzgeschichten gehören *Die Nase* (1836), eine Satire über das Versagen erklärbarer Systeme, *Der Mantel* (1842), die vielleicht einflussreichste russische Kurzgeschichte, und *Aufzeichnungen eines Wahnsinnigen* (1835), eine mutige Mischung aus Mitgefühl und Beleidigung. In den Geschichten *Der Newski-Prospekt* (1835) und *Geschichte des Streifalls Iwan Iwanowitsch gegen Iwan Nikiforowitsch* hinterfragt er die Absurdität der Sprache und der Existenz an sich.

NIKOLAI WASSILJEWITSCH GOGOL
Gogol bestimmte durch seine scharfen Satiren die religiösen und moralischen Themen in der russischen Kultur. Er ist vor allem für seine Kurzgeschichten, sein Stück *Revisor* sowie für *Die toten Seelen*, eine Prosaerzählung, die den Untertitel „Gedicht" trägt, bekannt.

Gogols berühmtes Stück *Der Revisor* (1836) ist eine satirische Kritik an der Korruption im zaristischen Russland. Das Stück ist durch das Fehlen jeglicher sympathischer Charaktere und mit dem Bewusstsein um seine eigene Künstlichkeit äußerst bemerkenswert. Es ist daher nicht verwunderklich, dass der irische Dramatiker Samuel Beckett Gogol als einen seiner Einflüsse nannte. Ein weiteres wichtiges Werk ist *Die toten Seelen* (1842), eine Prosaerzählung, die sich als Gedicht ausgibt. Durch Gogols gesamtes Werk zieht sich eine Unterströmung von Verzweiflung, die sich – durch Komik – in der Grausamkeit der Erkenntnis manifestiert, dass das ganze Leben nur eine Erfindung ist. Ob diese Erkenntnis Gogol als Realisten ausweist, der dem Menschen die Wahrheit über das Leben offenbart, oder als Absurdisten, der die ständige Suche des Menschen nach dem Sinn des Lebens verspottet, ist (nach wie vor) Auslegungssache.

Kapitel 7

VOM REALISMUS ZUM NATURALISMUS

JEAN JACQUES ROUSSEAU MIT DEM PANTHÉON, PARIS
Rousseau, einer der dominantesten Denker der Aufklärung im 18. Jh., versuchte in seiner allgemeinen Philosophie die emotionale und leidenschaftliche Seite des Menschen zu verstehen. Sein Roman *Julie; ou la nouvelle Héloïse* (1761) beeinflusste den romantischen Naturalismus des 18. Jh.

LINKE SEITE: Wiener Kongress, 1815, von Jean-Baptiste Isabey, Louvre, Paris, Frankreich. Europäische Staatsmänner beim Wiener Kongress, bei dem die Grenzen Europas nach den Napoleonischen Kriegen neu festgelegt wurden.

Zwischen September 1814 und Juni 1815, am Ende der Napoleonischen Kriege, trafen sich die Großmächte Österreich, Frankreich, Preußen, Russland und Großbritannien zum Wiener Kongress, um die Grenzen Europas neu zu definieren. Richtlinie ihrer Diskussion war die Wiedereinführung der Grenzen vor Napoleon. Als ein Ergebnis des Krieges hatten sich jedoch Allianzen und nationale Identitäten herauskristallisiert. Nationen wie Ungarn und Rumänien hatten ein neues Selbstbewusstsein (oft als „nationales Erwachen" bezeichnet), obwohl sie immer noch nur Anhängsel der Großmächte waren. Andere Gebiete wie Deutschland und Italien, die damals nur aus einer Ansammlung von Fürstentümern bestanden, begannen, sich als zusammengehöriges Ganzes zu begreifen.

Der Aufstieg des Nationalismus spiegelte sich in der romantischen Literatur der Zeit wider, in der die mythischen und folklo-ristischen Ursprünge der Nationen gefeiert wurden. Die romantische Vision vom Heimatland wurde als Legitimierung der nationalen Sache genutzt, und so entwickelte sich die Idee von der Rückkehr zu den Wurzeln. Dies lässt sich vor allem in den Werken der Philosophen Rousseau, Herder und Hegel, der Dichter Ossian und Goethe sowie der Maler Caspar David Friedrich, Delacroix und Goya nachverfolgen.

Doch obwohl sie die Stimmung der Zeit einfingen, riefen einige Elemente der Romantik neue Bedenken hervor. Während die romantische Sichtweise eine Flucht vor den Herausfor-derungen der modernen Welt bot – der industriellen Revolution, der Bevölkerungsexplosion und der Verstädterung –, schien ihre Neigung zu Melodrama und Fantasie, ihr Verfechten heroischer Isolation und ihr Rückgriff auf hochtrabende Ausdrucksweisen vielen Menschen in einer Gesellschaft unangemessen, in der die Gemeinschaft und die klassenübergreifende Interaktion von wachsender Bedeutung waren.

So setzte sich im Sog der Romantik ein neuer Realismus durch. In der Literatur des Realismus wird der Alltag so geschildert, wie er ist (anstatt ihm entfliehen zu wollen): direkt und ohne Ausschmückungen. Der Fokus lag jetzt auf der Darstellung oft alltäglicher oder banaler Situationen. Den aktuellen Trend sachlicher Reportagen in Zeitungen und Zeitschriften spiegelnd, hatten Literaturschriftsteller nun eine neue Aufgabe als Sozialkritiker oder -kommentatoren übernommen.

Auch die Wissenschaft sollte große Auswirkungen auf kulturelle Unternehmungen haben. Louis Daguerres (1787–1851) Pionierarbeit in Sachen Fotografie etwa bedeutete, dass echte

STILLLEBEN, Daguerreotyp, 1837, von Louis-Jacques-Mandé Daguerre, Société Française de Photographie, Paris

RECHTS: THÉOPHILE GAUTIER
Der französische Schriftsteller, dessen Einfluss beim Übergang von der Romantik zum Naturalismus überaus spürbar war, erzielte seinen ersten großen Erfolg mit dem Briefroman *Mademoiselle Maupin*. In der Einleitung erklärt er seine Theorie von „Kunst um der Kunst Willen".

Objekte in alltäglichen Situationen (inklusive beiläufiger Details im Hintergrund) nun den Platz der romantischen Visionen von Malern einnahmen, die alles Unwichtige wegließen, um sich auf ihre platonischen Ideale zu konzentrieren. In Biologie, Chemie und Geologie betrachteten Wissenschaftler die Welt unter dem Mikroskop und machten weitreichende Entdeckungen. Seit den 1830er-Jahren formulierte Charles Darwin (1809–1882) seine Evolutionstheorie, die er in *On the Origin of Species* (*Die Entstehung der Arten,* 1859) zu Papier brachte. Sie verlieh dem wachsenden Glauben Gewicht, die Wissenschaft und nicht die Religion habe die Antwort auf die Fragen des Universums. Zudem unterstützte sie das Vertrauen in den Fortschritt und an die Überzeugung, jedes Problem könne mit Fachwissen, empirischen Untersuchungen und Hingabe gelöst werden. Während die Dinge des Alltags bisher als der literarischen Betrachtung unwürdig galten, waren sie nun interessant. Die Kunst schien, wie alles andere, auf einmal eine enorm große Bedeutung zu haben und moralische Aussagen zu vertreten.

In der ersten Hälfte des 19. Jh. wurde der Realismus in der Literatur immer wichtiger, und in den 1850er-Jahren erlebte er seine Blütezeit – vor allem in Frankreich. Einige Autoren überbrückten die Lücke zwischen Romantik und Realismus, während andere bis weit ins 19. Jh. hinein weiterhin romantische Literatur verfassten. Auch andere Philosophien, z. B. „Kunst um der Kunst Willen" (meist dem Dichter Théophile Gautier, 1811–1872, zugeschrieben), konnten Fuß fassen. Dennoch überwog der Glaube, Kunst müsse die Probleme der Gesellschaft ansprechen, wie hässlich diese auch sein mögen. So wurde die Literatur zu einer wichtigen Triebkraft für Veränderungen.

1815 Ende der Napoleonischen Kriege.

1815 Unterzeichnung des Wiener Vertrags.

1834 Ende der spanischen Inquisition (Beginn war 1478).

1837–1901 Herrschaft Königin Viktorias.

1848 Aufstände in ganz Europa.

1848–1851 Unabhängigkeitskrieg in Ungarn.

1853–1857 Krimkrieg zwischen Russland und Frankreich, Großbritannien, dem Königreich Sardinien (später ein Teil Italiens) und dem Osmanischen Reich.

1856 Gustave Flaubert schreibt *Madame Bovary*.

1861 Gründung der konstitutionellen Monarchie in Italien unter Viktor Emmanuel II.

1861–1865 Amerikanischer Bürgerkrieg.

1863–1865 Polnischer Aufstand gegen Russland.

1866 Österreichisch-Preußischer Krieg, Preußen siegt.

1866 Dostojewski schreibt *Schuld und Sühne*.

1869 Leo Tolstoi veröffentlicht *Krieg und Frieden*.

1870–1871 Deutsch-Französischer Krieg; Frankreich wird besiegt.

1871 George Eliot schreibt *Middlemarch*.

1890 Henrik Ibsen veröffentlicht *Hedda Gabler*; Emily Dickinsons Gedichte werden posthum veröffentlicht.

1898 Émile Zola schreibt *J'accuse*.

1903 Henry James veröffentlicht *Die Gesandten*.

1907 August Strindberg schreibt *Die Gespenstersonate*.

Stendhal

Der Schriftsteller Stendhal gilt als Realist unter den Romantikern. Er kam als Henri Marie Beyle 1783 in Grenoble zur Welt. 1799 nahm er eine Stelle im Kriegsministerium an, wo er sich zu einem glühenden Verehrer Napoleons entwickelte. Nach dessen Niederlage zog Beyle nach Italien, nahm das Pseudonym Stendhal an und wandte sich dem Schreiben zu. Von nun an verbrachte er seine Zeit entweder in Italien oder Paris und später als Konsul in Civitavecchia. Er starb 1842.

Seine Werke bestehen aus Schriften über Kunst, Musik und Reisen, Essays (besonders *Racine et Shakespeare*, 1822 und 1825, in der er die Romantik anpreist) sowie aus Romanen. Seine wichtigsten – *Le Rouge et le Noir* (*Rot und Schwarz*, 1831) und *La Chartreuse de Parma* (*Die Kartause von Parma*, 1839) – erhielten zu Lebzeiten wenig Würdigung; Stendhal sagte aber korrekt voraus, dass sie zu gegebener Zeit geschätzt werden würden, denn in vielerlei Hinsicht war er seiner Zeit voraus.

In seinen Werken findet man zweifellos viele romantische Elemente. Die Helden sowohl in *Rot und Schwarz* als auch in *Die Kartause von Parma* sind Rebellen, die gegen ein repressives politisches und soziales Regime kämpfen. So wie sein Erfinder ist auch Julian Sorel, der Held in *Rot und Schwarz*, ein begeisterter (wenn auch heimlicher) Anhänger Napoleons. Er ist bestrebt, wie sein kriegstreiberisches Vorbild sozial aufzusteigen. Fakten werden nach typisch romantischer Manier ausgeschmückt, und die Leser erhalten nur eine eingefärbte Version der Ereignisse, damit sie Sympathien für den Protagonisten hegen konnten.

STENDHAL, 1840, von Johan Olaf Soedermark, Musée National du Château, Versailles. Stendhals Schriften markieren in der französischen Literatur den Übergang von der Romantik zum Realismus. Obwohl er die Emotionen wie andere romantische Autoren zelebrierte, hatte er einen direkten, realistischen Schreibstil, mit dem er das soziale Klima seiner Zeit untersuchte.

Stendhals Werke enthielten auch realistische Elemente. Der Untertitel von *Rot und Schwarz* lautet „Chronik von 1830", und das Buch enthält als Einleitung ein Zitat Dantons: „Die Wahrheit, die bittere Wahrheit". Stendhal beschwört das Bild eines Spiegels herauf, um zu zeigen, dass sein Roman eine Reflektion flüchtiger Einblicke in das echte Leben ist. Insgesamt bietet uns das Ganze Momentaufnahmen, die man zum Porträt einer größeren Welt zu einem entscheidenden Punkt in ihrer Geschichte zusammensetzen kann. Seine Figuren kommen aus allen Schichten. Auch in ihrer psychologischen Analyse war Stendhal seinen Zeitgenossen weit voraus.

Hugo

Der Romancier, Dichter und Dramatiker Victor Hugo (1802–1885) überbrückt gleichfalls die Kluft zwischen Romantik und Realismus. Er wurde in Besançon als Sohn eines Generals der napoleonischen Armee und einer konservativen, royalistischen Mutter geboren. Mit zehn Jahren zog er nach Paris. Sein jugendlicher Konservatismus – er konzentrierte sich darauf, klassische Dichter zu übersetzen, und war dem Vaterland innig ergeben – hing wohl mit den politischen Ansichten der Mutter zusammen. Bereits sein erster, 1822 veröffentlichter Gedichtband, *Odes et Poésies diverses (Oden und vermischte Gedichte)*, brachte ihm Ansehen und eine Pension Ludwigs XVIII. ein. Noch im gleichen Jahr heiratete er Adèle Foucher.

In Hugos frühen Theaterstücken wird die Abkehr von der klassischen Tradition erstmals ersichtlich. In der Einleitung zu *Cromwell* (1827) rief er zu einem Bruch mit dem klassischen Drama auf. In *Hernani* (1830) wagte er es, seine Sympathien für die Romantik auf die Bühne zu bringen. Das Stück war nicht nur wegen seiner Missachtung der klassischen Einheit von Zeit und Ort recht gewagt; es verblüffte das Publikum auch durch seine bahnbrechende Abkehr vom reinen Alexandriner, dem Versmaß, das seit Langem im französischen Drama Standard gewesen war. Die Uraufführung wurde auch als „Schlacht von Hernani" bezeichnet, da es vorweg einen Tumult im Publikum zwischen entsetzten Konservativen und romantischen Bohemiens gegeben hatte.

QUASIMODO, aus dem *Glöckner von Notre Dame* von Antoine Wiertz, Brüssel

LINKS: VICTOR HUGO
Seine bekanntesten Werke sind die Romane *Les Misérables* und *Der Glöckner von Notre Dame*.

Obwohl Hugo sieben Romane, 21 Stücke und 18 Gedichtbände verfasste, ist er noch heute für zwei Romane weltberühmt. *Notre-Dame de Paris* (*Der Glöckner von Notre Dame*, 1831) zementierte seinen Ruf als Meister der Romantik – melodramatisch, gefühlvoll und in einem Französisch geschrieben, das mehr der gesprochenen Sprache als der gehobenen Schriftsprache ähnelte. Zudem ist der Held mehr als unkonventionell. Obwohl der Roman bei Kritikern nicht gut ankam, war er unglaublich erfolgreich und machte Hugo bekannt. Ein weiteres Erbe, das zu großen Teilen dem Buch zugeschrieben wird, ist die Restauration der Kathedrale von Notre-Dame. Hugos liebevoll ausgearbeitete Beschreibung des verfallenden Bauwerks inspirierte den Architekten Viollet-le-Duc dazu, der Kathedrale wieder zu ihrer einstigen Pracht zu verhelfen.

Später befasste sich Hugo zunehmend mit Politik, was man seinen Werken anmerkte. Er nutzte sie verstärkt, um seine humanitären Ansichten auszudrücken. Hugo war ein überzeugter Anhänger der Republik und verbrachte nach Wiedereinführung der Monarchie unter Ludwig Napoleon mehrere Jahre im Exil auf Jersey und Guernsey. Sein Meisterwerk *Les Misérables* (*Die Elenden*, 1862) stammt aus dieser Zeit. Es ist ein Epos über die soziale Ungerechtigkeit und das Elend der Unterschicht. Die Charaktere stellen Probleme wie den sozialen Abstieg, die Unterwerfung der Frau und Kinderarmut dar. Hugo wollte mit seinem Werk zu sozialem Bewusstsein und Veränderungen aufrufen. Nach der Pariser Kommune von 1870–1871 kehrte er nach Paris zurück und wurde in den Senat gewählt. Entgegen seines ausdrücklichen Wunsches erhielt er 1885 ein pompöses Staatsbegräbnis. Ein Philanthrop bis zum Ende, hinterließ Hugo den Armen 50 000 Franc.

Flaubert

Während Stendhal und Hugo die Übergangsphase repräsentierten, gilt Gustave Flaubert (1821–1880) als Vater des

GUSTAVE FLAUBERT
Der Romancier gilt als Kopf des Realismus in der französischen Literatur. Flaubert verlieh seinen Themen einen psychologischen Realismus. Sein Meisterwerk *Madame Bovary* – eine realistische Darstellung des bürgerlichen Lebens – führte zu seiner Verhaftung (und einem knappen Freispruch) wegen Unsittlichkeit.

Realismus, obwohl er selbst diesen Titel nicht ausstehen konnte. 1821 in Rouen geboren, bildete er sich autodidaktisch und arbeitete als Anwalt, bis nervöse Zusammenbrüche (möglicherweise Epilepsie) ihn zur Rückkehr nach Hause zwangen. Dort widmete er sich von nun an dem Schreiben.

Flaubert ist vor allem für *Madame Bovary* (1857) bekannt, ein Werk, für das er aufgrund seiner Obsession, einen vollkommen reinen Schreibstil zu entwickeln, fünf Jahre brauchte. Durch seine Aufmerksamkeit für Details, seine Fähigkeit, die Banalität des Alltags einzufangen, seine unsentimentale und sachliche Herangehensweise, seine Vermeidung von Metaphern und sein Ziel, den Leser in keiner Weise zu beeinflussen, wird er als Verfechter des Realismus angesehen. Selbst Flaubert gelang Letzteres aber nicht völlig, denn jeder Autor präsentiert dem Leser nun einmal die Wirklichkeit so, wie er oder sie diese sieht. Aus diesem Grund erklärte er auch: „Madame Bovary, c'est moi" („Madame Bovary, das bin ich").

Das Buch wurde als Serie in der *Revue de Paris* veröffentlicht und spiegelte den damaligen Trend zum Fortsetzungsroman wider, wobei jeder Teil idealerweise an einer spannenden Stelle aufhörte. Durch die Einführung der Schulpflicht in Frankreich

LINKS: MADAME BOVARY

UNTEN: DAS STERBEBETT DER MADAME BOVARY, vor 1889, Öl auf Leinwand. Emma Bovary verkörpert den psychologischen Zustand des französischen Bürgertums im 19. Jh. Unglücklich verheiratet, hegt sie romantische Fantasien, die sie durch zwei ehebrecherische Affären erfüllt. Als Emma merkt, dass ihre Traumwelt zu zerbrechen droht, zieht sie den Tod einer Welt vor, die nicht ihrer Fantasie entspricht.

in den 1830er-Jahren war die Alphabetisierungsquote bis Mitte des Jahrhunderts sprunghaft angestiegen, und besonders die Mittelschicht entwickelte einen geradezu unersättlichen Hunger nach Belletristik. Fortschritte in der Drucktechnik und die damit verbundene Verfügbarkeit preiswerter Bücher und Zeitschriften konnten die Nachfrage befriedigen.

Madame Bovary ist die Geschichte einer egozentrischen, bürgerlichen Frau, die – gelangweilt von ihrer Ehe mit einem Landarzt – Schulden macht und schließlich Selbstmord begeht. Das Buch sorgte für einen Skandal, und sowohl Flaubert als auch sein Verleger wurden wegen Unsittlichkeit vor Gericht gezerrt. Das Verfahren wurde jedoch eingestellt; das Buch verkaufte sich gut und untermauerte Flauberts Ruf.

Zu Flauberts weiteren Arbeiten gehören der Historienroman *Salammbo* (1862) über den Krieg zwischen Rom und Karthago, *L'Education sentimentale* (*Die Erziehung des Herzens*, 1869), welches die Liebesgeschichte zwischen einem jungen Mann und einer älteren Frau während der Revolution von 1848 und der zweiten Republik erzählt – ein hochangesehener Roman, der stilistisch ebenso ausgefeilt ist wie *Madame Bovary* –, sowie *La Tentation de Saint Antoine* (*Die Versuchung des hl. Antonius*, in den 1840er-Jahren geschrieben, 1874 veröffentlicht), das von Breughels gleichnamigen Bild inspiriert war.

Im Privatleben war Flaubert ein Einzelgänger. Er heiratete nie, und obwohl er eine Geliebte hatte (die Dichterin Louise Colet), fand ihre Beziehung überwiegend in Briefen statt. Später korrespondierte er auch mit George Sand. Flaubert starb 1880 an einem Schlaganfall. Sein literarischer Nachlass ist gewaltig, und er hatte großen Einfluss auf jüngere Autoren wie Guy de Maupassant.

Balzac

Während Hugo seine späteren Werke als Vehikel für seine sozialen und politischen Kommentare nutzte, gingen andere realistische Autoren noch einen Schritt weiter und entwickelten Interesse an der Wissenschaft hinter den Ereignissen, die sie beschrieben. Mitte des 19. Jh. machte die Wissenschaft viele Schlagzeilen. Die grundlegendste Herausforderung war die Evolutionstheorie des britischen Naturkundlers Charles Darwin (1809–1882), dessen Werk *Die Entstehung der Arten* 1859 veröffentlicht wurde. Der Naturalismus in der Literatur war eine Veredelung des Realismus. Er behielt die Liebe zum Detail und die neutrale Präsentation der Charaktere bei, versuchte aber, soziale und angeborene Gründe für ihr Verhalten wissenschaftlich zu erklären. Auch bei naturalistischen Autoren lässt sich eine Haltungsänderung in der Frage des freien Willens erkennen. Immer häufiger betrachteten sie die Schicksale der Einzelnen als Ergebnis ihrer physischen und sozialen Umgebung anstatt eigener Entscheidungen und moralischer Eigenschaften.

Obwohl Émile Zola als Frankreichs führender Vertreter des Naturalismus gilt, halten einige Kritiker Honoré de Balzac (1799–1850) für einen der ersten und größten französischen Schriftsteller dieser Philosophie. Zweifellos war er ein Verfechter des Realismus, der seine Werke in einer stark wissenschaftlich beeinflussten Weise umsetzte. Er hinterließ einen riesigen Romanzyklus (fast 100 Romane und Essays) mit dem Titel *La Comédie humaine (Die menschliche Komödie)* – in Anlehnung an Dantes *Göttliche Komödie* –, in dem er die turbulente, postnapoleonische Gesellschaft (1815–1848) darstellt.

Balzacs Arbeit gleicht mit den ausführlichen Beschreibungen, detailgetreuen Darstellungen banaler Dinge und nüchternen Charakteranalysen beinahe der eines Historikers. Viele Figuren tauchen in mehreren Romanen auf und stellen so eine Verbindung zwischen seinen Werken her. Zudem findet auch eine Bewegung zwischen den Gesellschaftsschichten – von der ärmsten Pension zum elegantesten Salon – statt, sodass wir ein umfassenderes Bild von der Gesellschaft bekommen, über die Balzac schreibt. Wie bei wissenschaftlichen Arbeiten teilte er seine *Menschliche Komödie* in „Studien" von Verhalten, Philosophie und Analyse ein und sortierte seine Werke innerhalb dieser Kategorien nach der Art von Leben, die sie darstellten, etwa „Paris", „dörflich", „ländlich", „privat" oder „Militär".

HONORÉ DE BALZAC
Der französische Autor ist vor allem für seinen Romanzyklus *Die menschliche Komödie,* bekannt, die aus fast 100 Kurzgeschichten, Novellen und Romanen besteht. Das Werk, das einen ausführlichen Überblick über das Leben der französischen Gesellschaft nach dem Sturz Napoleons 1815 liefert, durchlief mehrere Phasen der Überarbeitung, bevor es vollendet war. Dank seiner Liebe zum Detail gilt Balzac als einer der Gründer des Realismus in der europäischen Literatur.

Die Werke wurden 1842 ursprünglich als Sammlung publiziert, aber Balzacs Plan, sie zu erweitern, blieb durch seinen Tod im Jahr 1850 unvollendet. In der Einleitung erklärt er, er habe zoologische Methoden zur Analyse der menschlichen Rasse angewandt und schreibt diese Vorgehensweise dem Einfluss von Biologen wie dem Comte de Buffon (1707–1788) und Geoffroy Saint-Hilaire (1772–1844) zu.

Viele Werke Balzacs erschienen als Fortsetzungsroman in Zeitschriften. „Diese Bücher sind für jedermann geschrieben", sagte er und entsprach damit dem wachsenden Trend,nach dem der Roman demokratischen Zwecken dienen sollte. In seinen Büchern beschäftigt er sich mit der Klasse und mit gesellschaftlichem Erfolg, Geld und Macht, mit der Korruption der Mittel- und Oberschicht, der Rolle der Frau in der Gesellschaft, Familienbeziehungen sowie dem Kampf des Einzelnen gegen die Gesellschaft. Seine ausführlich beschriebenen Kulissen sind unerlässlich, will man seine Charaktere verstehen. Paris wird

LINKS: ÉMILE ZOLA, 1868, Öl auf Leinwand.
Der französische Romancier und Journalist war ein wichtiger Vertreter des Naturalismus.

RECHTS: ZOLA VERLIERT DEN VERLEUMDUNGS-PROZESS
1898 zog sich Zola die Missgunst der Regierung zu, als er den Artikel *J'accuse* zur Verteidigung Alfred Dreyfus' veröffentlicht. Zola verlor den Prozess und wurde zu einer Gefängnisstrafe verurteilt.

oft als einer der wichtigsten Charaktere in *Die menschliche Komödie* genannt – der Autor selbst sagt, die Stadt habe „menschliche Eigenschaften". Die bemerkenswertesten seiner vollendeten Werke sind *Der letzte Chouan* (1829), *Eugénie Grandet* (1833), *Vater Goriot* (1834–1835), *Verlorene Illusionen* (1843), *Vetter Pons* (1847) und *Kusine Lisbeth* (1848).

Balzacs Privatleben war fast so aufregend wie das seiner Figuren. Als Jugendlicher wollte er Selbstmord begehen, bevor er als Rechtsanwaltsgehilfe in die Lehre ging. Als Schriftsteller hatte er ständig Geldsorgen und arbeitete oft die Nacht durch, wach gehalten von Kaffee. Seine fast besessene Vorgehensweise zwang ihn zu ständigen Überarbeitungen, was bei der Masse seiner Werke unglaublich zeitaufwendig war. Im März 1850 heiratete er seine langjährige Geliebte, die polnische Adlige Ewelina Hanska, starb aber im darauffolgenden August.

Zola

Im Laufe des 19. Jh. begann Frankreichs führender Vertreter des Naturalismus, Émile Zola (1840–1902), die Literaturszene zu beherrschen. Seine Romane über Armut, Alkoholismus, Arbeiter, Vererbung, Sex und Prostitution sprachen die Leser an, und seine Werke verkauften sich zu Tausenden. Auch die Ausbreitung der Wissenschaft – vor allem durch die Arbeit Darwins – steigerte das Interesse des Publikums an Zolas naturalistischen Projekten. Der Bekanntheitsgrad des Autors wurde durch seine Verwicklung in den größten politischen Skandal der 1890er-Jahre, die Dreyfus-Affäre, untermauert.

Émile Zola, Sohn eines italienischen Ingenieurs, wurde 1840 in Paris geboren. Er arbeitete bei einem Verleger, bevor er sich für den Journalismus und das Schreiben von Belletristik entschied. Wie Balzac bettete er viele seiner Werke in eine Serie ein (*Les Rougon-Macquart*), bei der die gleichen Personen in mehreren Romanen auftauchten – eine „soziale und natürliche Geschichte" (Zola) über fünf Generationen einer Familie im zweiten Kaiserreich. Von den 20 Romanen der Serie brachte ihm der erste, *Thérèse Raquin* (1867; auch als Theaterstück adaptiert und 1873 uraufgeführt), sofort Beifall ein. Im Vorwort sagt er, er wolle „Temperamente, nicht Charaktere studieren".

Andere wichtige Werke waren *Le ventre de Paris* (*Der Bauch von Paris*, 1873), *L'Assommoir* (*Der Totschläger*, 1877) über Armut und Alkoholismus – hochgelobt wegen seiner eleganten Verwendung der Gossensprache –, *Nana* (1880), die Fortsetzung von *Der Totschläger*, *La bête humaine* (*Das Tier im Menschen*, 1890), ein Psychothriller, und *La Débâcle* (*Der Zusammenbruch*, 1892) über den Deutsch-Französischen Krieg. Als sein Meisterwerk gilt jedoch *Germinal* (1885), in dem er einen Streik der Bergleute in Nordfrankreich dokumentiert, und zwar aufgrund der spannenden Handlung, seines Einsatzes für die Sache der Arbeiter (die unmenschlichen Bedingungen, unter denen die Bergleute arbeiten sollten) während der Industriellen Revolution sowie durch Zolas unauffällige wissenschaftliche Analyse.

1898 schrieb Emile Zola sein politisch bedeutendstes Werk, *J'accuse (Ich klage an)*, einen offenen Brief an den damaligen Präsidenten Félix Faure. In dem auf der Titelseite der Pariser Tageszeitung *L'Aurore* veröffentlichten Brief beschuldigte er die französische Armee und Regierung des Antisemitismus und des Amtmissbrauchs aufgrund der Verurteilung des jüdischen Hauptmannes Alfred Dreyfus wegen Hochverrats. Mit diesem höchst kontroversen Brief bewies Zola, dass er hinter seinem Glauben an die soziale Verantwortung des Schriftstellers stand, ging aber ein großes persönliches Risiko ein. 1899 wurde er wegen Verleumdung zu einer Gefängnisstrafe verurteilt, floh aber nach England. Nach dem Sturz der Regierung Faure wurde Dreyfus begnadigt und Zola die Rückkehr nach Frankreich ermöglicht, wo er 1902 starb. Dreyfus wurde vom obersten Gerichtshof in Frankreich 1906 vollständig freigesprochen.

Maupasssant

Auch Guy de Maupassant (1850–1893) gehörte zu den von Zola beeinflussten Autoren. Er war ein Freund und Protégé Flauberts, dessen Künstlerkreis er nach seiner Rückkehr aus dem Deutsch-Französischen Krieg beitrat. Wie Flaubert legte Maupassant großen Wert auf die Reinheit des Stils – sparsame Handlungen, die Wichtigkeit einer einfachen Sprache und einen gut durchdachten Stil. Eine solch vorsichtige Vorgehensweise eignet sich gut für Kurzgeschichten, und Maupassant ist wohl der beste französische Vertreter dieses Genres.

Mit der Kurzgeschichte *Boule de Suif (Fettklößchen)* machte er sich erstmals einen Namen. Sie war in einer Sammlung von Geschichten über den Krieg enthalten. Das 1880 veröffentlichte Buch war eine Idee Zolas, dessen Geschichte *L'Attaque du Moulin (Der Sturm auf die Mühle)* ebenfalls darin vorkommt. Es war jedoch Maupassants Beitrag, der Erfolg hatte: Die Einfachheit der Handlung, die scheinbare Einfachheit des Schreibstils und das unerwartet undramatische Ende kamen gut an.

GUY DE MAUPASSANT
Maupassant war ein naturalistischer Autor, der insbesondere für sein Talent zur Kurzgeschichte auffällt. Die Themen seiner Geschichten und Romane basieren meist auf dem bürgerlichen Leben, dem Deutsch-Französischen Krieg und dem schnellen, trendigen Leben in Paris. Seine Figuren werden von Lust, Gier und Ehrgeiz angetrieben, und große Gefühle haben in seinen Werken keinen Platz.

LES DIMANCHES D'UN BOURGEOIS DE PARIS, 1880, von Guy de Maupassant.
In den 1880er-Jahren schuf Maupassant etwa 300 Kurzgeschichten, sechs Romane, drei Reiseführer und einen Gedichtband. Seine Geschichten werden objektiv erzählt und beziehen ihre Themen aus dem Alltag, wo sie die versteckten Seiten der Menschen enthüllen. Maupassants bekannteste Bücher waren *Une Vie* und *Bel-Ami*.

Im folgenden Jahrzehnt war Maupassant sehr produktiv – er brauchte Geld, um seinen playboyhaften Lebensstil zu finanzieren. Er arbeitete als Journalist, schrieb etwa 300 Kurzgeschichten (z. B. *Der Schmuck*, 1885) und sechs Romane, darunter *Une Vie* (1883), *Bel-Ami* (1885), *Mont-Oriol* (1887) sowie *Pierre et Jean* (1888).

Gegen Ende seines Lebens machte sich seine Syphilis bemerkbar, und er litt zunehmend unter Geisteskrankheit und Paranoia. 1891 unternahm er einen Selbstmordversuch und wurde in eine psychiatrische Anstalt eingewiesen, wo er 1893 starb.

Einige Schriftsteller begann die wissenschaftliche, äußerst selbstbezogene Art des Realismus und Naturalismus in der Literatur zu ermüden, und so wandten sie sich einem ästhetischeren, eher sinnesbezogenen Ziel zu. Der Romancier Georges Marie Charles (Joris-Karl) Huysmans (1848–1907), in seinen frühen Werken von Zola beeinflusst, verfasste Werke wie das inoffizielle Manifest des Ästhetizismus, *A Rebours* (*Gegen den Strich*, 1884). Dichter wie Charles Baudelaire (1821–1867), Arthur Rimbaud (1854–1891), Paul Verlaine (1844–1896) und Stephane Mallarmé (1842–1898) schrieben symbolistische Werke, die auf die Romantik zurückgriffen und durch Metaphern, Beschwörungen, berauschende Bilder und eine freie Versform charakterisiert wurden. Baudelaire löste mit seinem nostalgischen, symbolistischen Gedichtband *Les Fleurs du Mal* (*Die Blumen des Bösen*, 1857), der durch Themen wie Sex und Tod schockierte, einen Skandal aus. Diese Dichter sahen ihre poetische Berufung als bedrückend an – 1884 prägte Verlaine den Ausdruck *„poète maudit"* („verfluchter Dichter") für Leute wie Rimbaud und Mallarmé, die unter ihrem Talent litten.

GROSSBRITANNIEN

In Großbritannien war die viktorianische Epoche (1837–1901) eine Zeit großer Veränderungen. Das Bevölkerungswachstum, die zunehmende Verstädterung, die Schaffung von Reichtum, die bessere Ausbildung der Mittelschicht, die aufkeimende Industrie sowie große Fortschritte in Wissenschaft und Technik führten dazu, dass alte Systeme und Glauben infrage gestellt wurden. In der Literatur war dies eine gute Zeit für den Roman, denn die Nachfrage nach Belletristik – zur Unterhaltung, zum Lernen und manchmal auch zur moralischen Anweisung – stieg durch die wachsende Alphabetisierung ständig.

Ein einsames Pfarrhaus in Haworth, West Yorkshire, war die ungewöhnliche Quelle einiger der besten Romane jener Zeit. Charlotte (1816–1855), Emily (1818–1848) und Anne (1820–1849), die Schwestern Brontë, Töchter eines Geistlichen, deren Mutter früh gestorben war, fachten ihre Fantasie und ihre Liebe zur Literatur an, indem sie sich durch die Bibliothek ihres Vaters lasen. Schon früh begannen sie, unter den Pseudonymen Currer, Ellis und Acton Bell zu schreiben.

Von den dreien hatte Charlotte mit *Jane Eyre* (1847), der teils autobiografischen Geschichte einer einfachen jungen Gouvernante, die sich in ihren Arbeitgeber verliebt, sich mit ihm

HEATHCLIFF KEHRT ZURÜCK, 1993, Jonathan Barry, Öl auf Leinwand, Bridgeman Art Library

LINKS: DIE SCHWESTERN BRONTË, *ca.* 1834, gemalt von ihrem Bruder Branwell, Öl auf Leinwand, National Portrait Gallery, London. Von links nach rechts: Anne, Emily und Charlotte; man sieht auch noch den Schatten Branwells, der sich selbst wieder herausgewischt hat. Die Schwestern wuchsen in einer düsteren Umgebung auf, daher befassten sie sich mit Themen wie Gewalt, Leiden, Aushalten oder der Rebellion gegen das Schicksal.

verlobt und erst an ihrem Hochzeitstag erfährt, dass er bereits verheiratet ist, den meisten Erfolg bei den Lesern. Obwohl es letztendlich zu einer Aussöhnung kommt, warten vorher viele Sorgen und moralische Pein. Andere Themen des Romans sind die soziale Stellung, Wahnsinn und der Platz der Frau in der Gesellschaft. Zu Charlottes weitere Werken gehörten *Shirley* (1849) und *Villette* (1853). Als einzige der Schwestern heiratete sie (Arthur Bell Nicholls, den Vikar ihres Vater), starb aber während ihrer Schwangerschaft.

Emily schrieb nur einen einzigen Roman, *Wuthering Heights* (*Sturmhöhe*, 1847). Die im trostlosen Hochmoor von Yorkshire spielende Geschichte befasst sich mit der stürmischen, zerstörerischen Beziehung zwischen Catherine Earnshaw und dem Waisen Heathcliff – ein Paar, das als zwei Teile einer Seele, gut und böse – beschrieben wird. Leidenschaftlich, tragisch und von übernatürlichen und Schauermotiven durchzogen, manchmal melodramatisch, aber mit erstaunlich erwachsener Struktur war der Roman anfangs weniger beliebt als *Jane Eyre*. Heute gilt er allgemein als bester Roman der Schwestern.

Anne ist die am wenigsten bekannte Schwester, aber auch sie verfasste Werke wie *Agnes Grey* (1847) und *The Tenant of Wildfell Hall* (*Wildfell Hall*, 1848). Ihre Romane waren realistischer und weniger romantisch als die ihrer Schwestern.

Eine weitere wichtige englische Romanautorin der viktorianischen Zeit, die auf Anhieb relativ erfolgreich war, war George Eliot, das Pseudonym der Mary Ann Evans (1819–1880). Zu ihren Werken gehörten *Adam Bede* (1859), *The Mill on the Floss*

BECKY SHARP UND SIR PITT CRAWLEY, aus *Vanity Fair (Jahrmarkt der Eitelkeiten)* von William Makepeace Thackeray. In diesen Bild weist Becky Sharp den Heiratsantrag Sir Pitt Crawleys zurück, da sie gerade seinen Sohn geheiratet hat!

(*Die Mühle am Floss*, 1860), *Silas Marner* (1861), *Middlemarch* (1874) und *Daniel Deronda* (1876). Ihre Romane, in denen sie sich mit den Themen ihrer Zeit befasste – der Rolle der Frau, Heirat (Eliot selbst lebte trotz ihrer religiösen Erziehung offen mit dem verheirateten Kritiker G. H. Lewis zusammen), Klasse, Religion, Moral, politische Reformen und Erziehung – werden für ihren Realismus bewundert. Eliot ist für ihre authentische Darstellung des Kleinstadtlebens berühmt, konnte aber auch überzeugende Dialoge schreiben und wurde oft für ihre eindringliche Charakterisierung gelobt.

William Makepeace Thackeray (1811–1863) wurde in Kalkutta geboren, wo sein Vater für die East India Company arbeitete. 1817 kehrte er nach England zurück. Nachdem er jahrelang Artikel für Wochenzeitungen geschrieben hatte, veröffentlichte er 1847–1848 seinen ersten Roman *Vanity Fair (Jahrmarkt der Eitelkeiten)*. Das Buch ist eine beißende Satire auf die zunehmend korrupte Oberschicht. Es begleitet die intelligente, attraktive und einfallsreiche Heldin Becky Sharpe auf ihrem Weg durch die Gesellschaft, obwohl alles gegen sie spricht. Zu Thackerays weiteren Werken gehören *Die Geschichte von Henry Esmond* (1852) und *Die Virginier* (1859).

GEORGE ELIOT, 1849, François D'Albert Durade, Öl auf Leinwand

Die englische literarische Persönlichkeit des 19. Jh. schlechthin war Charles Dickens (1812–1870). Durch sein Talent für beißende Satire und einfühlsame Beschreibungen von Menschen und Orten wurde er zu einem der einflussreichsten Kritiker der sozialen Zustände im viktorianischen England. Zusätzlich machten ihn seine witzigen Charakterisierungen und spannenden Handlungen bei den Lesern äußerst beliebt und zu einem sehr reichen Mann. Seinen Ruf verdiente er sich bereits mit seinem ersten Roman *The Pickwick Papers* (*Die Pickwickier*, 1836) und untermauerte ihn mit *Oliver Twist* (1838), der sentimentalen, melodramatischen Geschichte eines unschuldigen Kindes in der rauen Welt der Armenhäuser. Das nächste Buch, *Nicholas Nickleby* (1839), eine typisch Dickens'sche Geschichte voller Snobs, Dummköpfe und Bösewichte, die sich selbst um Kopf und Kragen bringen, war ebenso erfolgreich.

Nach einer Reise in die USA schrieb Dickens *Martin Chuzzlewit* (1844). Sein moralisches Märchen *A Christmas Carol* (*Eine Weihnachtsgeschichte*, 1843) führte Ebenezer Scrooge ein, der für alle Zeiten als Warnung vor dem Geiz gelten sollte. Nun folgten reifere, vielschichtigere Werke wie *Dombey und Sohn* (1848) und *David Copperfield* (1850), deren Hauptthema die Unschuld der Jugend war. Dombey, ein Symbol für die Industrialisierung und die Wirtschaft, steht in

LINKS: CHARLES DICKENS Dickens, ein äußerst produktiver Schriftsteller des 19. Jh., ist für seine bemerkenswerten Figuren sowie für die Art, wie er sie und die Gesellschaft seiner Zeit darstellt, berühmt. Er setzte sich in seinen Werken besonders für die Armen und Unterdrückten ein.

RECHTS: OLIVER TWIST BITTET „UM MEHR", von H. Devine, aus *World of Charles Dickens*, später als Spode-Teller hergestellt, Dickens House Museum, London

Kontrast zu den weichen, menschlichen Eigenschaften seiner Tochter Florence. Dickens' Lieblingswerk, das autobiografische *David Copperfield*, verfolgt das Leben des optimistischen, gewissenhaften und beharrlichen Helden von der Kindheit bis zum Erwachsensein.

In den 1850er-Jahren setzte sich der Erfolg mit *Bleak House* (1853), *Hard Times* (*Harte Zeiten*, 1854) und *Little Dorrit* (*Klein Dorrit*, 1857) fort. In diesen Romanen, die eine Gesellschaft im Morast aus Korruption zeigen, ist die Sozialkritik das zentrale Motiv. Gegen Ende seiner Karriere veröffentlichte Dickens *A Tale of two Cities* (*Eine Geschichte aus zwei Städten*, 1859), das in London und Paris zur Zeit der Französischen Revolution spielt, *Great Expectations* (*Große Erwartungen*, 1861), über das Erwachsenwerden, *Our mutual Friend* (*Unser gemeinsamer Freund*, 1865), eine Rückkehr zum Thema der Gefahren auf der Jagd nach Reichtum, sowie das unvollendete *The Mystery of Edwin Drood* (*Das Geheimnis des Edwin Drood*, 1870).

Während sich Dickens' Werke vor allem mit dem städtischen Leben im viktorianischen England befassen, wählte Thomas Hardy (1840–1928) das Land (insbesondere Dorset oder Wessex) als Schauplatz seiner Romane. Hardys wichtigste Romane – *Far from the Madding Crowd* (*Am grünen Rand der Welt*, 1874), *The Return of the Native* (*Die Heimkehr*, 1878), *The Mayor of Casterbridge* (*Der Bürgermeister von Casterbridge*, 1886), *Tess of the d'Urbervilles* (1891) und *Jude the Obscure* (*Juda, der Unberühmte*, 1895) spielen zu Beginn des viktorianischen Zeitalters und befassen sich mit der sozialen Mobilität, sexueller Ungleichheit (Hardys weibliche Figuren werden oft eindringlicher dargestellt als seine männlichen), viktorianischer Moral und Religion. Viele der Romane verbinden sorgfältige Beschreibungen des Alltags mit einem Gefühl von der Unausweichlichkeit des Schicksals und einer Gleichgültigkeit der höheren Mächte – mit wiederholten Hinweisen auf die Parzen der klassischen Literatur. Es ist eine originelle Adaption der naturalistischen

THOMAS HARDY, zu Hause in Max Gate, frühe 1920er-Jahre. Hardy schockierte die Leser mit *Tess of the d'Urbervilles* (1891) und *Juda, der Unberühmte* (1895), die sich mit sozialen Übeln wie Sünde, dem Klassensystem sowie mit den Launen der Religion und der Ehe befassten. Seine Charaktere wurden als „obszön" und „unmoralisch" bezeichnet. Im Vorwort zur *Juda*-Ausgabe von 1912 sagte Hardy über einen Bischof, der eine Ausgabe seines Buches verbrannt hatte: „Wohl aus Verzweiflung, mich nicht verbrennen zu können." Dies führte zu einer verstärkten Nachfrage seiner Romane, aber Hardy wandte sich der Dichtkunst zu.

Vision vom Menschen, der seiner Umgebung ausgeliefert ist. Das pessimistische Gefühl wird durch eine Nostalgie für die aussterbende alte Welt und die Angst verstärkt, die durch die raschen Veränderungen und Fortschritte des viktorianischen Zeitalters erzeugt wird.

Hardy veröffentlichte auch über 40 Kurzgeschichten und zehn Gedichtbände. Tatsächlich sah er sich selbst eher als Dichter, obwohl er heute für seine Romane bekannt ist.

Viktorianische Dichter

Als der romantische Dichter William Wordsworth 1850 starb, wurde Alfred Lord Tennyson (1809–1892) zum Dichterfürsten ernannt. Diesen Titel behielt er den Großteil des viktorianischen Zeitalters über. Der produktive Schriftsteller war bei seinen zeitgenössischen Lesern, zu denen auch Königin Viktoria gehörte, äußerst beliebt. 1884 machte sie den Poet Laureate zum Baron. Er war der erste englische Autor, dem diese Ehre zuteil wurde. T.S. Eliot beschrieb Tennyson als „großen Meister des Meters und der Melancholie", denn er war für seine außergewöhnliche Beherrschung von Reim, Versmaß und Rhythmus bekannt und schuf wunderbar musikalische Gedichte. Zu seinen wiederkehrenden Themen gehörten klassische Mythen, mittelalterliche Legenden sowie die Konflikte zwischen Religion und Wissenschaft und Natur und Häuslichkeit. Typischerweise konzentrierte sich Tennyson darauf, Empfindungen und Erfahrungen zu vermitteln, anstatt sie zu kommentieren oder zu kritisieren.

Zu seinen berühmtesten Werken gehören *The Lotos-Eaters* und *The Lady of Shalott* (aus *Poems*, 1833), *Tithomius*, *Ulysses*, *Morte d'Arthur* und *Locksley Hall* (aus *Poems*, 1842), das wunderbar elegische *In Memoriam A. H. H.* (1849), *Maud* (1855), *Enoch Arden* (1864) und *Harold* (ein Versdrama, 1876). Passend zu seiner Position als Dichter der Königin schrieb er auch patriotische Verse wie *The Charge of the Light Brigade* (1854), in denen er den britischen Soldaten des Krimkrieges Tribut zollt.

Einer weiterer Dichter dieser Zeit war Robert Browning (1812–1889), der als berühmtester englischer Vertreter des dramatischen Dialogs gilt. In London geboren, floh er 1846 nach Italien, nachdem er heimlich die Dichterin Elizabeth Barrett gegen den Wunsch ihres Vaters geheiratet hatte. 1853 veröffentlichte er sein Meisterwerk *Men and Women* (*Männer und Frauen*, 1853), das aus 51 poetischen Monologen verschiedener Erzähler besteht. Das Buch gilt heute als wichtigster Gedichtband der viktorianischen Epoche, erhielt damals aber wenig Aufmerksamkeit. 1861, nach seiner Rückkehr nach

ALFRED LORD TENNYSON

LINKS: THE LADY OF SHALOTT, 1858, von William Maw Egley, Sheffield Galleries and Museums Trust.
Dieses Bild stellt Tennysons gleichnamiges Gedicht dar. Es zeigt die Lady, die sich von ihrer Arbeit und ihrem Spiegel abgewandt hat, um Lancelot selbst anzusehen und so ihren Tod zu verursachen.

RECHTS: ROBERT BROWNING, Woodbury

England, veröffentlichte Browning *Dramatis Personae* (1864), gefolgt von dem vierbändigen Blankversgedicht *The Ring and the Book* (1868–1869). Beliebte Themen Brownings waren die Natur und der Sinn der Kunst, die Verantwortung des Dichters, seine Themen moralisch zu bewerten, die Groteske, das Mittelalter und die Renaissance.

Das Mittelalter und die Renaissance übten auf viele englische Schriftsteller und Künstler in der zweiten Hälfte des 19. Jh. eine besondere Faszination aus. Zu Förderung dieses Enthusiasmus gründete der Dichter, Maler und Übersetzer Dante Gabriel Rossetti (1828–1882) – Bruder der Dichterin Christina Rossetti (1830–1894) – mit den Malern John Everett Millais (1829–1896) und Wiliam Holman Hunt (1827–1910) die Bruderschaft der Präraffaeliten. Die Bewegung, die von 1848 bis in die 1920er-Jahren andauerte und zu der auch William Morris und der Kunstkritiker John Ruskin gehörten, sollte Kunst und Literatur neu beleben, indem sie auf die Zeit vor Raffael zurückgriff, als weniger die wissenschaftliche Beobachtung sondern eine bodenständige Herangehensweise zu einer echteren, ehrlicheren Kreativität führte.

Algernon Charles Swinburne (1837–1909) war ein enger Freund Rossettis und der Gruppe der Präraffaeliten. Er wird oft als dekadenter Dichter angesehen, zu dessen kontroversen Themen Unglaube, Sadomasochismus, Todessehnsucht und lesbische Fantasien gehören. Auch das Mittelalter war bei ihm beliebt. Sein Privatleben war von Alkoholismus und mentalen Zusammenbrüchen gekennzeichnet. Zu seinen Gedichtbänden gehören *Atalanta in Calydon* (1865), *Poems and Ballads I, II* und *III* (1866, 1878, and 1889) und *A Century of Roundels* (1883), das Christina Rossetti gewidmet war und in dem Swinburne eine neue Versform, das Rondell, ähnlich dem französischen Rondeau, vorstellte.

OSCAR WILDE
Wilde hielt sich an keine Konventionen. Er lebte und kleidete sich in der strengen viktorianischen Zeit flamboyant. Mit dem homoerotischen *Dorian Gray* sorgte er für moralische Entrüstung. Während viele ihn kritisierten, machte sich Wilde mit Stil und Witz einen Namen, wie der Erfolg seiner Stücke beweist.

UNTEN RECHTS: ***SALOME*****,** ca. 1894, von Oscar Wilde, Tinte auf Papier. Wildes Darstellung der Salome wurde durch Richard Strauß' Oper berühmt.

Drama

Was das Drama angeht, so war Oscar Wilde (1854–1900) der vorherrschende Stückeschreiber dieser Zeit. Der im irischen Dublin geborene Wilde ist für seine geistreichen, satirischen Stücke sowie für den Roman *The Picture of Dorian Gray* (*Das Bildnis des Dorian Gray*, 1891) bekannt. Letzterer bezieht sich auf die dekadente Ästhetik Huysmans, Aubrey Beardsleys und anderer sowie auf die Tradition des Schauerromans. Erzählt wird die Geschichte eines Mannes, der seine Seele verkauft, um ewige Jugend zu erlangen.

In der Folgezeit schrieb Wilde seine erfolgreichsten Stücke: *Lady Windermere's Fan* (*Lady Windermeres Fächer*, 1892), *A Woman of No Importance* (*Eine Frau ohne Bedeutung*, 1893), *An Ideal Husband* (*Ein idealer Gatte*, 1895) und *The Importance of Being Earnest* (*Ernst sein ist alles*, 1895). Mit seiner Karriere und dem berühmten dekadenten Lebensstil war es jedoch erst einmal vorbei, als seine Affäre mit Lord Arthur Douglas zu einem Prozess wegen grober Unzucht und einer Verurteilung zur Zwangsarbeit (1895–1897) führte. Der Prozess war in der viktorianischen Gesellschaft ein Skandal – und sollte viele zukünftige Generationen faszinieren. Nach seiner Freilassung floh Wilde nach Frankreich, wo er das Gedicht *The Ballad of Reading Gaol* (1898) schrieb.

Der zweite berühmte Dramatiker des späten 19. und frühen 20. Jh. war George Bernard Shaw (1856–1950), der viel mit Wilde gemeinsam hatte. Beide waren in Irland geboren, ließen sich aber in England nieder und schrieben Stücke, die für ihre geistreichen Dialoge bekannt sind. Shaw befasste sich in seinen Stücken im Gegensatz zu Wilde aber auch mit sozialen Problemen der Zeit. Er protestierte gegen soziale Übel und

erboste sich vor allem über die Ausbeutung der Arbeiterklasse. Shaw verlieh seinen Stücken eine spezielle Art von Komik, um ihre kritischen Botschaften leicht und effektiv zu vermitteln.

Seine frühen Stücke nannte er *Plays Pleasant and Unpleasant* (1898). Von diesen sind *Widowers' Houses (Die Häuser des Herrn Sartorius)* und *Mrs. Warren's Profession (Frau Warrens Gewerbe)* böse Attacken auf soziale Heuchelei, während *Arms and the Man (Helden)* und *The Man of Destiny (Der Mann des Schicksals)* als friedlicher gelten. In späteren Stücken wie *Back to Methuselah* (*Zurück zu Methusalem*, 1921) hüllt die Debatte manchmal volkommen die Handlung ein. Er schrieb jedoch auch sein Meisterwerk Saint Joan (*Die Heilige Johanna*, 1923) in dieser Phase.

ANNA KARENINA
Anna Karenina, die tragische Geschichte einer eleganten verheirateten Frau gilt als größere Errungenschaft in Bezug auf die Tragödie und den Roman, als es *Krieg und Frieden* ein Jahr zuvor gewesen war.

RUSSLAND

In Russland fielen in der zweiten Hälfte des 19. Jh. vor allem zwei Prosa-Autoren auf: Leo Tolstoi (1828–1910) und Fjodor Dostojewski (1821–1881). Tolstois *Krieg und Frieden* sowie *Anna Karenina* werden oftmals als ultimativer Ausdruck des Realismus hingestellt, da sie das Leben im Russland des 19. Jh. vom groben Überblick bis ins kleinste Detail wiedergeben. Dostojewski schuf dagegen Figuren, die bestimmte Ideen symbolisierten; aus diesem Grund wird er manchmal als ein Vorbote des literarischen Symbolismus angesehen. Dostojewskis Romane sind vom Zeitrahmen her begrenzter als Tolstois, deshalb werden seine Figuren weniger von der Unermesslichkeit der Zeit und der Geschichte in den Schatten gestellt. Auch dies stellt eine Abweichung von der realistischen Vision dar und ermöglicht es ihm, seine Charaktere mit geistigen Werten auszustatten und sogar dem Existenzialismus vorwegzugreifen.

Tolstoi und Dostojewski werden oft auch als Repräsentanten der alten und neuen Form der Charakterisierung angesehen. Der Literaturtheoretiker Michail Bachtin (1895–1975) sah bei Dostojewski eine neue, „polyphone" Weise, an Belletristik heranzugehen. Dort haben die Charaktere ihre eigenen, unabhängigen Stimmen. Der Autor versucht nicht, sie zu homogenisieren oder einen Standpunkt einem anderen vorzuziehen. Bachtin erklärte das so: „Dostojewski schafft keine stummen Sklaven ... sondern freie Menschen, die neben ihrem Schöpfer stehen können, ihm nicht zustimmen müssen und sogar gegen ihn rebellieren können". Tolstoi dagegen ging monophon vor, d. h., die Standpunkte des Autors und der Charaktere werden so geordnet, dass sie seine Vision ausdrücken.

Während Dostojewskis Romane aus Kritikersicht die Tolstois inzwischen überholt haben, hatte Letzterer seinerzeit mehr Erfolg. Anfangs machte er sich mit drei autobiografischen Romanen einen Namen: *Kindheit*, *Knabenalter* und *Jünglingsjahre* (1852–1856), in denen er die Geschichte des Sohnes eines reichen Großgrundbesitzers erzählt, der sich mit den Unterschieden zwischen sich selbst und seinen Bauern abfinden muss. Diese sozialen und politischen Fragen blieben ein zentrales Thema bei Tolstois Suche nach einem moralischen Sinn und einer rationalen

Rechtfertigung seines Lebens. In dieser Zeit diente er auch in der russischen Armee. Seine Erfahrungen aus dem Krimkrieg verarbeitete er in *Sewastapol* (1855).

Sein größtes Werk, *Krieg und Frieden*, gilt als einer der besten Romane aller Zeiten. Gustave Flaubert verglich Tolstoi nach dem ersten Lesen gar mit Shakespeare. Das gewaltige Epos umfasst 580 Charaktere und spielt in Napoleons Hauptquartier, am Hof Alexanders I. sowie auf den Schlachtfeldern von Austerlitz und Borodino. Der Roman verkörpert Tolstois Geschichtstheorie, nach der selbst Figuren wie Napoleon und Alexander unbedeutend sind, und er stützt einige der nicht sehr tiefgründigen Philosophien des Autors – etwa, dass der Mensch keinen freien Willen habe, es aber glauben solle. Tolstois Talent liegt darin, eine lebendige und glaubhafte Welt so heraufzubeschwören, dass die Leser bis zuletzt gefesselt sind.

Interessanterweise sieht Tolstoi *Krieg und Frieden* als Prosa-Epos und nicht als Roman an. Erst sein zweites großes Werk, *Anna Karenina*, betrachtete er als echten Roman. Es ist die Geschichte einer Adligen, die eine ehebrecherische Affäre beginnt und schließlich Opfer der strengen Gesellschaftsnormen und der Heuchelei wird. Gleichzeitig wird die Geschichte Konstantin Levins erzählt, eines Großgrundbesitzers, der Seite an Seite mit seinen Bauern auf dem Feld arbeitet und die soziale Rangordnung verändern will. Tolstois letzter Roman, *Auferstehung*, wurde 1899 veröffentlicht. Darin wird die Geschichte des Edelmanns Nechljudow erzählt, der Erlösung für eine Sünde sucht, die er Jahre zuvor begangen hat. Nach einer Affäre mit einer Bediensteten hatte diese ihre Arbeit verloren und war zur Prostituierten geworden. Mit dem Buch versuchte Tolstoi, die Ungerechtigkeiten des Justizsystems und die Heuchelei der Kirche aufzuzeigen. Es überrascht nicht, dass seine christlich-anarchistische Ansichten und seine wörtliche Auslegung der Lehren Christi (von seiner Befürwortung kommunistischer Ideen nicht zu reden) ihm Ärger mit der Kirche eintrugen. 1901 wurde er exkommuniziert, und als er 1910 starb, wurde er in einem einfachen Grab nahe seiner Ländereien beerdigt.

LEO TOLSTOI
Der russische Romancier wurde in späteren Jahren von Selbstzweifeln und Bedauern über vergangene Taten geplagt.

Dostojewskis Leben und Arbeiten verliefen ganz anders. Obwohl er bereits früh mit dem Kurzroman *Arme Leute* (1845) Erfolg hatte, wurden alle Aussichten auf eine Karriere im Keim erstickt, als er 1849 aufgrund seiner Mitgliedschaft im revolutionären Petraschewzen-Zirkel verhaftet wurde. Nach den Revolutionen in Europa im Jahr 1848 ging Zar Nikolaus I. gegen jede politische Organisation vor, von der eine mögliche Bedrohung des Status Quo in Russland ausging. Dostojewski wurde ursprünglich zum Tode verurteilt, das Urteil wurde aber auf vier Jahre Zwangsarbeit in Sibirien gemindert. Nach seiner Freilassung 1854 musste er außerdem fünf Jahre im Sibirischen Regiment dienen.

Als Resultat seiner Erfahrungen im Gefängnis und in der Armee wurden sein Glaube gestärkt und sein Vertrauen in „westliche" Ideen wie Sozialismus und Nihilismus untergraben. Dostojewskis Werke nach diesen Erfahrungen drehten sich um den Glauben, dass Utopien und positivistische Ideen nicht realisierbar seien. Stattdessen wurden seine Werke von ängstlichen Charakteren erfüllt, die sich um existenzialistische Themen – wie spirituelle Erneuerung durch Leiden, geistige Zusammenbrüche, Selbstmord und psychologische Konflikte, ausgelöst durch den Zusammenstoß der traditionellen russischen Kultur mit modernen westlichen Philosophien – drehten.

Zu Dostojewskis berühmtesten Werken gehören die *Aufzeichnungen aus dem Kellerloch* (1864), die oft als Vorläufer des philosophischen Existenzialismus angesehen werden, sowie *Schuld und Sühne* (heute: *Verbrechen und Strafe*), 1866 als Fortsetzungsroman veröffentlicht. Hierin führte er die Figur des Raskolnikow in die Literatur ein, eines rebellischen Intellektuellen, der einen Pfandleiher tötet, um seine eigenen finanziellen Probleme zu lösen und um die Welt von einem üblen Parasiten zu befreien. Einige Jahre später verfasste er *Der Idiot* (1869), die Geschichte des christusartigen Prinzen Myschkin, der mit dem skrupellosen Rogoshin um die Gunst

PORTRÄT FJODOR DOSTOJEWSKIS, 1872, von Vasily Perov, Öl auf Leinwand, Tretjakow-Gallerie, Moskau

der schönen Nastassja ringt. Das Ganze endet tragisch, als Myschkins „idiotische" gute Vorsätze sich als machtlos gegen die Regeln der Gesellschaft erweisen. Dostojewski größtes Werk ist aber sicherlich *Die Brüder Karamasow* (1880). Darin geht es um den Mord an einem Vater und die unterschiedlichen Grade an Schuld, welche die Brüder tragen. Zudem bezieht der Roman viele der spirituellen und moralischen Sorgen der Zeit mit ein. Dadurch ist er für Philosophen und Psychologen eine perfekte Fallstudie zu Themen wie Glaube und Zweifel, Rationalität und freier Wille.

Während sich Tolstoi und Dostojewski gegen westliche Kultureinflüsse in Russland aussprachen, war der Romancier und Dramatiker Iwan Turgenew (1818–1883) der Prototyp des fortschrittlichen „Verwestlichers". Obwohl er als großer Anhänger seiner beiden Zeitgenossen bekannt war, wurde er von Dostojewski in dessen Roman *Die Dämonen* (1872) verspottet und von Tolstoi gar zu einem Duell herausgefordert. Dank *Väter und Söhne* (1861) und seiner Kurzgeschichten gilt Turgenew heute dennoch als einer der größten russischen Schriftsteller.

IWAN TURGENEW

Im Gegensatz zu Dostojewski und Tolstoi, die über die Kirche und Religion schrieben, widmete sich Turgenew Russlands Fortschritt in Sachen Sozialreform. Seine Werke sind realistische Darstellungen des russischen Landvolks und bieten interessante Einblicke in die russische Intelligenz, die das Land in ein neues Zeitalter führte.

Turgenews Weltbürgertum lag nicht an einer Abneigung gegen sein Vaterland. Er hatte in Berlin studiert und bewunderte viele der europäischen Aufklärungsideale, aber er hegte auch eine Leidenschaft für Russland, obwohl er dort mit den Zensoren in Konflikt geraten war. Bei einer Gelegenheit war er wegen einer Kleinigkeit sogar eingesperrt und für zwei Jahre aufs Land verbannt worden. Auch seine langjährige Affäre mit der Opernsägerin Pauline Viardot hielt ihn öfter von Russland fern.

DIE TSCHECHOW-BRÜDER

Auf diesem Foto sieht man Anton Pawlowitsch Tschechow, 20 Jahre alt, mit seinem Bruder, dem Maler N. P. Tschechow.

Seinen ersten literarischen Erfolg erzielte er mit *Aufzeichnungen eines Jägers* (1852), einer Sammlung von Kurzgeschichten, basierend auf dem Leben auf den Ländereien seiner Mutter. Das Buch soll seinen Teil dazu beigetragen haben, die Öffentlichkeit 1861 von der Abschaffung der Leibeigenschaft zu überzeugen. Nach der Krönung Alexanders II. und der Lockerung der Zensur ließ Turgenew weitere bedeutende Werke, inklusive des Romans *Am Vorabend* (1859) und der Novelle *Erste Liebe* (1860), folgen. Turgenews Meisterwerk ist jedoch der Roman *Väter und Söhne* (1862), in dem es um die Figur des Basarow geht, dessen Geschichte beispiellos das Dilemma eines Möchtegernreformers in Russland aufzeigt. Die Kritiker waren sich damals nicht einig, ob Basarow eine Verherrlichung oder eine Parodie des „neuen Mannes" der 1860er-Jahre darstellte.

Ein bemerkenswerter Autor von Kurzgeschichten war Anton Tschechow (1860–1904). Tschechow hatte mit dem Schreiben von Kurzgeschichten begonnen, um sein Medizinstudium zu finanzieren und seine Familie zu unterstützen. Je selbstbewusster er wurde, desto besser gelang es ihm, scheinbar belanglose Ereignisse festzuhalten und sie mit einer Mischung aus Humor und Pathos in die beste realistische Belletristik, die jemals geschrieben wurde, zu verwandeln. Durch Erzählungen wie *Rothschilds Geige* oder *Die Dame mit dem*

TSCHECHOWS *DREI SCHWESTERN*,
aufgeführt vom Moskauer Kunsttheater, 1940.
Sein erstes Stück schrieb Tschechow speziell für das Moskauer Kunsttheater, nachdem er dort vorher bei der Zusammenarbeit zu *Die Möwe* und *Onkel Wanja* gute Erfahrungen gemacht hatte.

Hündchen prägte er eine neue Form der Kurzgeschichte und ließ modernistische Schriftsteller vorausahnen, indem er eine Art von Bewusstseinsstrom einführte und und konventionelle Handlungsabschlüsse scheute.

DEUTSCHLAND

Im deutschsprachigen Europa nennt man die Zeit zwischen den Napoleonischen Kriegen und der gescheiterten Märzrevolution von 1848 auch „Vormärz". In dieser Phase versuchte die Regierung, den Idealen der Aufklärung und der liberalen Einstellung der wachsenden Mittelschicht Einhalt zu gebieten, was 1819 mit Metternichs Karlsbader Beschlüssen zur Zensur der Presse seinen Anfang nahm. Einige Autoren, inklusive der Biedermeierschriftsteller, reagierten auf die Situation, indem sie sich in ihren Werken mit unpolitischen Themen befassten. Andere, vor allem die Anhänger der Bewegung „Junges Deutschland", nahmen eine engagiertere Haltung ein und schrieben über Themen wie Menschenrechte, politische Freiheit und soziale Gerechtigkeit.

Der Begriff „Biedermeier" leitet sich von einem Pseudonym ab, das Adolf Kussmaul (1822–1902) und Ludwig Eichrodt (1827–1892) in ihren Gedichten verwendeten, in denen sie die unpolitische Literatur der bürgerlichen Kultur des frühen 19. Jh. verspotteten. Der Name wurde schließlich auch für Architektur, Kunst und Literatur verwendet und stand für den Geschmack und die Befindlichkeiten der neuen städtischen Mittelschicht. Während die romantische Literatur eher mit dem Adel in Verbindung gebracht wurde, war Biedermeierliteratur generell von und für die aufkommende Mittelschicht geschrieben. In Bezug auf ihren Inhalt befasste sich die neue Literatur meist mit unpolitischen Themen – Historienromane und Erzählungen über das Landleben waren sehr beliebt.

Zu den bekanntesten Autoren der Biedermeierzeit gehörten die Dichter Annette von Droste-Hülshoff (1797–1848) und Eduard Mörike (1804–1875). Erstere hatte mit ihren Gedichten über ihre westfälische Heimat und religiöse Themen Erfolg. Bekannt ist auch ihre Novelle *Die Judenbuche* (1842), in der sie mit

ANNETTE VON DROSTE-HÜLSHOFF
Als Frau hatte es Annette von Droste-Hülshoff im 19. Jh. nicht leicht, als ernsthafte Schriftstellerin und Dichterin anerkannt zu werden. Ihrem ersten Buch (1838) wurde mit Respektlosigkeit oder Gleichgültigkeit begegnet, und sie verkaufte nur 74 Exemplare. Obwohl sich spätere Ausgaben besser verkauften, war sie zum Zeitpunkt ihres Todes praktisch noch unbekannt. Heute gilt sie als die wichtigste Dichterin ihrer Zeit.

EDUARD MÖRIKE
Obwohl er hauptsächlich Lyriker war, schrieb Mörike auch Prosawerke, die einen wichtigen Beitrag zur deutschen Erzählkunst leisteten. Seine Gedichte markieren den Wandel in der Lyrik von der klassischen und romantischen Tradition um 1800 zur modernen Lyrik von 1900. Sein Roman *Maler Nolten* (1832) stellt die Verbindung zum deutschen *Bildungsroman* dar.

ihrer Erklärung eines Mordes durch soziale Zusammenhänge sowie durch die Psyche des Mörders der späteren realistischen Literatur vorgreift. Zu Eduard Mörikes Werken gehören Lieder, Hirtengedichte, Sonette sowie einige Märchen, die in einer bewusst einfachen Sprache geschrieben und von seinem schwäbischen Humor durchzogen sind. Außerdem verfasste er *Maler Nolten* (1832) – einen Bildungsroman (ein neues Romangenre, bei dem es um die persönliche Entwicklung der Hauptperson geht), der sich als ziemlich erfolgreich erwies – sowie die geistreiche Novelle *Mozart auf der Reise nach Prag* (1856).

Die Bewegung „Junges Deutschland" war im Gegensatz dazu deutlich provokativer. Alle, die dazugehörten, verbanden progressive Ansichten und der Glaube an ein politisches und soziales Engagement. Ihre Befürworter – dazu gehörten u. a. Ludwig Börne (1786–1837), Georg Büchner (1813–1837), Karl Gutzkow (1811–1878) und Heinrich Heine (1797–1856) – reagierten in ihren Werken in unterschiedlichem Maß auf die Selbstprüfung und die Jenseitigkeit der Romantik. Heine etwa schrieb neben seiner romantischen Lyrik über Themen wie Tod und Liebe unzählige Zeitungsartikel, Literaturreporte und Satiren. Damit machte er sich bei den deutschen Behörden so unbeliebt, dass die Veröffentlichung seiner Werke verboten wurde und er gezwungen war, nach Paris zu fliehen, um einer Verhaftung zu entgehen. Georg Büchners Kurs war noch dramatischer. Nachdem er einen Geheimbund gegründet und ein revolutionäres Flugblatt verbreitet hatte, musste er aus Deutschland fliehen. In Strassburg als neuem Wohnort schrieb er seine weltberühmten Stücke *Dantons Tod* (1835), ein psychologisch-realistisches Werk zur Französischen Revolution, *Leonce und Lena* (1836), eine Satire über den Adel, sowie den unvollendeten *Woyzeck* (zur Veröffentlichung 1879 überarbeitet), eine Tragödie über das moralische Dilemma eines Arbeiters, der von sozial Höhergestellten ausgenutzt wird. Vor allem dieses letzte Werk sollte später bedeutenden Einfluss auf die naturalistischen und expressionistischen Schriftsteller haben.

Viele Errungenschaften und Bedenken der Vormärz-Schriftsteller wurden von Theodor Fontane (1819–1898), der einige Entwicklungen aus der französischen Belletristik auf die Darstellung und die Kritik am zeitgenössischen Deutschland anpasste, noch einen Schritt weitergetragen. Nachdem er als Apotheker gearbeitet hatte, ging er zur Armee. Ab 1849 widmete er sich ganz dem Schreiben. In den 1850er- und 1860er-Jahren veröffentlichte er Gedichte und Bücher über seine Reisen, und erst in den späten 1870er-Jahren wandte er sich dem Roman zu – wofür er letztlich berühmt werden sollte. In Werken wie *L'Adultera* (1882), *Cécile* (1887), *Frau Jenny Treibel* (1893) und – am bemerkenswertesten von allen – *Effi Briest* (1895) kombinierte Fontane feinsinnige Charakterisierungen mit gesellschaftlichen Beobachtungen.

Zu den wichtigen Romanciers der übrigen deutschsprachigen Welt gehören der Schweizer Schriftsteller Gottfried Keller (1819–1890), der für *Der grüne Heinrich* (1854–1855) bekannt ist – einen durch seine Jugend inspirierten Bildungsroman. Aus Zürich stammt auch der Romancier und Dichter Conrad Ferdinand Meyer (1825–1898), dessen Novellen, z. B. *Der Heilige* (1879), sich auf die Geschichte des Mittelalters und der Renaissance beziehen. Ein weiterer Meister der Novelle war Theodor Storm (1817–1888), der besonders durch *Immensee* (1852) und *Der Schimmelreiter* (1888), beide inspiriert von seiner Heimat Schleswig-Holstein, berühmt wurde. Storm schrieb auch Gedichte, die stark von den Werken Mörikes beeinflusst waren.

ITALIEN

Auch in Italien verlor die Romantik in der zweiten Hälfte des 19. Jh. Boden gegenüber anderen literarischen Strömungen. Nach 1850 etablierte sich mit Giosuè Carducci (1835–1907) einer der wichtigsten Vertreter eines neuen Klassizismus. Der oft als Nationaldichter des modernen Italien angesehene

GANZ LINKS: THEODOR FONTANE
Fontane, ursprünglich Journalist, wandte sich erst spät dem Schreiben zu. Sein *Vor dem Sturm* (1878) gilt als Meisterwerk unter den historischen Romanen. Werke wie *Effi Briest* (1895) wiesen Fontane als Meister des poetischen Realismus aus. Er war für seinen markanten, dialogorientierten Stil, seine aufschlussreichen Gesellschaftsporträts und seinen nicht wertenden Standpunkt gegenüber gesellschaftlichen Fehltritten bekannt.

LINKS: GIOSUÈ CARDUCCI
Der als inoffizieller Nationaldichter des modernen Italien angesehene Carducci war der erste Italiener, der den Nobelpeis für Literatur erhielt (1906). Seine späten Werke sind seine besten. Die Gedichtbände *Rime Nuove* und *Odi Barbare* enthalten seine größten Werke.

ANNA MAGNANI IN *LA LOUVE* von Giovanni Verga, produziert von Franco Zeffirelli, Juni 1965, Théatre des Nations, Paris

Carducci arbeitete nebenher noch als Kritiker, Historiker und Übersetzer. Zudem war er ein heftiger Gegner der Romantik und forderte eine Rückbesinnung auf Italiens klassisches Erbe – sowohl im Versmaß als auch im Geist –, um damit die Kirche und manchmal auch die Monarchie anzugreifen. Sein berühmtestes Gedicht ist *Inno a Satana* (1863), in dem er den revolutionären Eifer gegen die politische Autorität des Papstes entfschte. Mit seinen späteren Gedichtbänden *Rime Nuove* (1861–1867) und *Odi Barbare* (1873–1889) wurde sein Ruf besiegelt. Weitere wichtige Dichter in der Folge Carduccis waren Guido Mazzoni (1859–1943) und Giovanni Marradi (1852–1922).

Im Sog der Romantik erblühte auch in Italien der literarische Realismus, auch Verismus genannt. Als dessen Hauptvertreter gelten Giovanni Verga (1840–1922), der dem Verismus seinen Namen gab, und Luigi Capuana (1839–1915), der ein Manifest für die Bewegung verfasste. Obwohl der italienische vom französischen Realismus inspiriert wurde, unterschied er sich dahingehend, dass er eine zutiefst pessimistische Sicht auf die wissenschaftlichen oder sozialen Werte formulierte, die sich aus der Literatur des Realismus ableiten ließen. Capuana und Verga betonten die Unpersönlichkeit ihrer Werke und gaben sich alle Mühe, jede Spur einer Autorenmeinung oder moralischen Botschaft aus ihnen zu tilgen. Der Wert des Projekts lag in der Dokumentation sozialer Zustände – was die Unterschiede im Lebenstandard zwischen dem industriellen Norden und dem vernachlässigten Süden des frisch vereinigten Landes besonders hervorhob.

Luigi Capuana war Romancier, Dramatiker, Dichter und Kritiker. Im Jahr 1860 gab er sein Jurastudium auf und schloss sich Garibaldis Risorgimento-Bewegung als Sekretär des Revolutionskommitees seiner Heimatstadt Mineo auf Sizilien an. Ein Jahr später zahlten sich diese Erfahrungen in seinem ersten literarischen Erfolg aus – in dem Versdrama *Garibaldi*. 1864 zog er nach Florenz, wo er sich in Literaturkreisen bewegte, Essays schrieb, als Theaterkritiker arbeitete und seine Fähigkeiten als Romancier weiterentwickelte. Vier Jahre später nahm er nach seiner Rückkehr nach Sizilen eine Stellung als Schulinspektor an und verfasste weitere Theaterstücke, Romane und Gedichte (auf Sizilianisch). Seine bekanntesten Werke sind die Romane *Giacinta* (1886) und *Il Marchese di Roccaverdina* (*Der Marchese von Roccaverdina*, 1901).

Giovanni Vergas Karriere verlief ähnlich wie Capuanas. Er wurde ebenfalls in Sizilien geboren und gab sein Jurastudium auf, um Schriftsteller zu werden. Verga schloss sich Garibaldis Bewegung an und ließ sich in den späten 1860er-Jahren in Florenz nieder. 1872 zog er nach Mailand und konzentrierte sich darauf, seine markante Erzählweise, in der er die Schriftsprache mit dem Stil und der Mundart der Straße kombinierte, zu verfeinern und seine Charakterisierungsfähigkeiten zu entwickeln. Mit der Novellensammlung *Vita dei Campi* (1880), zu der viele Geschichten aus dem ländlichen Sizilen gehörten – besonders bemerkenswert ist *Cavalleria Rusticana (Sizilianische Dorfgeschichten)* – erlangte er Weltruhm. Die Geschichte wurde später als Libretto für die gleichnamige Oper Pietro Mascagnis adaptiert. Die erfolgreiche Premiere des Werks im Jahr 1890 brachte eine neue Tradition postromantischer Opern hervor, die ihre Inspiration aus dem Naturalismus Zolas und Ibsens, aber auch von Verga und seinen Nachahmern bezog, um die schmutzige und manchmal brutale Realität des Alltags darzustellen. Die berühmtesten Komponisten waren Ruggero Leoncavallo (1857–1919), Umberto Giordano (1867–1948) sowie Giacomo Puccini (1858–1924), dessen Opern *Tosca* und *La Boheme* am deutlichsten dem Verismus-Stil entsprechen.

Nach dem Erfolg seiner Novellen war Verga mit seinen beiden Romanen *I Malavoglia* (1881) und *Mastro-Don Gesualdo* (1889), die einmal mehr die zeitgenössischen sozialen Zustände darstellten, sogar noch erfolgreicher. 1894 zog Verga zurück nach Sizilien, schuf aber vor seinem Tod 1922 keine nennenswerten Arbeiten mehr.

OSTEUROPA

In Polen wendeten sich die Schriftsteller – als pragmatische Reaktion auf die politische Realität nach dem katastrophalen Januaraufstand von 1863 im russisch besetzten Teil des Landes – von der Romantik ab. Angesichts der russischen Übermacht an Soldaten und Ausrüstung waren der polnischen Revolte keine größeren Siege gelungen. Es folgten brutale Vergeltungsmaßnahmen mit öffentlichen Hinrichtungen seitens der Russen. Über 70.000 Menschen wurden nach Sibirien deportiert. Jede Beteiligung der Polen an ihrer Regierung wurde untersagt, Russisch wurde zur Landessprache. So gaben viele Polen die Idee vom bewaffneten Widerstand zugunsten einer „organischen Lösung" auf. Diese Bewegung wurde von positivistischen Intellektuellen ins Leben gerufen, um die Auswirkungen der „Russifizierung" (und der „Germanisierung" in den preußisch kontrollierten Landesteilen) durch wirtschaftliche und kulturelle Maßnahmen zur Verbesserung der eigenen Situation abzuschwächen. Die polnische Nation konzentrierte sich nun auf die Ausbildung der Bevölkerung sowie auf die Modernisierung und Weiterentwicklung der Wirtschaft anstatt auf den bewaffneten Kampf.

POLNISCHER AUFSTAND GEGEN RUSSLAND
Der Januaraufstand war eine Revolte der polnisch-litauischen Nationengemeinschaft (des heutige Polens, Litauen, Weißrussland, Lettland sowie Teilen der Ukraine und Westrusslands) gegen das russische Zarenreich. Er begann am 22. Januar 1863 und dauerte an, bis 1865 alle Aufständischen verhaftet worden waren. Der Aufstand nahm seinen Anfang als spontaner Protest junger Polen gegen ihre Einberufung in die russische Armee. Bald stießen hochrangige litauische Offiziere und mehrere Politiker dazu. Die Aufständischen waren in der Minderheit und bekamen kaum Unterstützung von außen. Sie konnten keinen großen Sieg erringen, aber es gelang ihnen, die Auswirkungen der Abschaffung der Leibeigenschaft im russischen Teil abzumildern.

JAN NERUDA
Der Dichter, Autor und Journalist Jan Neruda gilt als eine der wichtigsten Figuren in der tschechischen Literatur des 19. Jh. Er ist vor allem für sein Meisterwerk bekannt, *Kleinseitner Geschichten* (1878), in dem er von der Liebe, dem Leben und den kleinen Misserfolgen der bürgerlichen Einwohner der Mala Strana erzählt.

So wie der neue positivistische Ausblick das romantische Konzept des Nationalismus ablöste, begann die Prosa gegenüber der Dichtkunst vorzuherrschen. Neue Wochenzeitungen wie *Tygodnik Ilustrowany* (gegründet 1859) fanden in der wachsenden Mittelschicht einen willigen Markt. Einer der bemerkenswertesten Journalisten dieser Publikationen und der führende Vertreter der „organischen Lösung" war Bolesław Prus (1847–1912). Als Jugendlicher hatte er im Aufstand von 1863 gekämpft, war schwer verletzt und eingesperrt worden. Nachdem er sich dem Schreiben zugewandt hatte, um die Probleme seines Landes anzusprechen, wurde er zum wichtigsten Schriftsteller des polnischen Realismus. Er verfasste Werke wie *Die Puppe* (1890), in dem er einen von der Trägheit der bürgerlichen Gesellschaft in Warschau frustrierten romantischen Idealismus porträtiert.

Auch in Böhmen und Ungarn führte ein neu erwachter Nationalstolz zu misslungenen Versuchen, den Herrschern (hier den Habsburgern) die Macht zu entreißen. Im Jahr 1848 kam es in beiden Ländern zu Aufständen. In Böhmen wurde dieser schnell niedergeschlagen, aber in Ungarn führte er zum Unabhängigkeitskrieg, der bis 1851 dauerte. Die darauf folgenden Repressalien waren schwerwiegend, wenn auch nicht so schlimm wie in Polen. Und tatsächlich, je mehr die Macht der Habsburger in den folgenden Jahren schwand, desto mehr politische Zugeständnisse machten sie. 1861 wurden erstmals wieder Wahlen zum böhmischen Parlament abgehalten, und 1867 – ein Jahr nach Österreichs Niederlage im Deutsch-Österreichischen Krieg – erzielte man den berühmten Kompromiss mit den ungarischen Politikern. Dadurch erhielt die ungarische Hälfte des Landes den gleichen rechtlichen Status wie die österreichische. Der Kaiser war Herrscher über beide Hälften und hatte auch die Gewalt über die Streitkräfte und die Außenpolitik. Sowohl in Böhmen als auch in Ungarn kündigten die Reformen Phasen der Industrialisierung, des zunehmendem Wohlstands und einer Erneuerung des romantischen Nationalismus an.

In Böhmen war der berühmteste Vertreter dieser Zeit der Journalist, Schriftsteller und Dichter Jan Neruda (1834–1891). Er war führendes Mitglied der Májovci, einer Gruppe von Autoren, die ihren Namen von Karel Máchas (1810–1836) Gedicht

SÁNDOR PETŐFI
Petőfi (1823–1849) war der Autor exquisiter ungarischer Lyrik. Er verfasste das Nationalgedicht *Talpra Magyar* (1848) und mehrere Epen, darunter *Janos Vitez* (1845). Durch seine Teilnahme am ungarischen Aufstand von 1848–1849 und seine patriotischen Lieder wurde er zu Ungarns Nationadichter. Petőfis Dichtkunst inspirierte die Patrioten der Revolution, in der er selbst ums Leben kam.

Máj (1836) ableiteten, einem romantischen Werk über die Hinrichtung eines Verbrechers. Die Autoren der Májovci – darunter die Schriftstellerin Karolína Svetlá (1830–1899) sowie der Journalist und Dichter Vítezslav Hálek (1835–1874) – waren durch ihr Ziel vereint, einen neuen Status für die tschechische Kultur zu erreichen, indem sie sich vom Provinzialismus der Vergangenheit abwandten und sich Themen universaler Bedeutung annahmen. Zusätzlich wollten sie die Literatur auf den neuesten europäischen Stand bringen. So beherrschten die Májovci in den 1860er- und 1870er-Jahren die tschechische Literaturszene. Nerudas Beitrag bestand aus einer Reihe einflussreicher Essays und Gedichte in der tschechischen Umgangssprache, die den neuen Patriotismus förderten, sowie aus seinem Meisterwerk *Kleinseitner Geschichten* (1877). Letzteres bahnte dem Realismus in der tschechischen Literatur den Weg, indem er den Leser auf eine Reise durch die Straßen von Nerudas Heimatbezirk in Prag mitnahm.

Auch in der ungarischen Literatur wurde das romantische Konzept an den wachsenden Markt für Prosa – in Form von Zeitschriften und Romanen – angepasst und geriet nach und nach unter den Einfluss ausländischer Autoren des Realismus. Der Romancier Mór Jókai (1825–1904) war vielleicht der berühmteste Schriftsteller dieser Periode, und er nahm auch an vielen bedeutenden Ereignissen der Zeit teil. Er kämpfte im Unabhängigkeitskrieg und entkam danach nur knapp einer Verhaftung. In seiner schriftstellerischen Karriere orientierte er sich zunächst an Victor Hugo, obwohl seine über 100 Belletristikbände eine größere Vorliebe für Melodrama und Wirklichkeitsflucht zeigen als die seines Vorbilds. Mit Romanen wie *Ein ungarischer Nabob* (1853–1854) und *Ein Goldmensch* (1873) war er dennoch auf dem wachsenden Markt für ungarischsprachige Literatur äußerst erfolgreich und beeinflusste manchmal sogar in wichtigen gesellschaftlichen und politischen Fragen die öffentliche Meinung.

SKANDINAVIEN

Während Skandinavien 1860 noch als kultureller Randbezirk Europas galt, beeinflussten nur 30 Jahre später Schriftsteller wie Henrik Ibsen und Bjørnstjerne Bjørnson in Norwegen sowie August Strindberg in Schweden die Richtung der Literatur in

LINKS: IBSENS *NORA*
Nora (1879) war das zweite in einer Reihe realistischer Theaterstücke Ibsens –nach *Die Stützen der Gesellschaft* (1877). Infiziert vom Fieber der europäischen Revolutionen von 1848, repräsentiert *Nora* eine neue, moderne Perspektive in der Literatur, welche die romantische Tradition infrage stellte.

ganz Europa. Dieses kulturelle Erblühen setzte sich in der Musik mit Edvard Grieg und Jean Sibelius sowie in der bildenden Kunst mit Edvard Munch und Gustav Vigeland fort.

Die Industrielle Revolution – mit ihrem Wirtschaftswachstum, der aufstrebenden Mittelschicht und den damit verbundenen sozialen Problemen – kam erst spät nach Skandinavien. Auch intellektuell gesehen war Skandinavien ein Spätentwickler, und erst in den 1870er-Jahren begann man den Einfluss von Philosophien wie dem Liberalismus, dem Utilitarismus, dem Positivismus, dem Sozialismus und dem Anarchismus zu spüren. Während die gesellschaftliche und politische Entwicklung im übrigen Europa über Jahrzehnte hinweg gewachsen war, gestaltete sich die skandinavische Aufholjagd kurz und hektisch. Auch in der Literatur verlief die Entwicklung von der Romantik zum Naturalismus am Ende des 19. Jh. geballt. Diese Zeit wird oft als der „moderne Durchbruch" bezeichnet.

PORTRÄT BJØRNSTJERNE BJØRNSONS

Einer der führenden Befürworter des skandinavischen Realismus und Naturalismus war der Gelehrte Georg Brandes (1842–1927), dessen kritische Schriften ab den 1870er-Jahren im kulturellen Denken eine bedeutende Rolle spielten. Er war entscheidend dafür verantwortlich, skandinavische Autoren mit den Werken ihrer ausländischen Kollegen – von Hugo bis Nietzsche (und sogar Disraeli) – bekannt zu machen. Zudem war sein akademischer Ruf im Ausland so gut, dass er durch seine Studien über skandinavische Schriftsteller das ausländische Publikum an die Entwicklungen in seiner Heimat heranführte. Viele Autoren und Künstler verbrachten selbst einige Zeit ihm Ausland und gründeten Künstlerkolonien in Paris, Berlin und Rom. Ibsen war 27 Jahre im Ausland, überwiegend in Deutschland und Italien, bevor er als berühmter alter Mann nach Norwegen zurückkehrte. So wurden kontinentale Literaturmethoden mit skandinavischen Schauplätzen kombiniert, um so die Literatur der Nordländer einer Verjüngungskur zu unterziehen.

In Norwegen gelten die „großen Vier" – Bjørnstjerne Bjørnson, Henrik Ibsen, Alexander Kielland und Jonas Lie – als wichtigste literarische Vertreter ihrer Zeit. Nach Ibsen wird heute der Romancier, Dichter, Dramatiker und Journalist Bjørnstjerne Bjørnson (1832–1920) am meisten gelesen. Als erklärter Nationalist war er ein Fürsprecher der norwegischen Sprache. Er war sein ganzes Leben lang politisch aktiv und setzte sich für soziale Gerechtigkeit, Gleichberechtigung der Geschlechter und ein allgemeines Wahlrecht ein. Seine berühmtesten frühen Romane *Synnøve Solbakken* (1857) und *En glad Gut* (*Ein fröhlicher Bursche*, 1860) sind in der Umgangssprache geschrieben und stellen das Landleben auf neue, realistische Weise dar. Zudem schrieb er

DON JUAN
von Alexander Puschkin; Konstantin Stanislawski als Don Juan, 1889

DRAMA

Vor dem Aufkommen des Realismus bestand das Theater im 19. Jh. vorwiegend aus Melodramen und Possen mit einem jeweils begrenzten Charakterspektrum. Das realistische Theater nahm mit Henrik Ibsen (1828–1906) seinen Anfang, aber auch die Tradition des psychologisch-realistischen Theaters in Russland – veranschaulicht durch die Stücke Alexander Ostrowskis, Alexei Pisemskis, Tolstois und Turgenews – war einflussreich. Der Regisseur und Theoretiker Konstantin Stanislawski (1863–1938) war entscheidend für die Entwicklung und Verbreitung der neuen Ideen und Methoden verantwortlich.

Ziel des realistischen Theaters war es, das alte, stilisierte und oft sentimentale Repertoire mit Darstellungen des Lebens, die das Publikum aus eigener Erfahrung kannte, zu ersetzen. Objektivität und die Vermeidung jeder Künstlichkeit waren zentrale Themen des neuen Theaters, und die „vierte Wand" (ein Ausdruck, der von Denis Diderot geprägt wurde) stellte dabei eine Grenze zwischen den Schauspielern und dem Publikum dar, die keinesfalls überschritten werden sollte. Die Schauspieler durften die Anwesenheit des Publikums in keiner Weise würdigen. Das Bühnenbild war realistisch, und die Verwendung der Umgangssprache verstärkte im Zuschauer das Gefühl, eine Spiegelung seiner selbst zu betrachten. Die Themen und Konflikte waren stark psychologisch motiviert und deckten Sitten und Gefühle auf, die nicht oft in der Öffentlichkeit zu sehen waren.

Ibsens Stücke verfolgten innerhalb des realistischen Theaters ihre eigene Entwicklung. Sein frühes Werk, das philosophische Versdrama *Brand* (1866), lässt den Einfluss des dänischen Philosophen und Theologen Søren Kierkegaard (1813–1855) erkennen. Es geht darin um einen Priester, der mit seiner Trägheit kämpft, obwohl er weiß, was er tun muss. Auf diesen Erfolg ließ Ibsen *Peer Gynt* (1867) folgen – das Stück über einen jungen Mann, der mit den Regeln des bürgerlichen Lebens hadert. Das wieder in Versform geschriebene Stück ist voller Symbolismus und bezieht sich stark auf skandinavische und deutsche Volkssagen. Sowohl *Brand* als auch *Peer Gynt* schulden in ihrer poetischen Vision vom einsamen Helden auf der Suche nach der Wahrheit einiges der Romantik.

Die zweite Phase in Ibsens Karriere profitierte vom Einfluss Georg Brandes', der den Dramatiker dazu inspirierte, sein Werk in Richtung Realismus und Naturalismus weiterzuentwickeln und Prosa statt Versen zu benutzen. Ibsens erstes politisches Stück war *Samfundets Støtter* (*Die Stützen der Gesellschaft,* 1877), das seine erfolgreichste Schaffensperiode ankündigte. In dieser Zeit entstanden Werke wie *Nora* (1879), *Gespenster* (1881), *Ein Volksfeind* (1882),

RECHTS: JOHAN AUGUST STRINDBERG Strindberg gilt als der größte schwedische Autor. In seiner Zeit als Journalist schrieb er das historische Drama *Mäster Olof* (1872), das vom Nationaltheater abgelehnt und erst 1890 uraufgeführt wurde. Heute gilt es als erstes modernes schwedisches Theaterstück. Strindberg wurde mit seinem Roman *Das rote Zimmer* (1879), einer Satire über die Stockholmer Kunstszene, bekannt.

FRÄULEIN JULIE, Produktion von 2001, Burgtheater Wien

und *Die Wildente* (1884). Viele der Stücke aus dieser Zeit befassen sich mit den Rollen von Mann und Frau im späten 19. Jh. Besonders *Nora* war durch die Darstellung einer Hausfrau und Mutter dreier kleiner KInder, die ihre Familie verlässt, um sich selbst zu verwirklichen, ein Skandal.

In der letzten Phase seiner Karriere schuf Ibsen Stücke wie *Hedda Gabler* (1890) und *Baumeister Solness* (1892), in denen es nicht mehr um Kritik an den Gesellschaftsnormen, sondern um die Betrachtung der inneren Konflikte der Charaktere ging. Seine letzten Stücke, besonders *Naar vi døde vågner* (*Wenn wir Toten erwachen,* 1899), zeigen eine Bewegung hin zum Naturalismus und vielleicht sogar Expressionismus.

August Strindberg (1849–1912) verkörpert den modernen Durchbruch in der schwedischen Literatur. Sein naturalistischer Roman *Röda rummet* (*Das rote Zimmer,* 1879), eine Geschichte über Heuchelei und Korruption, gilt als erster moderner schwedischer Roman. Danach schrieb er eine satirische Kurzgeschichte, *Det nya riket* (*Das neue Reich,* 1882), und einen Gedichtband, *Gedichte in Vers und Prosa* (1883). Darin greift er das Establishment – politische Einrichtungen, die Bürokratie, die Presse, die Wirtschaft, die Kirche und die kulturelle Elite – an, was ihn in Schweden so unbeliebt machte, dass er 1883–1889 im Exil lebte.

Stücke aus Strindbergs früher Phase, etwa *Fräulein Julie* (1888), werden oft mit Ibsens Werken verglichen. Strindberg entwickelte sich jedoch viel weiter. Er ließ die „Wissenschaft" des naturalistischen Theaters zugunsten symbolistischer und expressionistischer Dramen, vor allem *Dödsdansen* (*Totentanz,* 1900), *Ett Drömspel* (*Ein Traumspiel,* 1901) und *Spöksonaten* (*Die Gespenstersonate,* 1907), hinter sich.

Der russische Autor Anton Tschechow weist in seinen Stücken ebenfalls Ibsens Einfluss auf. Sein Ruf als Dramatiker gründet sich auf vier späte Stücke: *Die Möwe* (1896), *Onkel Wanja* (1897), *Drei Schwestern* (1901) und *Der Kirschgarten* (1904). Sie alle wurden von Stanislawskis Moskauer Kunsttheater erfolgreich aufgeführt. Tschechow meidet komplizierte Handlungen und ein befriedigendes Ende zugunsten psychologischer Einsichten, Atmosphäre und sogar Lyrik. Seine Stücke sind manchmal schwer zu interpretieren – der Dramatiker selbst war von der Umsetzung vieler Werke enttäuscht und bestand darauf, dass seine Stücke Komödien, keine Tragödien, seien.

Norwegens erstes realistisches Drama, *En fallitt* (*Ein Bankrott*, 1875). Sieben Jahre vor seinem Tod erhielt er den Nobelpreis für Literatur.

Neben den „großen Vier" machte sich auch Amalie Skram (1846–1905) einen Namen in der norwegischen Literatur. Zu ihrer Zeit galt sie als sehr kontroverse Autorin und wurde für ihre feministischen Romane bekannt, die sich mit Themen wie der weiblichen Sexualität befassen. Zu ihren wichtigsten Werken gehört die Romantetralogie *Hellemyrsfolket* (*Die Leute vom Felsenmoor*, 1887–1898 veröffentlicht), in der sie das Schicksal einer Familie über mehrere Generationen verfolgt. Bedeutend sind auch ihre vier Romane über die Ehe: *Constance Ring* (1885), *Lucie* (1888), *Fru Inez* (1891) und *Forraadt* (*Verraten*, 1892). In diesen damals höchst provokativen Romanen diskutiert sie die sexuelle Unterwerfung der Frau in der Ehe.

In Schweden kam der Durchbruch zum Realismus mit Strindbergs satirischem Roman *Das rote Zimmer* (1879). Johan August Strindberg (1849–1912) sollte die schwedische Literatur die nächsten 30 Jahre beherrschen. Andere wichtige Autoren waren der Dichter Ola Hansson (1860–1925) und die Schriftstellerin Selma Lagerlöf (1858–1940).

HENRIK PONTOPPIDAN
Die realistischen und pessimistischen Romane des dänischen Romanciers Pontoppidan zeigen gesellschaftliche Missstände und die schlechte Situation der armen Landbevölkerung in seiner Heimat auf. Seine größten Werke waren das halb-autobiografische *Hans im Glück* und der fünfbändige Zyklus *Totenreich*. 1917 teilte er sich den Nobelpreis für Literatur mit Karl Gjellerup.

AMALIE SKRAM
Die dänisch-norwegische Autorin und Feministin setzte sich mit ihren naturalistischen Werken ihr Leben lang für Frauenrechte ein. Skrams Standpunkt gegen die Unterdrückung der Frau in der Ehe und Familie machte sie zu einer äußerst kontroversen Autorin, und sie musste schließlich gar nach Dänemark als literarischem Heimatland ausweichen. Skram ist außerdem für ihre Studien über das bürgerliche Leben bekannt. Zu ihren Werken gehören *Constance Ring*, *Lucie* und *Hellemyrsfolket*.

BOSTONER AKADEMIKER IM 19. JH.
Dieser Stich zeigt eine Gruppe Bostoner Schriftsteller und Intellektueller. Von links nach rechts (stehend): Autor Oliver Wendell Holmes (1809–1894), Diplomat James Russell Lowell (1819–1891), Naturalist Louis Agassiz (1807–1873). Von links nach rechts (sitzend): Dichter und Essayist John Greenleaf Whittier (1807–1892), Dichter und Essayist Ralph Waldo Emerson (1803–1882), Historiker John Lothrop Motley (1814–1877), Autor Nathaniel Hawthorne (1804–1864) und Dichter Henry Wadsworth Longfellow (1807–1882).

Zu den bedeutendsten dänischen Schriftstellern dieser literarischen Periode gehören Herman Bang, Holger Drachmann, Jens Peter Jacobsen und Henrik Pontoppidan. Herman Bang (1857–1912) gilt als der erste skandinavische Romancier, der über das neurotische Leben in den Städten schrieb. Einer seiner bedeutendsten Romane ist *Stuk* (*Stuck*, 1887). Besonders hervorzuheben ist auch Holger Drachmann (1846–1908), der die naturalistische Gesinnung für die Dichtkunst adaptierte und zudem eine Reihe wunderbarer Kurzgeschichten wie etwa *Sange ved Havet; Venezia* verfasste.

AMERIKANISCHE LITERATUR

Der kulturelle Hintergrund der amerikanischen Literatur unterscheidet sich maßgeblich von dem der europäischen. Durch die Unabhängigkeitserklärung gegenüber Großbritannien 1776 entwickelte sich eine markante amerikanische Literatur, aufgebaut auf einem einzigartigen kulturellen Hintergrund, der bis zu den ersten Siedlern der Neuen Welt zurückreicht.

Amerika wurde in seiner modernen Form von religiösen Flüchtlingen, den Pilgervätern, die in den 1620er-Jahren aus

Europa kamen, gegründet. Ihr calvinistischer Puritanismus sollte einer der prägenden Einflüsse der amerikanischen Kultur werden. Zu den Lehren der Pilgerväter gehörte der Glaube an das angeborene Böse im Menschen, die Erlösung einiger Weniger, Vorbestimmung und ein grundsätzliches Misstrauen gegenüber Sexualität, Maßlosigkeit und Freude, gepaart mit einer Betonung von Schuld und Rechtgläubigkeit. Nach und nach ließ die strenge Befolgung der Regeln natürlich nach, aber ihr kultureller Einfluss blieb bis heute erhalten. Auch andere, konkurrierende Glaubensrichtungen hinterließen ihre Spuren – nicht zuletzt die evangelikalen Christen, deren religiöser Eifer im völligen Gegensatz zum stoischen Calvinismus stand. Natürlich blieben auch die Ideen der Aufklärung nicht ohne Einfluss. Der Glaube daran, dass alle Dinge der Vernunft unter-worfen seien und dass Wissenschaft und rationales Denken den Weg zu einem neuen Utopia aufzeigen könnten, sorgte für Optimismus und stellte ein säkuläres Gegenstück zur protestantischen Arbeitsmoral dar: dass man durch harte Arbeit alles erreichen könne.

Die amerikanische Kultur wird auch vom Individualismus geprägt. Viele kamen in die neue Welt, um der Unterdrückung zu entgehen, und das Konzept (wenn auch nicht immer die Realität) des unentdeckten Landes hielt ihre Hoffnung am Leben. Je mehr die Menschen begannen, sich nach Westen auszubreiten, desto mehr wurde dieses „Grenzland" zu einem magischen Ort, an dem der Mensch mit der Natur lebt, und wo Erfolg oder Misserfolg von seinen Fähigkeiten, seinem Mut und seiner Entschlossenheit, nicht von seinem gesellschaftlichen Status abhängen. Es überrascht daher wenig, dass die Werte der Romantik in Amerika auf fruchtbaren Boden fielen. Philosophisch gesehen fanden die amerikanischen Versionen von Individualismus und Freiheit ihren Ausdruck (und Kritik) in *Über die Demokratie in Amerika* (zwei Bände, 1835/1840) und *Der alte Staat und die Revolution* (1856) des französischen Politikhistorikers Alexis de Tocqueville (1805–1859).

Die vollen Konsequenzen der Frontierthese fanden 1893 in Frederick Jackson Turners (1861–1932) *The Significance of the Frontier in American History* ihren Ausdruck. Sie wurde nur drei Jahre, nachdem die Zeit der Frontier offiziell als beendet erklärt worden war, verfasst. Die These ist eine gute Erklärung dafür, warum sich die amerikanischen Ansichten und die Politik so grundlegend von der europäischen unterschieden. In dem Essay wird diskutiert, dass die europäischen Charakteristika – etablierte Kirchen, Gesellschaftsschichten und die Einmischung der Regierung – immer mehr abnahmen, je weiter die Grenze nach Westen verschoben wurde. Die Menschen wurden amerikanischer, demokratischer und individualistischer. Das Ende der Frontier führte zu einer Debatte über den „American Exceptionalism" und die Möglichkeit, das Land in eine Imperialmacht zu verwandeln. Dabei wurde, so scheint es, der Pioniergeist durch den „amerikanischen Traum" ersetzt, eine noch vagere – und deshalb hartnäckigere – Vision von einer Welt, in welcher der Einzelne alle Freiheiten genießt und die verdienten Früchte seiner Bemühungen erntet.

RALPH WALDO EMERSON
Emerson war der wichtigste Vertreter des amerikanischen Transzendentalismus. Er stellte seine Ideen in *Nature* (1836) vor, dem Ergebnis zehnjähriger intensiver Studien von Philosophie, Religion und Literatur. Fast alles, was Emerson danach schrieb, war eine Ausweitung, Betonung oder Ergänzung der in *Nature* vorgestellten Ideen.

HENRY DAVID THOREAU
Thoreau ist vor allem für sein Buch *Walden*, eine Reflektion über das einfache Leben in der Natur – einem der Hauptprinzipien des Transzendentalismus – und sein Essay *Über die Pflicht zum Ungehorsam*, einer Verteidigung der persönlichen Freiheiten bzw. des Widerstands des Einzelnen einem ungerechten Staat gegenüber, bekannt.

In der Literatur wurden viele Aspekte des amerikanischen Charakters in Ralph Waldo Emersons (1803–1882) Essay *Nature* (1836) herauskristallisiert. Darin fordert Emerson die Leser auf, zur spirituellen Lenkung die Natur zu studieren, anstatt sich auf konventionelle religiöse Praktiken zu verlassen. Außerdem betont er den freien Willen gegenüber den Autoritäten. Wie vorherzusehen war, verdammte ihn die Gesellschaft als Atheisten, was durch Emersons Unterstützung der unitarischen Sichtweise, dass Jesus kein göttliches Wesen war, bestätigt wurde. Seine Arbeiten inspirierten jedoch eine neue Bewegung von Denkern und Schriftstellern, die als Transzendentalismus bekannt wurde. 1837 machte Emerson mit seiner Rede *The American Scholar,* die er in Harvard hielt, eine weitere einflussreiche Aussage. Er befürwortete darin eine amerikanische Kultur, die frei von europäischen Einmischungen sein sollte, und forderte seine Kollegen auf, einen charakteristisch amerikanischen Schreibstil zu entwickeln. Die Rede wurden von Oliver Wendell-Holmes, einem der so genannten Brahmanen von Boston (zusammen mit Dichtern wie Henry Longfellow und James Lowell) als Amerikas „Unabhängigkeitserklärung der Intellektuellen" gepriesen.

Einer der berühmtesten Anhänger Emersons war der Denker und Schriftsteller Henry David Thoreau (1817–1862). Thoreau ist als Autor von *Walden* (1854) bekannt, seinen Memoiren aus den Jahren 1845–1847, als er allein an einem See in den Wäldern Massachussetts' lebte. In dem Buch feiert er Individualismus, Selbstversorgung und das einfache Leben, bei dem Menschen nah an der Natur und ohne Einmischung der Zivilisation leben. Während *Walden* ein Buch über den Rückzug aus der Gesellschaft zur spirituellen Weiterentwicklung war, drehten sich Thoreaus spätere Werke um politisches Engagement. Er war ein Gegner des Mexiko-Krieges und weigerte sich aus Protest, Bundessteuern zu zahlen, was ihm einen kurzen Gefängnisaufenthalt eintrug. Zudem war er ein Befürworter der Rechte der Indianer und nahm an Anti-Sklavereiaktivitäten teil. Seine radikalen Ansichten über den Widerstand gegen eine überhebliche Regierung fanden 1849 in dem Essay Ausdruck, das unter dem Titel *Civil Disobedience (Über die Pflicht zum Ungehorsam gegen den Staat)* bekannt wurde.

Ein weiterer Autor aus Neuengland war Nathaniel Hawthorne (1804–1864). Sein frühes Interesse am Transzendentalismus ließ langsam zugunsten dessen nach, was von Kritikern „dunkle Romantik" getauft wurde. Diese in Bezug auf die Moral und die spirituelle Begabung der Menschheit weit weniger positive Weltsicht betrachtet die Natur als eine bösartige Macht und ist pessimistisch hinsichtlich der Möglichkeiten des Einzelnen, etwas zu verändern. Hawthornes Kurzgeschichten wie *The Minister's Black Veil (Des Pfarrers schwarzer Schleier)* weisen einen Rückgriff auf eher puritanische Sichtweisen auf. Sein berühmtestes Werk ist der Roman *The Scarlett Letter* (*Der scharlachrote Buchstabe*, 1850), ein Melodrama über eine Frau, die wegen Ehebruchs geächtet wird. Bezeichnenderweise war dies das erste Buch, das in Amerika in Serie gedruckt und auch deshalb zu einem Bestseller wurde. Anscheinend berührten Themen wie Schuld, Stolz und sexuelle Unterdrückung die Leser.

Hawthorne war Mentor Herman Melvilles (1819–1891), der mit seinem Roman *Moby Dick* (1851), den er Hawthorne gewidmet hatte, zum vielleicht berühmtesten Vertreter der dunklen

MOBY DICK
In dieser Szene aus Melvilles *Moby Dick* sichten Kapitän Ahab und Tashtego den weißen Wal vom Fockmast aus.

HUCKELBERRY FINN
In diesem Bild hält Huckleberry einen Hasen in der Hand, den er gerade erlegt hat.

HENRY JAMES
Obwohl James in Amerika geboren wurde, lebte er die meiste Zeit in Europa und wurde 1915 britischer Staatsbürger. Der Konflikt zwischen der Unschuld und dem Enthusiasmus der Neuen Welt und der Korruption und Weisheit der Alten Welt war ein häufiges Thema in seinen Werken, z. B. in *Daisy Miller* (1879), *Bildnis einer Dame* (1881), *Damen in Boston* (1886) und *Die Gesandten* (1903).

Romantik wurde. In seinem hochsymbolischem Werk über ein Walfangschiff auf der Jagd nach dem großen, weißen Wal untersucht er Themen wie Gut und Böse, Mensch und Natur, Bessesenheit und Überleben. Bei der Erstveröffentlichung waren die Leser und Kritiker jedoch über die metaphysischen Spekulationen enttäuscht. *Moby Dick* war ein kommerzielles Desaster, unter dem Melvilles Ruf stark litt. Erst 30 Jahre nach seinem Tod als unbedeutender Beamter wurde es wieder hervorgeholt.

Einer der ersten amerikanischen Schriftsteller, der nicht von der Ostküste stammte, war Mark Twain (1835–1910) aus Missouri im Mittelwesten. Er entwickelte eine uramerikanische Form des Realismus, die bei den Lesern unglaublich erfolgreich war. Sein Meisterstück ist der Roman *Huckleberry Finn*

(1884), der sich mit Themen wie Freiheit, Rassismus und gesellschaftlichen Normen auseinandersetzt. Der Roman spielt am Mississippi vor dem Ausbruch des Bürgerkriegs (1861–1865). Der Stil des Buches hatte große Auswirkungen auf die amerikanische Literatur und veränderte die Art, wie Sprache schriftlich festgehalten wurde. Twain vermied die traditionelle Schriftsprache zugunsten eines schnörkellosen, alltäglichen Stils und erlaubte seinen Figuren, wie normale Menschen zu sprechen – inklusive lokaler Dialekte und Akzente. Seine anderen weltberühmten Werke sind *Tom Sawyer* (1876) und *Leben auf dem Mississippi* (1883).

Der Dramatiker und Romancier Henry James (1843–1916) war in New York geboren, verbrachte aber die meiste Zeit in England und konnte so reichlich Erfahrungen mit den Unterschieden zwischen der Alten und der Neuen Welt sammeln. In Romanen wie *The American* (*Der Amerikaner,* 1877), *Portrait of a Lady* (*Bildnis einer Dame,* 1881) und *The Wings of the Dove* (*Die Flügel der Taube,* 1902) verfrachtet er amerikanische Charaktere nach Europa, wo ihre Offenheit, ihr Selbstbewusstsein und ihre Frechheit mit der verführerischen Schönheit einer verfallenden, korrupten, beinahe feudalen Gesellschaft zusammenstoßen.

Auch in der Dichtkunst entstand im 19. Jh. eine typisch amerikanische Tradition. Die beiden größten Dichter dieser Zeit waren in Temperament und Stil völlig gegensätzlich, obwohl man bei beiden den Einfluss der Transzendentalisten bemerkt. Walt Whitman (1819–1892) kam aus bescheidenen Verhältnissen und arbeitete als Setzer, umherziehender Lehrer, Journalist, Krankenpfleger (während des Bürgerkriegs) und später als Regierungsangestellter. Berühmt wurde er durch sein Werk *Leaves of Grass (Grashalme)*, das er als amerikanisches Epos vorgesehen hatte und das ihm den Ruf als Amerikas „erster demokratischer Dichter" einbrachte, da es alle möglichen Figuren vom Präsidenten bis zur Prostituierten umfasst.

Emily Dickinson (1830–1886) verbrachte ihr Leben hingegen in verhältnismäßigem Wohlstand zurückgezogen in der Kleinstadt Amherst, Massachusetts. Sie heiratete nie und verließ später kaum noch ihr Zimmer. Falls sie überhaupt kommunizierte, dann nur per Post. Sie schien sich ihre emotionale Energie für ihre 1800 Gedichte aufzuheben. Die meisten davon blieben jedoch privat, nur ein Dutzend wurden zu ihren Lebzeiten veröffentlicht. Der Einfluss des Transzendentalismus ist klar erkennbar, aber Dickinsons Werke entwickelten sich weit darüber hinaus. Sie befasste sich mit Themen wie Tod und Melancholie, mit den Geschlechtern und mit der Religion. Technisch gesehen waren ihre Werke ihrer Zeit weit voraus, vielleicht sogar protomodernistisch, denn sie verwendete eine idiosynchratische Zeichensetzung, Groß- und Kleinschreibung, Zeilen-längen sowie Umbrüche als stilistische Mittel, nutzte auch Halbreime zu vollem Effekt aus und ließ ihre Gedichte gern ohne Titel.

EMILY DICKINSON
Die amerikanische Lyrikerin experimentierte mit Rhythmen und Reimen und wurde manchmal als „Neuengland-Mystikerin" bezeichnet. Fast alle ihre Werke wurden posthum veröffentlicht. In ihren Gedichten befasste sie sich mit Themen wie Liebe, Tod und Natur.

KRIMINALGESCHICHTEN

Die frühesten Beispiele der Kriminalgeschichte finden wir in der arabischen (*Die drei Äpfel*, eines der von Scheherazade erzählten Märchen aus der Sammlung *Tausendundeine Nacht*, 9. Jh.) und in der chinesischen Literatur, etwa den Roman *Di Gong An* (18. Jh.). In der westlichen Literatur begann das Genre aber erst in der zweiten Hälfte des 19. Jh., richtig Fahrt aufzunehmen.

Edgar Allan Poes *Murders in the Rue Morgue* (*Doppelmord in der Rue Morgue*, 1841) gilt allgemein als erster richtiger Krimi. Darin und in den folgenden Erzählungen kultiviert Poe die Figur des exzentrischen C. Auguste Dupin, dessen brillante Eingebungen, Logik und Beobachtungsgabe ihn durch eine verwickelte Handlung zur Entdeckung der Wahrheit hinter ein Geheimnis führen. Diese Formel ist seitdem mehr oder weniger konstant geblieben.

In Großbritannien nahm sich Charles Dickens des Genres für die Nebenhandlung in seinem Roman *Bleak House* (1853) an. Inspektor Bucket von der Metropolitan Police soll den Mord am doppelzüngigen Anwalt Tulkinghorn aufklären. Der erste Verdacht fällt auf Lady Dedlock, die dank einer heimlichen Affäre ohnehin schuldbewusst ist. Schließlich wird aber der wahre Mörder überführt – ihr französisches Dienstmädchen Hortense – ‚aber nicht, bevor eine Reihe falscher Anschuldigungen zu einer Tragödie geführt haben.

DOPPELMORD IN DER RUE MORGUE,
von Edgar Allan Poe.
Diese Kurzgeschichte Edgar Allan Poes wurde 1841 in Graham's Magazine veröffentlicht. Die Geschichte, in der ein wilder Orang-Utan schreckliche Morde begeht, gilt als erster echter Kriminalroman. Poe nannte sie eine seiner „Folgerungsgeschichten".

SHERLOCK UND MORIARTY,
aus *The Final Problem* von Sidney Paget, 1893.
Hier kämpfen Holmes und Moriarty an den Wasserfällen von Reichenbach; anscheinend kommen beide ums Leben. Obwohl es die letzte Sherlock-Holmes-Geschichte sein sollte, brachte Doyle den Meisterdetektiv aufgrund des unablässigen Drucks durch die Fans zurück.

Wilkie Collins (1824–1889) entwickelte die Kriminalgeschichte an der Stelle weiter, wo Dickens, sein Mentor, aufgehört hatte. Sein *The Woman in White* (*Die weiße Frau*, 1860) wird oft als erster großer Kriminalroman bezeichnet, und mit *The Moonstone* (*Der Monddiamant*, 1868) etablierte er das Genre – inklusive vieler klassischer Zutaten wie dem Einbruch ins Landhaus, dem „inside job", der trotteligen örtlichen Polizei und der überraschenden Wendung – endgültig. Dank dieser Romane genoss Collins auf beiden Seiten des Atlantiks großen Erfolg. In den folgenden 20 Jahren schrieb er weitere 15 Romane, und trotz langsam nachlassender Qualität gilt er noch heute als „Großvater des englischen Kriminalromans".

Sir Arthur Conan Doyle (1859–1930) gelang es, Collins' Erfolg sogar noch zu übertreffen. Sein Sherlock Holmes ist der wahrscheinlich berühmteste Detektiv aller Zeiten. Im ersten Roman, *A Study in*

Scarlet (*Eine Studie in Scharlachrot*, 1887), wird Poes Dupin erwähnt, und obwohl Holmes ihn als „zweitklassigen Burschen" bezeichnet, ist eindeutig, wie viel er Poe in Bezug auf Analyse, forensische Details und dem Verständnis der Psychologie schuldet. Neben Holmes perfektionierte Doyle den Kunstgriff der nicht ganz so fähigen Kontrastfigur – hier in der Person Dr. Watsons –, die den idealen Vorwand für das Erklären des Geheimnisses liefert.

In den Spuren von Arthur Conan Doyles Sherlock Holmes folgten noch andere große Erfolge im Genre, z. B. die Pater-Brown-Geschichten G. K. Chestertons (1874–1936) sowie *Trent's Last Case* (*Trents letzter Fall*, 1913) von E. C. Bentley (1875–1956). Diese läuteten das Goldene Zeitalter des Genres in den 1920er- und 1930er-Jahren ein, in denen die Szene von den vier „Krimiköniginnen" Margery Allingham (1904–1966) mit ihren Albert-Campion-Geschichten, Agatha Christie (1890–1976) mit Miss Marple und Hercule Poirot, Ngaio Marsh (1895–1982) und ihren Roderick-Alleyn-Geschichten sowie von Dorothy Sayers (1893–1957) und der Serie um Lord Peter Wimsey beherrscht wurde.

Zu dieser Zeit begann man auch mit dem Versuch, die Regeln und die besten Bräuche des Genres festzuschreiben. Besonders bemerkenswert war dabei der *Decalogue* (1929) aus zehn Geboten von Ronald Knox (1888–1957), in denen

THE A.B.C. MURDERS, von Agatha Christie. Dieser Roman mit Hercule Poirot, Arthur Hastings und Chief Inspector Japp weist eine Kombination der Erzählperspektive aus der ersten und der dritten Person auf. Christie hatte in *The Man in the Brown Suit (Der Mann im braunen Anzug)* schon einmal mit dieser Vorgehensweise experimentiert. In *The A.B.C. Murders (Die Morde des Herrn ABC)* wird die Geschichte in der dritten Person, aber scheinbar vom Ich-Erzähler Hastings rekonstruiert.

er unter anderem bestimmte, dass „kein Zufall dem Detektiv jemals helfen soll und dass er auch keine unerklärliche Eingabe haben dürfe, die sich als wahr erweise." Außerdem dürfte „kein Chinese in der Geschichte eine Rolle spielen". Der amerikanische Autor S. S. Van Dine schuf mit *Twenty Rules for Writing Detective Stories* (1928) eine ähnliche Liste. Die Blütezeit des Kriminalromans wurde aber vor allem durch seine „tröstliche" Atmosphäre charakterisiert, in der sich Recht und Ordnung stets durchsetzten, Verbrechen bestraft wurden und eine glückliche Unschuld vorherrschte.

Diese Phase endete mit dem Zweiten Weltkrieg. Nun löste die amerikanische Schule der knallharten Detektive die der Briten ab, und die moralischen Grenzen zwischen Gut und Böse wurden zunehmend verwischt. Die wichtigsten Vertreter dieser Veränderungen waren Raymond Chandlers (1888–1959) Philip Marlowe, Dashiell Hammetts (1894–1961) Sam Spade und Erle Stanley Gardners (1889–1970) Perry Mason. Es war die Zeit des großmäuligen Privatdetektivs, der die dunklen Straßenzüge der amerikanischen Großstädte nach Gangstern, korrupten Geschäftsleuten, Flittchen, die nur auf Geld aus waren, und sonstigen unmoralischen Charakteren durchkämmte.

Auch im späten 20. Jh. blieb der Krimi populär und veränderte sich sogar. Da waren auf einmal Sara Paretskys Privatdetektivin V.I. Warshawski und Patricia Cornwells forensische Expertin Kay Scarpetta, von Umberto Ecos philosophischem Mönch William von Baskerville in *Der Name der Rose* (1980) und Philip K. Dicks Science-Fiction-Klassiker *Do Androids dream of Electric Sheep?* (*Träumen Androiden von elektronischen Schafen?*, 1968) ganz zu schweigen. Trotz aller Regeln ist das Genre offensichtlich flexibel genug, um sich an die veränderten Zeiten anzupassen.

Kapitel 8

MODERNE

AVANTGARDE

DIE SCHLACHT VON PARDERBERG, Zweiter Burenkrieg (1899–1902).
Die Burenkriege (1880–1881 und 1899–1902) fanden zwischen den Briten und den Nachkommen der holländischen Siedler (Buren) in Südafrika statt. Der Zweite Burenkrieg wurde zum Musterbeispiel für die Exzesse des Imperialismus. In ihm kämpfte eine gewaltige Zahl an Soldaten – und mit ihm wurde die Umwandlung von Burenrepubliken in britische Kolonien beendet. Dies inspirierte andere Kolonien, für ihre Unabhängigkeit zu kämpfen.

LINKE SEITE: Gut gekleidete Männer und Frauen in einer Buchhandlung in Frankreich im frühen 20. Jh.

Ende des 19. Jh. setzten sich gesellschaftliche, politische und kulturelle Trends durch, die bereits seit Jahrzehnten spürbar waren, und brachten große Veränderungen mit sich. In den meisten europäischen Ländern war die vorindustrielle Wirtschaft fast verschwunden. Anfang des 20. Jh. war die Verstädterung bereits weit fortgeschritten. 80% der britischen sowie gut 60% der französischen und deutschen Bevölkerung lebten in Städten. Regionale Unterschiede wurden unbedeutender, die Nationalstaaten wuchsen stärker zusammen. In Frankreich etwa machten im frühen 19. Jh. regionale Dialekte und Sprachen die Verständigung mit Menschen anderer Regionen nahezu unmöglich. Am Ende des Jahrhunderts war Französisch zur Landessprache geworden und hatte diese Probleme beseitigt.

Und damit nicht genug: Je mehr sich das Konzept des Nationalstaats durchsetzte, desto mehr geriet die Ideologie des Kolonismus unter Druck. Insbsondere der Zweite Burenkrieg (1899–1902) in Südafrika inspirierte auch andere Kolonien zur Rebellion, obwohl er von Großbritannien gewonnen worden war. Autoritäre Herrschaft und kulturelle Hegemonie gerieten in Konflikt mit liberalen Ideen und erwiesen sich als immer weniger durchsetzbar.

Auch in Europa wurde die Vorherschaft der herrschenden Klasse – meist durch Grundbesitz begründet – durch das Wachstum des Handels in Städten und Dörfern, begleitet von der Entstehung der Mittelklasse und der Organisierung der Arbeiterklassse, untergraben. In einigen Ländern führte dies zu Beginn des neuen Jahrhunderts zu einem verbesserten Wahlrecht sowie zu mehr Rechten für die Frauen. Der Erste Weltkrieg wurde zum Auslöser für eine noch extremere Machtumverteilung: In Russland etwa entstand durch die Oktoberrevolution (1917) eine marxistische Regierung. In Italien (1920er-Jahre) sowie in Deutschland und Spanien (1930er-Jahre) konnte dagegen der Faschismus Fuß fassen.

Bevölkerungswachstum und -dichte in den frisch industrialisierten Städten vereinfachten die Verbreitung von Ideen und Texten (aller Art) erheblich. Durch bessere Lernmöglichkeiten stieg die Alphabetisierungsquote, was wiederum zu einem enormen Wachstum der potenziellen Leserschaft führte – und

Moderne

Als kulturelles Phänomen stellt die Moderne die Reaktion von Schriftstellern und Künstlern auf die neuen Bedingungen im 20. Jh. dar, als alte Werte in Religion, Ethik und Gesellschaftsordnung auf den Kopf gestellt wurden. Die Autoren konfrontierten die Moderne auf unterschiedliche Weise. Einige fühlten sich der neuen Welt entfremdet und beklagten den Verlust alter Traditionen. Obwohl manche von ihnen aus diesem Grund versuchten, sich mit ihren Anliegen an gleichgesinnte Mitglieder der kulturellen und intellektuellen Elite zu wenden, fanden ihre Ansichten auch bei vielen anderen Menschen Anklang. Das althergebrachte Gemeindewesen ging in der Verstädterung unter, und Menschen aus allen Schichten

LUMIÈRE-CINEMATOGRAFIE, 1890er-Jahre.
Das Aufkommen des Kinofilms zu Beginn des 20. Jh. erwies sich als perfekte Möglichkeit, die breite Masse anzusprechen.

die Nachfrage nach Lesematerial konnte nun gestillt werden. Literatur und Kultur ganz allgemein wurden deshalb auch in politischer Hinsicht bedeutsamer. Regierungen nutzten sie, um Menschen zu vereinen, zu mobilisieren und auch zu manipulieren. Unter den richtigen Bedingungen vermochte die Massenbildung auch zu demokratisieren – die Menschen erhielten bessere Bildungschancen und Arbeitsmöglichkeiten. Oft wird z. B. erwähnt, dass im Ersten Weltkrieg einfache Soldaten zum ersten Mal Briefe nach Hause schreiben konnten. Zudem wurden viele Lügen und Halbwahrheiten aufgedeckt, ob sie nun eine Folge von Propaganda, Werbung oder von religiösem Dogma waren.

Das neue Jahrhundert brachte auch eine Reihe neuer Medien mit sich: Kino, Radio, Grammofon und später Fernsehen ermöglichten eine Massenverbreitung von Kultur und Information über Klassen und Grenzen hinweg, während sie gleichzeitig die Menschen unterhielten. Es überrascht nicht, dass die Entwicklung zu einer gewaltigen Ausweitung der kulturellen Produktion führte. Neben Filmen, populärer Musik und kommerzieller Kunst wurde im 20. Jh. auch deutlich mehr Literatur geschaffen als in jedem anderen Jahrhundert zuvor.

CAFÉ DE LA PAIX, Paris, 1919.
Durch die Nähe zum Palais Garnier zog das Café de la Paix in der französischen Hauptstadt viele Berühmtheiten an, u. a. Jules Massenet, Émile Zola und Guy de Maupassant.

1899–1902 Zweiter Burenkrieg in Südafrika.

1902 Joseph Conrad schreibt *Herz der Finsternis*.

1910–1911 Mexikanische Revolution; die erste postimpressionistische Ausstellung in London.

1912 Thomas Mann veröffentlicht *Tod in Venedig*.

1913 D. H. Lawrence schreibt *Söhne und Liebhaber*.

1914 James Joyce veröffentlicht *Dubliners*.

1914–1918 Erster Weltkrieg.

1916 Veröffentlichung von Franz Kafkas *Die Verwandlung* und James Joyces *Porträt des Künstlers als junger Mann*.

1917 T. S. Eliot schreibt *Prufrock and Other Observations*.

1922 T. S. Eliot schreibt *Das wüste Land*; James Joyce veröffentlicht *Ulysses* in Paris.

1922 Gründung der Sowjetunion.

1924 André Breton gibt das erste surrealistische Manifest heraus.

1927 Virginia Woolf veröffentlicht *Zum Leuchtturm*.

1928 W.B. Yeats veröffentlicht *Der Turm*.

1929 William Faulkner veröffentlicht *Schall und Wahn*.

1929 Beginn der Weltwirtschaftskrise, die bis 1937 dauert.

1939–1945 Zweiter Weltkrieg

1942 Albert Camus veröffentlicht *Der Fremde*.

1948 Ezra Pound veröffentlicht *Pisan Cantos*.

fühlten sich in ihrer neuen, anonymen Rolle in der Gesellschaft zunehmend unsicher.

Die Avantgarde wurde ein wichtiges Merkmal künstlerischer Unternehmungen in dieser Zeit. Ursprünglich ein militärischer Begriff („Vorhut"), bezeichnet er den kulturellen Versuch, neue Wege zu beschreiten und die Grenzen bestehender Kunst zu durchbrechen. Das Aufkommen der Avantgarde entsprang dem Bedürfnis der Künstler, Schriftsteller und Komponisten, ihre Rollen neu zu definieren, um sich von der „Massenkultur" abzuheben. Maler, die bisher ein Monopol als Bildermacher innehatten, mussten sich nun gegenüber Fotografen beweisen. Die Rolle des Künstlers wurde zu einem beliebten Thema in der Literatur der Moderne, und die Spannung zwischen dem Populären, Gewöhnlichen und Kommerziellen auf der einen Seite und dem Seltenen, Ikonoklastischen und Antikommerziellen auf der anderen war ständig im Hintergrund zu spüren.

FRANKREICH 1880–1920

Paris galt in vielerlei Hinsicht als Epizentrum der Moderne. Von den Anfängen im späten 19. Jh. bis in die 1940er-Jahre, als sich das Zentrum der Kunstwelt nach New York verlagerte, wuchs und gedieh die Moderne in der französischen Hauptstadt. In der Dichtkunst standen die Werke Rimbauds, Baudelaires, Laforgues u. a. für einen neuen Aufbruch, der schließlich zu den Arbeiten Ezra Pounds, T. S. Eliots und Wallace Stevens' führte. Was den Roman betrifft, so sollte Marcel Prousts *Auf der Suche nach der verlorenen Zeit* eine ganze Generation modernistischer Schriftsteller inspirieren, etwa James Joyce, Ernest Hemingway (die beide eine lange Zeit in Paris lebten)

WARTEN AUF GODOT
Aufführung von *Warten auf Godot* des irischen Schriftstellers Samuel Becket in New York, dem wohl berühmtesten Stück des 20. Jh., Golden Theater (1956)

CHARLES BAUDELAIRE
Charles Baudelaire steht im Vordergrund; dahinter befinden sich weitere bekannte literarische Persönlichkeiten des 19. Jh.: Charles Augustin Sainte-Beuve, Henri Murger und Jules Barbey D'Aurevilly.

und Virginia Woolf. In Bezug auf das Schauspiel erwiesen sich die Werke Alfred Jarrys als wegweisend für das surrealistische Theater der 1920er- und 1930er-Jahre.

Tendenzen der Moderne ließen sich in ganz Europa und auch in den USA erkennen. Paris wurde nicht nur zum Mittelpunkt der französischen Kultur, sondern der westlichen Kunst und Kultur im Allgemeinen. Viele der größten Künstler jener Zeit – z. B. der Spanier Pablo Picasso, der Russe Igor Strawinsky und der Ire James Joyce – ließen sich in Paris nieder und brachten Teile ihrer eigenen Kultur mit sich, mit denen sie das kreative Gemisch bereicherten.

In der Literatur waren vor allem die französischen Symbolisten um Rimbaud, Verlaine, Laforgue, Mallarmé, Valéry u. a. eine der bedeutendsten Bewegungen, die der Moderne den Weg bereiteten. Der literarische Symbolismus war eine Reaktion gegen den Realismus und Naturalismus und zugunsten der spirituellen Ebene, der Fantasie und der Träume. Wie Charles Baudelaire (1821–1867) sagte: „Ich wünsche mir rot gefärbte Felder, gelbe Flüsse und blaue Bäume. Die Natur hat keine Fantasie." Baudelaire war Autor von *Les Fleurs du Mal* (*Die Blumen des Bösen*, 1857), dem wegweisenden Werk dieser Bewegung, das in Frankreich für einen Skandal sorgte und zur Strafverfolgung sowohl des Autors als auch des Verlegers führte. Das Thema, das für so viel Aufruhr sorgte, war natürlich Sex (inklusive lesbischer Liebe). Andere wichtige Themen waren Tod, Langeweile, Melancholie, die Anziehungskraft von Lastern wie Sex und Alkohol sowie – und das war für die Moderne besonders wichtig – die Korruption in den Städten, das Gefühl der Entfremdung und die verlorene Unschuld. Die Gedichte verwendeten erstmals auch eine Symbolik des Geruchssinns, die dazu genutzt wird, Gefühle der Nostalgie und vergangener Vertrautheit heraufzubeschwören. 50 Jahre später sollte dies Prousts *Auf der Suche nach der verlorenen Zeit* bedeutend beeinflussen.

Baudelaire starb im Jahr 1867, aber in den folgenden Jahrzehnten sollten Verlaine, Rimbaud und andere seine Ästhetik der überirdischen Dekadenz weiterentwickeln. Paul Verlaine (1844–1896) machte den Ausdruck *poète maudit* („verfluchter Dichter") berühmt und bezog sich damit auf die Dichter, die gegen die Regeln der Dichtkunst kämpften und dem Spott der Kritiker und der Gesellschaft ausgesetzt waren. 1886 veröffentlichte Jean Moréas (1856–1910) sein Manifest, mit dem der Begriff „Symbolismus" Fuß fassen konnte.

Die Symbolisten sahen die materielle Welt als einen Wald voller Symbole aus einer anderen Welt (wie Baudelaire sagte) –

LINKS: KARIKATUR PAUL VERLAINES, aus *Les Hommes d'Aujourd'hui*, von Emile Cohl. Der Franzose Verlaine war einer der Anführer des Symbolismus in der Dichtkunst. Zusammen mit Stéphane Mallarmé und Charles Baudelaire bildete er die sogenannte Dekadenz.

PORTRÄT DES 17-JÄHRIGEN ARTHUR RIMBAUD, 1872, von Étienne Carjat.

einer Welt transzendenter Realität. Sie wandten sich von der Körperlichkeit dieser Welt ab, gaben den Versuch auf, sie zu beeinflussen – sei es durch wissenschaftliche oder kaufmännische Berechnung –, und lehnten den Positivismus sowie die Vorstellung vom Fortschritt des Menschen ab. Sie kultivierten die Jenseitigkeit, den Mystizismus und eine Obsession mit dem Tod und waren fasziniert von der Möglichkeit einer durch Erotik, Drogen, Alkohol, Träume und das Delirium hervorgerufenen Bewusstseinsveränderung.

In Bezug auf die Literatur wandten sich die Symbolisten gegen den pathetischen Ausdruck und die hochtrabende Rhetorik ihrer Vorgänger sowie gegen die Sentimentalität, die sachliche Sprache und die pseudowissenschaftliche Dokumentation der Romanciers. Stattdessen versuchten sie, Gefühle und Stimmungen durch den Klang der Wörter, durch den Rhythmus der Strophe und durch metrische Neuerungen hervorzurufen. Diese Ausdehnung der starren Regeln der Dichtkunst führte über Jules Laforgue (1860–1887) und Gustave Kahn (1859–1936) zu den freien Versen Ezra Pounds und anderer Erzmoderner.

Zu den wichtigsten Werken dieser Autoren gehören die Gedichte Arthur Rimbauds (1854–1891), die er alle vor seinem 19. Lebensjahr verfasste. In vielen von ihnen, etwa in *Le Bateau Ivre* (*Das trunkene Schiff*, 1871), in dem das Boot selbst der Sprecher ist, versucht Rimbaud, durch die Verwirrung der Sinne einen prophetischen Zustand zu erreichen. Rimbaud ist auch für seine stürmische Affäre mit dem Dichter Paul Verlaine (1844–1896) bekannt. Diese endete, als Verlaine auf den Jüngeren schoss und ihn verletzte. Die Episode ruft Verlaine in seinem Gedichtband *Romances sans paroles* (1874) wach.

Auch der Dichter Stéphane Mallarmé (1842–1898), dessen berühmtestes Werk, *L'après-midi d'un faune* (*Nachmittag eines Fauns*, 1876), eine Methaper der Idee war, dass ein erweiterter Bewusstseinszustand nur durch die Entsagung von Besitztum

STEPHANE MALLARMÉ, 1876, von Édouard Manet, Öl auf Leinwand, Musée d'Orsay, Paris

möglich ist, war sehr einflussreich. In seiner Andeutung einer höheren Wahrheit anstelle des Verstehens einer niederen trieb Mallarmé das musikalische Potenzial der Dichtkunst auf die Spitze. Die Bedeutung der Wörter war der Frage untergeordnet, wie sie miteinander klangen. Seine fantasievolle Verwendung der Drucktechnik und des Seitenlayouts zur Modifizierung von Wörtern sollte sich für die futuristischen, dadaistischen und surrealistischen Dichter und Künstler der 1910er-, 1920er- und 1930er-Jahre als äußerst wichtig erweisen.

Nach Mallarmés Tod trug sein Protégé Paul Valéry (1871–1945) die symbolistische Vision ins neue Jahrhundert. Unter Mallarmés Aufsicht hatte er früh einige Erfolge verzeichnen können (1920 überarbeitete und veröffentlichte er sie als *Album des vers anciens*), aber 1892 durchlitt er eine intellektuelle Krise und schrieb die nächsten 20 Jahre kein einziges Gedicht mehr. Ab 1912 begann er, ermutigt von André Gide und anderen, wieder an seiner Dichtkunst zu arbeiten, obwohl seine Bemühungen erst 1917 mit *La Jeune Parque (Die junge Parze)* wieder Früchte tragen sollten. Valérys letzter großer Beitrag zur Lyrik war *Charmes* (*Zauber*, 1922), ein Gedichtband, in dem auch das berühmte *Le cimetière marin (Der Friedhof am Meer)* vorkam.

Die Dichtkunst war die ideale Ausdrucksform für den Symbolismus, denn die mystische Verträumtheit ließ sich nicht sehr gut auf Romanlänge bringen. Joris-Karl Huysmans' (1848–1907) *A rebours* (*Gegen den Strich*, 1884) – die Geschichte der Ansichten und des Geschmacks eines zurückgezogen lebenden Dandys – beinhaltet viele der Bedenken des Symbolismus. Der Roman ist jedoch relativ schwer zu lesen, da darin nicht viel passiert.

Viele Romanciers fanden bei ihrer Abkehr vom Naturalismus und der Ablehnung des Positivismus neue Wege. Einige wandten sich der Religion zu. Zu ihnen gehörte auch Huysmans, dessen Karriere ihn vom Naturalismus über den Symbolismus zum Satanismus mit *Là-bas* (*Tief unten*, 1891) und schließlich zum Katholizismus mit *La Cathédrale* (*Die Kathedrale*, 1898) führte. André Gide (1869–1951) kombinierte dagegen seine Obsession mit dem Innenleben mit Gesellschaftskritik. Seine frühen Werke, besonders *Les Nourritures terrestres* (*Die Früchte der Erde*,

PAUL VALERY (1871–1945)
Valerys 512-zeiliges *La Jeune Parque* (1917) gilt als bestes französisches Gedicht des 20. Jh., und es ist sicher auch das schwierigste. Durch die wechselnden Ausdrucksformen wird versucht, die unterschiedlichen Stimmungen und Gefühle einer jungen Frau auszudrücken, die in einer Nacht über die Liebe und den Tod nachdenkt. Das Ergebnis ähnelt eher einer Tondichtung als einem traditionellen Gedicht.

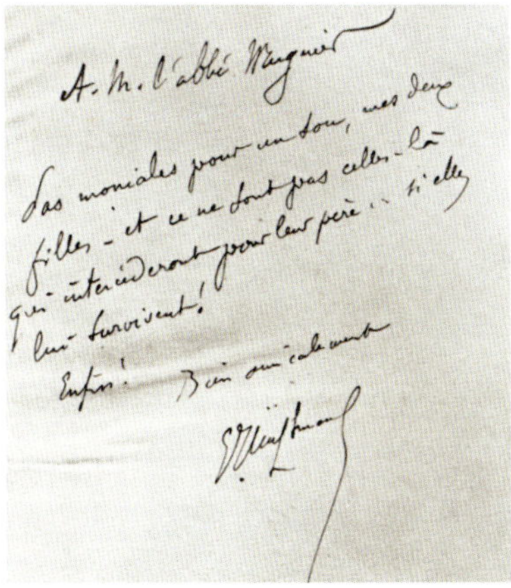
A M. l'abbé Mugnier

Les moniales pour un sou, mes deux filles – et ce ne sont pas celles-là qui intercéderont pour leur père... si elles lui survivent!

Enfin! Bien amicalement

J.K. Huysmans

OBEN LINKS: JORIS KARL HUYSMANS

OBEN RECHTS: HUYSMANS BRIEF AN DEN ABT VON MUGNIER, DER SEINEN WECHSEL ZUM KATHOLIZISMUS BEZEUGTE
Huysmans Arbeiten spiegeln seine Entwicklung vom Naturalisten (*Marthe*, 1876) über die Dekadenzdichtung (*Gegen den Strich*, 1884) zu einer vorübergehenden Faszination mit dem Satanismus (*Tief unten*, 1891) und schließlich zur Annahme des Katholizismus (*Die Kathedrale*, 1898).

1897) und *L'Immoraliste* (*Der Immoralist*, 1902), befürworten – analog zu den Symbolisten – das Ausleben der Sinne ohne die Restriktionen der Moral oder der Gesellschaft. In den folgenden Jahrzehnten wurde aus seinem Interesse an der Selbstergründung eine Suche mit ausgedehnten moralischen, sozialen und politischen Implikationen. In *La Porte étroite* (*Die enge Pforte*, 1909) untersuchte er die Genusssucht, während er in *Corydon* (1924) die Homosexualität verteidigte. In *Voyage au Congo (Reise in den Kongo*, 1928) griff er den Kolonismus an, und in *Au retour de l'URSS* (*Zurück aus Sowjetrussland*, 1936) beschrieb er seine Erfahrungen mit dem Kommunismus.

Während des Ersten Weltkriegs erschienen Themen wie Persönlichkeit, Erinnerungen und deren Bezug zum modernen Leben immer angemessener. Dieser Bruch mit der Vergangenheit wird nirgendwo besser dargestellt als in dem Roman *Le grand Meaulnes* (*Der große Meaulnes*, 1913), einer nostalgischen Geschichte über junge Liebe und Unschuld, von Alain-Fournier (Pseudonym Henri Alban-Fourniers, 1886–1914), der ein frühes Opfer des Krieges war. 1913 wurde auch der erste Teil von Marcel Prousts *A la recherche du temps perdu (Auf der Suche nach der verlorenen Zeit)* veröffentlicht. In den folgenden Teilen beschäftigte er sich mit Krieg: Combray, das Dorf im Mittelpunkt der Geschichte, wird als zweigeteilt durch verfeindete Armeen dargestellt, Paris wird bombardiert, und die Orte seiner Jugend verwandeln sich in Kriegsschauplätze. Von den Romanen, die sich hauptsächlich um den Krieg drehen, ist *Le feu* (*Das Feuer*, 1916) von Henri Barbusse (1873–1935) zweifellos der bekannteste.

Im Gegensatz zur englischen Literatur jener Zeit entwickelte sich in der französischen Dichtkunst keine markante Bewegung wie die eines Wilfred Owen und Siegfried Sassoon. Stattdessen kümmerte sich die Avantgarde in Frankreich um den Krieg. Besonders bedeutend ist der Gedichtband *Calligrammes* (1918) von Guillaume Apollinaire (1880–1918), der im Ersten Weltkrieg

ANDRÉ GIDE
Zu Gides Schriften gehören Theaterstücke, Erzählungen und Essays, die eine große Vielfalt an Themen und literarischen Methoden aufweisen. Gide war ein psychologischer Romancier, ein innovativer Moderner, ein großer Literaturkritiker, ein Verfechter der sozialen Gerechtigkeit und ein Sprecher für die Rechte der Homosexuellen. In erster Linie war er aber Moralist und Denker, dessen Suche nach dem Selbst grundsätzlich religiös motiviert ist. 1947 erhielt er den Nobelpreis für Literatur.

verletzt wurde und dann an der Spanischen Grippe starb. Während Mallarmés Werke 20 Jahre zuvor eine Krise zwischen Sprache und Bedeutung ausgelöst hatten, fanden die gleichen Techniken (schwankende Wortdefinitionen, Unterbrechungen in der Logik, unerwartete Nebeneinanderstellungen usw.) in *Calligrammes* eine Thematik, die perfekt zu ihnen passte.

In den 1920er-Jahren stand Apollinaire im Mittelpunkt der französischen Bewegung der Moderne. Der enge Freund Picassos war ein bedeutender Kunstkritiker, der bei der Definition des Kubismus half und die Begriffe „Orphismus" und „Surrealist" mit prägte. Zudem schrieb er das erste surrealistische Theaterstück, *Les mamelles de Tirèsias* (*Die Brüste des Tiresias*, verfasst 1903, uraufgeführt 1917). Zu seinen wichtigsten literarischen Mitstreitern gehörten Max Jacob (1876–1944) und Blaise Cendrars (1887–1961), die Apollinaires Wertschätzung von Zufall und Experiment sowie das Bedürfnis, mit der Tradition zu brechen, teilten, gleichzeitig aber collageartige Techniken anwandten und in ihren Werken Ironie, Parodie und oft verrückten Humor einsetzten.

Im Bereich Drama galt *Ubu Roi* (*König Ubu*, 1896) von Alfred Jarry (1873–1907) als der Quell der Avantgarde. Apollinaire lernte Jarry recht spät kennen, stimmte dessen Ablehnung des Glaubens an den Fortschritt des Menschen aber zu und bezog sich in seinen eigenen Stücken auf dessen anarchistischen Humor und seine bösartige Satire. Jarrys Einfluss ist auch in den surrealistischen Werken der 1920er- und 1930er-Jahre spürbar sowie in Ionescos und Becketts Theater des Absurden. Man sollte die kulturellen Veränderungen, die *Ubu Roi* auslöste, nicht unterschätzen: Zur Zeit der Uraufführung des Stücks war das französische Theater eine reichlich kommerzielle Angelegenheit mit den formelhaften Possen eines Feydeau oder der Neoromantik eines Rostad. Zu den sicher interessantesten Stücken gehörten in den letzten Jahrzehnten des 19. Jh. die Werke Auguste Villier de l'Isle-Adams (1838–1889) – vor allem *Axel* (1890) –, sowie Maurice Maeterlincks (1862–1949) – insbesondere das Stück *Pelléas et Mélisande* (*Pelleas und Melisande*, 1892). Beide Stücke verbinden den Verlass auf Mythen mit der Betonung des Übersinnlichen und Jenseitigen der symbolistischen Dichter.

DIE LISTE DER IM ERSTEN WELTKRIEG GEFALLENEN FRANZOSEN WIRD VERLESEN

LINKS: DENKMAL FÜR APOLLINAIRE, der Steinkopf der Dora Maar von Picasso auf einem Monument zu Ehren Apollinaires

HENRI BARBUSSE
Das Feuer (1916) von Henri Barbusse ist mit seiner realistischen Beschreibung und der moralischen Abscheu gegenüber den Geschehnissen im Krieg ein typisches Beispiel französischer Kriegsromane.

PROUST

Marcel Proust (1871–1922) ist als Autor des monumentalen *A la recherche du temps perdu (Auf der Suche nach der verlorenen Zeit*), 1913–1927 in sieben Bänden veröffentlicht, bekannt. Als eine Art Meilenstein in der Entwicklung des Romans beeinflusste er viele Schriftsteller des 20. Jh., wie James Joyce und Virginia Woolf.

Obwohl umstritten bleibt, inwieweit der Erzähler von *Auf der Suche nach der verlorenen Zeit* mit dem Autor gleichzusetzen ist, scheint das Buch zumindest in Teilen autobiografisch zu sein. Proust wurde 1871 in Auteuil in eine wohlhabende Familie geboren. Als Kind litt er unter diversen Krankheiten und wurde deshalb oft zur Erholung in das Dorf Illiers geschickt. Kombiniert mit Teilen Auteuils wurde Illiers zum Modell für das erfundene Dorf Combray, in dem ein Großteil von *Auf der Suche nach der verlorenen Zeit* spielt. Als junger Mann trieb sich Proust in Paris herum, zog sich aber nach und nach zurück, um sich der Literatur zu widmen. In den späten 1890er-Jahren stellte er sich in dem Skandal, der Frankreich in Atem hielt, auf die Seite Dreyfus' (die Familie von Prousts Mutter war jüdisch). Gleichzeitig entdeckte er Ruskin und begann, *The Bible of Amiens (Die Bibel von Amiens)* zu übersetzen.

Ein entscheidener Augenblick in Proust Leben war im Jahr 1905 der Tod seiner Mutter,

der er sehr nahe stand. Danach widmete er sich ganz dem Schreiben und vollendete 1912 den ersten Band von *Auf der Suche nach der verlorenen Zeit.*

Proust, der immer öfter krank war, verbrachte seine letzten Jahre an sein Schlafzimmer gefesselt und arbeitete die Nächte durch, um sein Meisterwerk zu vollenden. Er starb, bevor er die Korrekturen beendet hatte, aber sein Bruder Robert lektorierte die letzten drei Bände, die posthum veröffentlicht wurden.

Ein zentrales Thema des Romans ist das Anhalten der Zeit durch die Erinnerung. Proust entwickelte das Konzept der unbewussten Erinnerung, bei der ganz alltägliche Ereignisse – oft flüchtige Dinge wie ein Geruch, eine Berührung oder ein Geschmack – unerwartete Erinnerungen auslösen. In einem berühmten Beispiel im Buch isst der Erzähler ein Madeleine (ein französisches Gebäck), das er in Tee taucht. Dies weckt eine Erinnerung in einer Art von Erleuchtung in ihm, die den Symbolisten gefallen hätte.

Das Thema Erinnerung wird noch bedeutsamer, wenn man die Zeit betrachtet, in welcher der Roman spielt. In Frankreich kam es in der Dritten Republik zu enormen politischen und gesellschaftlichen Umwälzungen, angefangen beim Deutsch-Französischen Krieg 1870/71 bis zum neuen Wohlstand durch die Industrialisierung, von der Dreyfus-Affäre bis zum desaströsen Ersten Weltkrieg. Prousts Betrachtung der Unsicherheit des modernen Lebens lässt in vielerlei Hinsicht das Werk seines Cousins, des Philosophen Henri Bergson (1859–1941), wiederhallen. Ein weiterer Einfluss war John Ruskin (1819–1900).

Andere Themen in *Auf der Suche nach der verlorenen Zeit* sind die Gesellschaft und die individuelle soziale Mobilität, die Homosexualität, die künstlerische und analytische Intelligenz sowie die Natur der Liebe. Natürlich geht es in Prousts Werk genauso viel um Form und Sprache wie um Inhalt. *Auf der Suche nach der verlorenen Zeit* ist eine Erforschung der Möglichkeiten des Romans und in seinem Umgang mit Charakterisierung und Handlung wegweisend. Marcel Proust entwickelte einen ganz eigenen Literaturstil.

ENGLAND: VOM VIKTORIANISCHEN ZEITALTER ZUM MODERNISMUS

Von der englischen Kultur des 20. Jh. wird oft behauptet, sie habe es versäumt, eine eigene Avantgarde-Bewegung ins Leben zu rufen. Als Gründe werden die relative politische Stabilität, das Temperament der Bevölkerung und der Verlass auf andere englischsprachige Nationen zur Einführung neuer kultureller Ideen angeführt. Letzteres erscheint als der glaubhafteste und wichtigste Grund. Während es damals zweifellos viele bedeutende englische Autoren gab – z. B. Lawrence, Woolf und Auden –, waren es doch eher Schriftsteller aus anderen Ländern, die dem Ikonoklasmus und dem Experimentellen Vorschub leisteten: die Iren Yeats und Joyce, Pound, Eliot, Faulkner und Hemingway aus den USA und sogar Conrad aus Polen (der in Englisch schrieb). Dennoch, Radikalismus und Experimentierfreudigkeit sind nicht die einzigen Kriterien für literarischen Wert, und die englischen Autoren dieser Epoche waren nicht nur sehr fleißig, sondern produzierten ein Gesamtwerk, das für bleibendes Interesse sorgte.

Ein Autor, der den Übergang von 19. ins 20. Jh. repräsentiert, ist Thomas Hardy (1840–1928). Mit *Jude the Obscure* (*Juda, der Unberühmte,* 1895) beendete er seine Karriere als Romancier und widmete sich der Dichtkunst. Sein *The Darkling Thrush (Die dunkelnde Drossel)* entstand in den letzten Tagen des 19. Jh. und gilt als Totenglocke der Romantik. Die Verwendung des seltenen Wortes „darkling" stellt eine Verbindung zu Keats' *Ode to a Nightingale* (*Ode an eine Nachtigall,* 1819) her. Während sein Vorgänger jedoch eine Frühsommerlandschaft voller Hoffnung darstellt, beschreibt Hardys Gedicht einen trübsinnigen Winter, in dem die Menschheit vor sich hintreibt, ohne die Gewissheit der Existenz eines Gottes.

Auch im Stil zeigen Hardys Gedichte den Übergang vom Viktorianischen in das moderne Zeitalter. Obwohl die Form

JUDA, DER UNBERÜHMTE, 1896, von Thomas Hardy.
Hardys letzter Roman begann als Fortsetzungsroman und wurde 1895 erstmals in Buchform veröffentlicht. Es ist die Geschichte von Jude Fawley, einem jungen Mann aus der Unterschicht, der Gelehrter werden möchte.

seiner Gedichte noch überwiegend traditionell ist, führt er umgangssprachliche Wörter, Dialekte und sogar Wortneubildungen ein. Das passte zu den sehr persönlichen Themen seiner Werke – der Versuch des Einzelnen, den verwirrenden Verlauf des Lebens, der Liebe und des Todes zu verstehen – und betont die Abkehr von den selbstbewussten öffentlichen Deklamationen der viktorianischen Dichtkunst.

Zu Hardys Lebzeiten hatte Lyrik eine viel größere Leserschaft als heute. Einige Dichter (z. B. Rupert Brooke und Robert Bridges) waren Bestsellerautoren, und das Verseschreiben war ein beliebtes Hobby. Viele populäre Verse orientierten sich in Bezug auf Form, Tonfall und Inhalt am 19. Jh.; die meisten davon werden heute kaum noch beachtet. Es gab jedoch auch Dichter, die in ihrer Zeit berühmt waren und sich diesen Erfolg in der Nachwelt bewahren konnten. Ein Beispiel ist Rudyard Kipling (1865–1936). Seine *Barack-Room Ballads* (*Soldatenlieder,* 1892) mit Gedichten wie *Gunga Din* und *Mandalay*, waren in der Umgangssprache der Briten in Indien verfasst worden. In seinem Gedicht *If* (veröffentlicht 1910) fasst er die britischen Tugenden

DAS DSCHUNGELBUCH
1903, von Rudyard Kipling, Stapleton Collection

LINKS: RUDYARD KIPLING
Kipling hatte früh Erfolg mit seinen Gedichten, entwickelte sich dann aber zu einem Meister der Kurzgeschichte mit großartigen Darstellungen der Menschen, Geschichte und Kultur seiner Zeit. Er bewunderte den Mut der britschen Kolonialsoldaten, aber zu Weltruhm gelangte er durch *Das Dschungelbuch*, das viele Adaptionen quer durch alle Medien inspiriert hat.

zusammen, die beim Aufbau des Empires halfen. Trotz späterer Kritik an seinen imperialistischen Ansichten sowie an seinem möglichen Rassismus beweisen Kiplings Werke, dass er sich der Probleme des Empires sehr wohl bewusst war. Zudem versucht er in vielen Arbeiten, z. B. in *Plain Tales from the Hills* (*Schlichte Geschichten aus Indien*, 1888) die Psychologie und das Dilemma der Kolonisten realistisch darzustellen.

Ein weiterer Dichter mit bleibendem Ruhm ist A. E. Housman (1859–1936). Seine Gedichte in *Shropshire Lad* (1896) wurden zum unentbehrlichen Begleiter der Soldaten im Ersten Weltkrieg. Der Krieg brachte aber auch eine neue Art der Dichtkunst hervor – unsentimental, kompromisslos im Konflikt mit etablierten Werten und der Moderne zugeneigt, anstatt in die Vergangenheit blickend. Für viele Soldaten gab der patriotische Idealismus der Gedichte, die zu Beginn des Krieges geschrieben wurden, die wahren Bedingungen des Konflikts nicht wieder. Die Taktiken der Generäle aus der Oberschicht waren überholt. Die militärische Führung wusste nicht, was in gewöhnlichen Soldaten vor sich ging, und erschien ihren Nöten gegenüber gefühllos. Zusätzlich war die Organisation schlecht, die hygienischen Bedingungen erschreckend, und niemand interessierte sich für das mentale Trauma der Soldaten. Im Grunde genommen beleuchtete der Krieg Probleme, die allgemein in der Gesellschaft bestanden. Gedichte wie *Anthem for Doomed Youth (Hymne für verlorene Jugend)* von Wilfred Owen (1893–1918) brachte einen neuen Realismus in die Dichtkunst. Die Nutzung der Umgangssprache verlieh dem einfachen Soldaten eine Stimme, Halbreime deuteten die Ablehnung von Harmonie und Platitüden an, und die Alliterationen beschworen die Geräusche der modernen Kriegsführung herauf. Gedichte wie *The General* von Siegfried Sassoon (1886–1967) fügten der Mischung noch bittere Ironie und beißende Satire hinzu.

Dem Roman bescherten die ersten Jahrzehnte des 20. Jh. eine großartige formale Entwicklung – und eine Reihe bedeutender

WIEDERSEHEN IN *HOWARDS END*
Wiedersehen in Howards End war Forsters erster von der Kritik gefeierter Roman und wurde erfolgreich für die Leinwand adaptiert. Hier sieht man Regisseur James Ivory im Academy Theater in Beverly Hills, Kalifornien (2007).

LINKS: E.M. FORSTER

Werke. Ein Teil des Antriebs dieser Ära des literarischen Experimentierens ewuchs aus dem Gefühl einiger Schriftsteller, die vorherrschenden Konventionen und Werte passten nicht zum Leben, wie sie es sahen. Mit dem Ende der religiösen und gesellschaftlichen Sicherheit des Viktorianischen Zeitalters suchten Schriftsteller vergeblich nach dem, was Literaturtheoretiker als Metaerzählung bezeichnen – die allumfassende Erklärung von Geschichte und Kultur. Neue Entwicklungen in der Psychologie durch Sigmund Freud (1856–1939) sowie in der Anthropologie durch J. G. Frazer (1854–1941) betonten, wie starrköpfig oder zumindest inadäquat die alten Überzeugungen waren. In Bezug auf Literatur bedeutete dies die Vernachlässigung von Erzählung und rationalen Argumenten zugunsten des individuellen Bewusstseinsstroms, des Verlassens auf Bilder, des neuen Gebrauchs der Mythologie und der Fragmentierung von Raum und Zeit. Es war das Zeitalter des pessimistischen Außenseiters.

Die britischen Romane gerieten zunehmend in Konflikt mit dem Empire. Obwohl Kipling als Erhalter imperialistischer Werte galt, wies er dennoch auf die ethischen und sozialen Probleme des Kolonismus hin. Andere Autoren gingen noch weiter: Joseph Conrad (1857–1924) hatte auch persönliche Erfahrung mit dem Kolonialismus. In seinen Romanen, z. B. *Lord Jim* (1900), untersuchte er die Grenzen englischen Verhaltens außerhalb der Heimat. In *Nostromo* (1904) entwickelt er Themen wie Loyalität, Unschuld, Selbsterkenntnis, Bestechlichkeit und moralisches Wachstum im Angesicht extremer Gefahr in Südamerika. Conrads bedeutendstes Werk ist die Novelle *Heart of Darkness* (*Herz der Finsternis*, 1899). Die Hauptfigur, der berüchtigte Kurtz, steht als Symbol für alles Böse, was die europäische Zivilisation ihren Kolonien angetan hat – und dafür, wie dieses Böse zurückschlug und seinen Verursacher korrumpierte.

Eine von Conrads vielen literarischen Neuerungen war die Betrachtung von Figuren und Ereignissen aus verschiedenen Blickwinkeln. Zudem nutzt er Zeitverschiebungen, um zusätzliche Blickwinkel zu erzeugen. Für Conrad gab es keinen objektiven Regelsatz zum Bewerten, kein vorherrschendes Wertesystem, keinen gemeinsamen ethischen Codex. Stattdessen finden sich bei ihm moralische Komplexität, Konflikte, Missverständnisse, das Gefühl drohender Anarchie, Einsamkeit und Pessimismus.

Ein weiterer Romancier, der sich mit ähnlichen Themen beschäftigte, war E .M. Forster (1879–1970). Sein berühmtestes Werk ist *Passage to India* (*Auf der Suche nach Indien*, 1924), in dem die Vielschichtigkeit der Kolonisierung geschildert wird. In seinen frühen Romanen hatte er die Konfrontationen erforscht, die entstanden, als sich die strikte Klassentrennung des Viktorianischen Zeitalters im Zuge der modernen Veränderungen auflöste. In *Room with a View* (*Zimmer mit Aussicht*, 1908) steckt er Mitglieder der prüden englischen Gesellschaft mit amerikanisch inspirierten Freidenkern und sexuell hemmungslosen Italienern zusammen in eine Pension in Florenz. In *Howards End* (*Wiedersehen in Howards End*, 1910) lässt er moderne Ästheten, kaufmännische Imperialisten und einfache Arbeiter vor dem Hintergrund des „Fortschritts" im ländlichen England zusammentreffen. In *Maurice* (1971 posthum veröffentlicht) untersucht er schließlich die Konflikte Homosexueller, die in einer Gesellschaft der Verdrängung leben.

LADY CHATTERLEYS LIEBHABER
Erstmalig 1928 in Florenz gedruckt, erschien das Buch erst 1960 in Großbritannien. Hier sieht man zwei Frauen vor einem Buchladen in London, die eine Taschenbuchausgabe von *Lady Chatterleys Liebhaber* lesen, nachdem ein Richter am Old Bailey es als nicht obszön gewertet hatte.

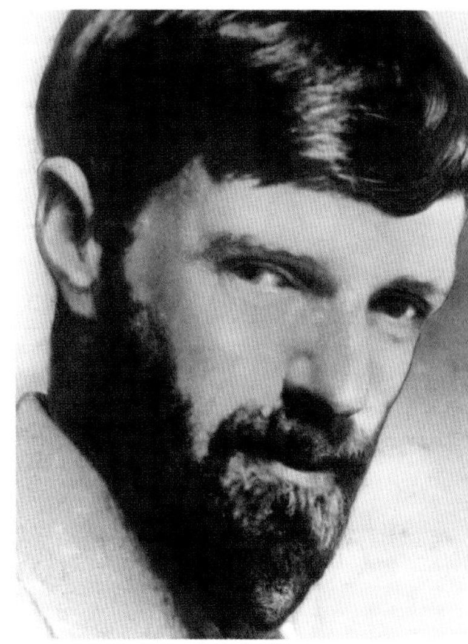

RECHTS: D. H. LAWRENCE

Die Romane von D. H. Lawrence (1885–1930) beschäftigten sich ebenfalls mit den Problemen eines Landes auf dem Weg in die Moderne. Als Sohn eines Bergarbeiters und einer Lehrerin bekam der Autor die sozialen Veränderungen von klein auf mit. Sein erster großer Roman, *Sons and Lovers* (*Söhne und Liebhaber*, 1913) war in vielerlei Hinsicht ein Künstlerroman. Er bezog sich auf eigene Erfahrungen sowie auf die Kontraste zwischen dem ungebildeten Vater und der gesellschaftlich ambitionierten Mutter. Als Nächstes folgten *The Rainbow* (*Der Regenbogen*, 1915), das nach einem Prozess wegen Obszönität zurückgehalten wurde, sowie die Fortsetzung, *Women in Love* (*Liebende Frauen*, 1920). Lawrences besonderes Interesse an Sex und Körperlichkeit war z. T. die Reaktion auf die englischen Verhaltensregeln und die sexuelle und emotionale Unterdrückung, die diese mit sich brachten. Es hatte aber auch mit seiner Überzeugung zu tun, die moderne europäische Gesellschaft lege zu viel Wert auf den Kopf und nicht genug auf den Körper.

In seinem bedeutenden Roman *Lady Chatterley's Lover* (*Lady Chatterleys Liebhaber*, 1928) führt er diese Themen weiter aus. Das Buch wurde ursprünglich in Italien veröffentlicht, um der Zensur durch britische Behörden zu entgehen. Erst 1960 kam es auch in Großbritannien heraus. Erzählt wird die Geschichte verschiedener Beziehungen – zum Teil über Klassenschranken hinweg. Der Tod wird mit der Oberschicht und ihren Regeln in Verbindung gebracht, während Sexualität das Potenzial hat, Erfüllung oder Zerstörung zu bringen, je nachdem, ob sie auf Instinkt oder auf Berechnung basiert.

Lawrences Romane zeigen deutlich realistische und naturalistische Einflüsse. Er kombiniert lebhafte Darstellungen der körperlichen Sphäre mit subtilen psychologischen Beobachtungen. Lawrence war sehr fleißig – als Dichter wie auch als Romancier, Kurzgeschichtenautor und Dramatiker. Ab 1919 wandte er sich dem Schreiben von Reiseberichten zu. Bücher wie *Sea and Sardinia* (*Das Meer und Sardinien*, 1921) und *Mornings in Mexico* (*Mexikanischer Morgen*, 1927) betonen den Kontrast zwischen einem Leben in den Tretmühlen des industrialisierten Nordens und dem instinktiveren, einfacheren Leben in südlichen Gefilden.

Einer von Lawrences frühen Anhängern war der Romancier, Kritiker und Verleger Ford Madox Ford (1873–1939). Ford hatte als Verleger von *The English Review* und *Transatlantic Review*, in denen Werke von Hardy, Yeats und Conrad veröffentlicht wurden und erstmals auf Lawrence und Wyndham Lewis aufmerksam gemacht wurde, großen Einfluss auf die Literatur des englischen Modernismus. Fords Ruf begründet sich aber auch auf einem seiner eigenen Romane, *The Good Soldier* (*Der gute Soldat*, 1915). Das Buch ist aufgrund des unzuverlässigen Erzählers und der Verwendung von Rückblenden, die den Leser darüber im Unklaren lassen, welche Version der Ereignisse wahr ist, bemerkenswert. Konzepte wie Zeit und Bewusstsein waren zentrale Anliegen der Schriftsteller des Modernismus. Die Werke Freuds und Jungs erklärten, dass vergangene Ereignisse das Potenzial haben, sich bewusst oder unbewusst durch das Gedächtnis mit der Gegenwart zu verbinden. Die korrekte Darstellung einer Figur musste aus diesem Grund auch die Darstellung des Durcheinanders seiner Wahrnehmungen, Erinnerungen und Gefühle in einem stetigen Fluss beinhalten. Ereignisse konnten nicht länger in Reihenfolge präsentiert werden, und als Ergebnis wurde der Roman flüssiger, weniger logisch und weniger gekünstelt.

In den Romanen Virginia Woolfs (1882–1941) entfalteten viele dieser Ideen ihr volles Potenzial. Als Tochter des bedeutenden viktorianischen Literaturkritikers Sir Leslie Stephen stand Woolf im Mittelpunkt einer Gruppe von Künstlern und Intellektuellen in London, die als Bloomsbury Group bekannt war. Zu den Mitgliedern gehörten der Romancier E. M. Forster, der Biograf Lytton Strachey, der Ökonom J. M. Keynes, der Maler Duncan Grant und Woolfs Ehemann, der Verleger Leonard Woolf.

Nach zwei recht gewöhnlichen Romanen begann Woolf für ihr drittes Buch, *Jacob's Room* (*Jacobs Zimmer*, 1922), mit Form und Technik zu experimentieren. Sie entwickelte einen eindringlichen, lyrischen Stil und verwendete poetische Rhythmen und Bilder

MITGLIEDER DES *TRANSATLANTIC REVIEW*, *ca.* 1925.
Von links nach rechts: Die Schriftsteller Ford Madox, James Joyce und Ezra Pound stehen mit dem Anwalt John Quinn vor der Tür.

VIRGINIA WOOLF, 1902, George Charles Beresford. Virginia Woolf war eine bedeutende Persönlichkeit der Londoner Literatengesellschaft und Mitglied der Bloomsbury Group.

zur Darstellung von Gefühlen und Eindrücken, ohne dass ihre Sätze dabei eine konkrete Aussage haben mussten. In Romanen wie *Mrs. Dalloway* (1925) werden die eintönigen Schauplätze durch die poetische Vision der Autorin emporgehoben.

Woolf wird oft die Entwicklung des Bewusstseinsstroms angerechnet. Hierbei befindet sich der Leser im Geist des Charakters und nimmt so an seinen Erfahrungen teil. Mrs. Dalloway etwa hält im Lauf eines Tages in London einen Monolog über ihr Innenleben. Der Leser erfährt ihre subjektiven Eindrücke, Gedanken und Gefühle in einem ununterbrochenen Strom. Auch Erinnerungen spielen eine Rolle, und so gibt es immer wieder Rückblenden. Desgleichen das Unbewusste – das Ganze wirkt zum Teil unlogisch und verwirrend, aber eine zusammenhängende Erzählung in einer logischen Reihenfolge würde nicht die tatsächliche Erfahrung der Person wiedergeben. Oft bricht Virginia Woolf dabei Regeln von Grammatik, Syntax und Zeichensetzung.

In ihrem nächsten Roman, *The Lighthouse* (*Zum Leuchtturm,* 1927), entwickelte Woolf ihren dichterischen Stil durch die Nutzung des Symbolismus weiter. Symbole werden auch zur Betonung vielfacher Perspektiven benutzt. Und die Symbole haben für die einzelnen Charaktere im Roman unterschiedliche Bedeutungen.

Zusätzlich zu ihren formalen Neuerungen haben Woolfs Arbeiten auch eine besondere Bedeutung für die feministische Kritik. Ihr Essay *A Room of One's Own* (*Ein eigenes Zimmer,* 1928) ist ein Meilenstein feministischen Gedankenguts, denn es beleuchtet die Rolle der Frau in der Literaturgeschichte und wirft die Frage auf, ob eine Frau Werke in der Qualität Shakespeares verfasst haben könnte. Woolfs Antwort scheint zu sein, dass eine Frau niemals die Chance bekommen hätte.

IRLAND

In den letzten Jahren des 19. Jh. durchlief die irische Literatur eine Phase der Erneuerung, und in den folgenden Jahrzehnten sollte sie bedeutende Beiträge zur Weiterentwicklung der modernen englischsprachigen Literatur leisten. Die Erneuerung begann mit einem steilen Anstieg des Interesses an keltischer Mythologie, gepaart mit einer Besorgnis um die nationale Identität. Diese Erneuerung wird manchmal als *The Celtic Twilight*, nach dem Titel einer Geschichtensammlung von William Butler Yeats (1865–1939), bezeichnet, die 1893 veröffentlicht wurde.

Während die Autoren der Celtic-Twilight-Bewegung die irische Identität und die Bedeutung der irischen Umgangssprache

ABBEY THEATRE, DUBLIN
Zusätzlich zu seinen Beiträgen zur Dichtkunst war W. B. Yeats an der Entwicklung des irischen Theaters beteiligt. In den frühen 1900er-Jahren gründete er zusammen mit dem Dramatiker J. M. Synge und anderen das Abbey Theatre in Dublin. Ziel war die Förderung einer neuen Art von irischem, literarischem Drama. Entsprechend der Avantgarde des französischen Theaters wollte Yeats „die Vorherrschaft des Dramatikers anstelle des Schauspieler-Direktors à l'anglais". The *Countess Cathleen* (1892), *The Land of Heart's Desire* (1894), *Cathleen ni Houlihan* (1902), *The King's Threshold* (1904) und *Deirdre* (1907) sind einige seiner bekanntesten Stücke. Neben Yeats' Werken wurden im Abbey bedeutende Stücke von J. M. Synge (1871–1909), George Bernard Shaw (1856–1950) und Sean O'Casey (1880–1964) aufgeführt.

wiederherstellten, ging W. B. Yeats mit seiner Erneuerung noch ein Stück weiter. Seine frühen Werke werden am besten durch sein Gedicht *The Lake Isle of Innisfree* (1890) charakterisiert, in dem sich der Erzähler aus seiner städtischen Umgebung heraus nach dem idealisierten, einfachen Leben auf dem Land sehnt. Langsam wandte sich Yeats jedoch von der präraffaelitisch inspirierten Lyrik ab und begann, Elemente des Mystizimus der französischen Dichter seiner Zeit einzubauen.

Ein größeres Engagement in der irischen Sache veranlasste Yeats schließlich zu einem entschlossenen Bruch mit romantischen Ansichten. Seine jugendliche Anhimmelung des irischen Landlebens wurde durch eine realistischere und deutlich direktere Vorgehensweise ersetzt. In dem Gedicht *September 1913* erklärt er das romantische Irland für tot: „Romantic Ireland's dead and gone/It's with O'Leary in the grave". In anderen Gedichten, etwa in *The Second Coming* (1921), entwickelte sich eines von Yeats' Lieblingsthemen weiter: die zyklische Natur der Geschichte und ihre Bedeutung zur Erklärung des Verfalls der Zivilisation, wie er ihn wahrnahm. Später, vor allem in der Sammlung *The Tower* (*Der Turm*, 1928), kombiniert er diese Theorie dann mit seinem früheren Interesse am Mystizismus. In seinem Versuch, die Ereignisse in der Außenwelt mit dem geistigen Leben zu versöhnen, wird Yeats schließlich wieder persönlicher.

W. B. YEATS,
Fotogravur aus *Men of Mark*, 1913. Yeats war einer der Gründer des Irish Literary Revival, zusammen mit J. M. Synge, Sean O'Casey (1880–1964) und Padraig (Padraic) Colum (1881–1972). Er war dem Mystizismus seherischer Traditionen zugeneigt und orientierte sich stark an der irischen Volkskunde. Beide waren für Yeats wertvolle Quellen seiner poetischen Metaphorik.

JAMES JOYCE (1882–1941)

T. S. Eliots *Wasteland (Das wüste Land)* und Samuel Becketts *Waiting for Godot (Warten auf Godot)* gelten oft als die größten Werke des englischen Modernismus in den Bereichen Lyrik und Drama; ihnen entspricht James Joyces *Ulysses* im Roman. In Bezug auf den Inhalt vergrößerte seine beträchtliche Bandbreite an Eindrücken und Gedanken den Spielraum des Romans dramatisch, und technisch zeigte er eine radikale Abkehr von den abgedroschenen Ausdrucksformen der vergangenen Ära.

James Joyce wurde in Dublin geboren, wuchs dort auf, verbrachte aber fast sein ganzes Erwachsenenleben in Triest, Zürich oder Paris. Dennoch spielen alle seine Werke in Irland und sind der irischen Kultur zutiefst verbunden. Sein erstes bedeutendes Werk war *Dubliners* (1914), eine Sammlung von Kurzgeschichten über das Leben normaler Menschen, gefangen in der Enge einer stagnierenden Gesellschaft und Religion. Danach folgte A *Portrait of the Artist as a Young Man* (*Porträt des Künstlers als junger Mann*, 1916), ein Künstlerroman, in dem Joyces Alter Ego Stephen Dedalus (der später auch in *Ulysses* vorkommt) vorgestellt wird.

Joyces wichtigstes Werk ist *Ulysses*, das in Buchform erstmals 1922 in Paris erschien, da es in den USA und Großbritannien aufgrund angeblicher Obszönität Probleme mit

der Zensur gab. Das Buch spielt an einem Tag, dem 16. Juni 1904. Joyce überträgt die Figuren und Ereignisse aus Homers *Odyssee* auf das moderne Dublin, das detailliert und in all seinem Elend dargestellt wird. Odysseus, Penelope und Telemachus werden durch ihre weniger heroischen modernen Gegenstücke Leopold Bloom, Molly Bloom und Stephen Dedalus repräsentiert. Das Buch ist sehr schematisch aufgebaut: Jedes Kapitel umfasst grob eine Stunde des Tages und entspricht einem Ereignis aus der Odyssee, weist seine jeweils eigene literarische Technik auf und lässt sich einer bestimmten Kunst oder Wissenschaft, Farbe oder einem Körperorgan zuordnen.

Joyce experimentierte aber nicht nur mit Form und Aufbau, sondern nutzte auch auf der Ebene des Satzes die ganze Bandbreite aus. Er verwendet Wortspiele, Parodien, Witze, Unsinn, Anspielungen und Wortneuschöpfungen. Zudem setzte er die Technik des Bewusstseinstroms ein. Das Ergebnis ist ein schwindelerregender Missklang ohne Auflösung, der den Leser einer ebenso großen Sinnesüberlastung aussetzt wie die moderne Metropole Dublin selbst.

Joyces letzte Arbeit, *Finnegans Wake* (1939), ging noch einen Schritt weiter. Einige Kritiker (und auch frühere Anhänger wie etwa Ezra Pound) waren der Ansicht, er habe damit die Grenzen des Annehmbaren überschritten. Für viele Leser sind allein die Wortspiele so komplex, dass das Buch beinahe unlesbar – und unübersetzbar – wird. Diese Schwierigkeit wird durch die wilde Mischung von Erzähltechniken (freie Traumassoziation, Anspielungen, Bewusstseinsstrom usw.) und philosophischen Ideen noch verstärkt.

JAMES JOYCE
Dublins Prachtstraße, die O'Connell Street, wird am Sonntag, den 13. Juni 2004, für das Bloomsday-Centenary-Frühstück zu Ehren des 100. Jahrestags von Leopold Blooms berühmten Frühstücken in James Joyces *Ulysses* geschlossen und in ein Freiluft-Restaurant verwandelt. Bloomsday fällt normalerweise auf den 16. Juni.

AMERIKANISCHE LITERATUR

In den Jahren 1880–1950 entsprach in den USA der wachsende kulturelle Einfluss nahezu der enormen wirtschaftlichen Expansion, und die amerikanische Literatur wurde erwachsen. Doch obwohl die USA zu einer Weltmacht aufstiegen, war dies keine Periode des uneingeschränkten Selbstbewusstseins. Selbst zu Zeiten des Aufschwungs stellten viele die engstirnige Jagd nach Reichtum in Frage. Viele Künstler und Schriftsteller (darunter Pound und Hemingway) wanderten nach Europa aus – in der Hoffnung, dort bedeutendere kulturelle Werte zu finden. Sie trafen sich in Paris, gründeten eine Exilgemeinde und erhielten den Beinamen „Lost Generation". Zu Hause war in den 1930er-Jahren die Wirtschaft zusammengebrochen. Die Gewissensprüfung in der Weltwirtschaftskrise fand ihren Ausdruck in den Werken William Faulkners, John Steinbecks und anderer. In den 1940er-Jahren kam es zu einer Art Erneuerung. Amerika wurde wirtschaftlich und politisch gestärkt, während Europa im Krieg versank. Das kulturelle Leben wurde durch einen Zustrom an Künstlern, Schriftstellern und Intellektuellen bereichert, die vor den Nationalsozialisten flohen.

In der Dichtkunst hatten Whitman und Dickinson Ende des 19. Jh. bereits die Grundlagen einer amerikanischen Tradition gelegt. Schriftsteller wie Robert Frost (1874–1963) setzten die Neuengland-Tradition der Naturpoesie bis ins nächste Jahrhundert fort.

Ein weiterer uramerikanischer Dichter war William Carlos Williams (1883–1963). Er machte sich daran, eine gänzlich amerikanische Art der Dichtkunst zu entwickeln und glaubte – wie er in seiner Essaysammlung *In the American Grain* (1925) sagte –, dass „alle Kunst im Örtlichen beginnt". Er vermied deshalb die abgenutzte britische Sprache zugunsten von Ausdrücken, die er bei den Amerikanern hörte, die er bei seiner Arbeit als Arzt täglich kennenlernte. Williams experimentierte mit der dichterischen Form, um den Rhythmus der Umgangssprache festzuhalten und formulierte das Konzept vom variablen Versfuß. Den Höhepunkt seiner Entwicklung erreichte er mit dem fünfbändigen *Paterson* (1946–1958 veröffentlicht), in dem er die Menschen und die Kultur einerIndustriestadt und die Rolle des Dichters darin heraufbeschwört.

ROBERT FROST
Frost war der Meister des traditionellen Versmaßes und sorgte für die Wiederbelebung des Blankverses, den er mit dem Rhythmus der Umgangssprache kombinierte. Hin und wieder schrieb er in freien Versen (z. B. bei *After Apple-Picking*), obwohl er den Mangel an metrischen Beschränkungen unbefriedigend fand. Er sagte einmal: „ich würde lieber freie Verse schreiben, als Tennis ohne Netz zu spielen".

Bereits früh schloss sich Williams der Imagistenbewegung an und leistete einen Beitrag zu ihrer Anthologie *Des Imagistes* (1914), die von Ezra Pound herausgegeben wurde. Der Imagismus entstand z. T. aus den Schriften T. E. Hulmes (1883–1917), der seinerseits den französischen Symbolisten einiges schuldete. Die imagistische Poesie zeichnete sich durch ihre ökonomische Ausdrucksweise, die Betonung des musikalischen Rhythmus anstelle einer metrischen Regelmäßigkeit sowie durch eine klare, direkte Sprache anstelle von Andeutungen oder Abstraktionen aus. Die meisten, die mit der Bewegung in Verbindung standen, entwickelten ihre Werke schließlich in eigene Richtungen weiter, aber der Imagismus war dennoch wichtig für die Dichtkunst des Modernismus ganz allgemein.

EZRA POUND
Pound war eine zentrale Figur in der Bewegung des Modernismus der englischen und amerikanischen Literatur. Er formte und förderte die Arbeiten von Zeitgenossen wie W. B. Yeats, Robert Frost, William Carlos Williams, Marianne Moore, H. D., James Joyce, Ernest Hemingway und besonders T. S. Eliot. Er begründete den Imagismus in der Poesie, der sich auf eine klare, präzise und ökonomische Sprache konzentriert.

Im Zentrum der amerikanischen Bewegung des Modernismus stand Ezra Pound (1885–1972). Er hatte zusammen mit Williams an der University of Pennsylvania studiert und später als W. B. Yeats' Sekretär gearbeitet. Pound prägte den Begriff „Vortizismus" für Wyndham Lewis' Avantgardebewegung, gab T. S. Eliots *Wasteland* heraus und war ein wichtiges Mitglied der Exilgemeinde in Paris. Zudem stand er mit vielen Dadaisten und Surrealisten in enger Verbindung. Es scheint, als hätte er jeden großen modernen Autor gekannt und viele von ihnen ermutigt oder gefördert, z. B. James Joyce, D. H. Lawrence, Marianne Moore und Rebecca West.

Zu Pounds eigenen Arbeiten gehören Gedichte, Essays und Übersetzungen. Im Gegensatz zu Williams sah er sich im Ausland nach Inspirationen für seine Lyrik um und hegte eine erkennbare Abneigung gegenüber seiner Heimat. Pound war maßgeblich dafür verantwortlich, englischsprachige Leser auf die Literatur anderer Länder aufmerksam zu machen. So produzierte er z. B. Nacherzählungen früher italienischer, provenzalischer und sogar chinesischer Lyrik (*Cathay*, 1915) in Form freier Verse. Seine eigenen Gedichte sind mit Andeutungen aus fremden Sprachen und Literaturen gespickt. Nachdem er mit einer Reihe von Stilen – abwechselnd inspiriert durch mittelalterliche Romanzen, mystische Philosophie, klassisches Latein und Imagismus – experimentiert hatte, machte er sich 1915 an die Arbeit zu seinem Meisterwerk, den *Cantos (Gesängen)*. Bis zum Erscheinen von *Drafts and Fragments of Cantos CX to CXVII* 1970 arbeitete er an dem Projekt und veröffentlichte dabei immer wieder Ausschnitte. In dem kaleidoskopischen und oft fragmentierten Werk behandelt er eine Vielzahl an Themen und Quellen inklusive Mythen: die Geschichte, die Beziehung zwischen dem modernen Leben und der kulturellen Tradition und sogar die Wirtschaft und das Bankensystem (z. B. *Cantos XLII–LI*).

Der berühmteste (und berüchtigste) Teil der Arbeit ist *Pisan Cantos* (*LXXIV–LXXXIV*), der während Pounds Inhaftierung in einem Gefangenenlager der US-Armee in Pisa Ende des Zweiten Weltkriegs entstand. Pound war ein lautstarker Anhänger Mussolinis und aktiver Teilnehmer an faschistischen Propagandaaktivitäten. Nach einem abgebrochenen Prozess wegen Hochverrat wurde er bis 1958 in einer psychiatrischen Klinik in Washington D.C. eingesperrt. Obwohl die *Pisan Cantos* in einem Zustand des persönlichen und im weiteren Sinne auch kulturellen Zusammenbruchs verfasst wurden, sind sie dennoch der verständlichste und eigenständigste Teil des Gesamtwerks. Da er keinen Zugriff auf Büchereien hatte, verließ Pound sich auf seine Erinnerungen an die zerbrochene europäische Kultur und seine Rolle darin. Die Ehrung des Werks mit dem ersten Bollingen Prize der Library of Congress in 1949 war umstritten.

Neben den *Cantos* ist T. S. Eliots (1888–1965) *Wasteland* der andere große Meilenstein in der Dichtkunst des amerikanischen Modernismus. Eliot wurde in den USA geboren, wuchs dort auf, teilte aber Pounds Verbundenheit mit der europäischen Kultur. Im Jahr 1914 wanderte er aus und wurde 1927 britischer

Staatsbürger. Wie Pound füllte auch Eliot seine Texte mit kulturellen Andeutungen und bezog sich besonders in seinen frühen Werken auf die französischen Symbolisten, J. G. Frazers *The Golden Bough* und Wagners Opern sowie auf religiöse Texte und Kassiker wie Dante, Chaucer, Shakespeare und Milton.

Wasteland wurde 1922 veröffentlicht, und Eliot erhielt sofort großes Kritikerlob, weil es ihm gelungen war, darin den Zeitgeist perfekt einzufangen. Wie die Dichter des Ersten Weltkriegs vermied er abgedroschene poetische Ausdrucksweisen zugunsten eines Stils, welcher der modernen Welt weitaus mehr entsprach. In *Wasteland* entwickelt er die Themen und Techniken aus *The Love Song of J. Alfred Prufrock* (1915) weiter – in diesem Frühwerk hatte er auf prägnante Art und Weise den Kontrast zwischen Vergangenheit und Gegenwart, Romantik und Moderne verdeutlicht. Als dramatischer Monolog in fünf Abschnitten geschrieben, zeigt *Wasteland* die Vision einer unwirtlichen Welt, in der sich die kulturellen und geistigen Werte der Zivilisation aufgelöst haben und nur noch die leeren Formalitäten eines Lebens gleichsam auf Autopilot zurücklassen. In dem Gedicht kommen viele verschiedene Stimmen vor, die beinahe wie in einem Hörspiel miteinander verbunden werden. Einige Stimmen wirken körperlos, während andere leise vor sich hinmurmeln. Keine reagiert auf die anderen. Manchmal scheint eine Figur in der Ich-Perspektive zu erzählen, dann ergreift jemand anderes verwirrenderweise das Wort. Diese Fragmentierung der Stimmen und Erzählstränge sowie die Verwendung uneiniger Bilder fügen sich zu einer Collage zusammen, die auf den ersten Blick fast wahllos erscheint. Eliot erlaubt jedoch absichtlich keine Verbindung zwischen den einzelnen Elementen des Gedichts; es gibt keine Logik, keine Metaerzählung. Der Leser soll selbst versuchen, aus dem Fragmenten eine neue Zivilisation aufzubauen und eine Verbindung mit der spirituellen Ebene zu schaffen.

T. S. ELIOT, bei seiner Hochzeitsreise auf den Bahamas, 1957 (Love Beach, New Providence Island).
„Eine wunderbare Zeit", *Slim Aarons Holiday Magazine*, März 1960

In den USA war die Neubewertung des spirituellen Lebens auch ein Hauptanliegen von Wallace Stevens (1879–1955). In Gedichten wie *Final Soliloquy of the Interior Paramour* (1954) entwickelt er die Vorstellung von der höchsten Fantasie und deutet an, dass – falls auch Gott nur eine Erfindung ist – der Mensch dennoch die Möglichkeit hat, auf die Gefühle der Richtigkeit zuzugreifen, die normalerweise mit Gott verbunden werden. Andere Gedichte, z. B. *The Idea of Order at Key West* (1936), veranlassen uns, aktiv unsere Fantasie zu bemühen, um die Fragmente unseres Verständnisses von der Welt zu einem schlüssigen Ganzen zusammenzusetzen.

Viele dieser Anliegen erkennt man auch in den Romanen jener Zeit. Neben der Tatsache, sich mit der Moderne arrangieren zu müssen, sahen sich Romanciers wie Fitzgerald, Faulkner, Hemingway und Steinbeck auch Problemen gegenüber, zu denen der Status der amerikanischen gegenüber der europäischen Kultur, die Herausforderung, eine neue Sprache und einen

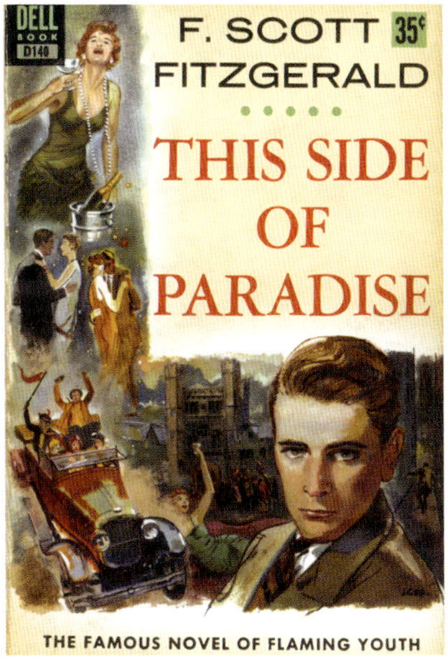

LINKS: *DIESSEITS VOM PARADIES,* Cover eines Taschenbuchnachdrucks. Fitzgeralds erstaunliches Erstlingswerk ist eine Satire auf die amerikanische Aristokratie und die soziale Hierarchie in den Eliteuniversitäten aus der Sicht eines Insiders.

RECHTS: *DER GROSSE GATSBY,* Filmadaption des Romans von Fitzgerald unter der Regie von Jack Clayton, 1974 – mit Robert Redford als Jay Gatsby und Mia Farrow als Daisy Buchanan

neuen Stil für den Roman zu finden, sowie die Schwierigkeit, mit der starren Politik jener Zeit zurechtzukommen, gehörten.

Die Verschiebung in der Empfindsamkeit zwischen den Romanciers des Modernismus und ihren Vorgängern fasste Edith Wharton in einer Bemerkung gegenüber F. Scott Fitzgerald perfekt zusammen: „Für Ihre Generation bin ich das literarische Äquivalent verstaubter Möbel und gasbetriebener Kronleuchter". Wharton (1862–1937) und vor ihr Henry James hatten sorgfältig ausgearbeitete Erzählungen über das Leben und die Liebe der amerikanischen Oberschicht zur Jahrhundertwende geschrieben. In den Romanen Fitzgeralds (1896–1940) geht es dagegen um das – wie er es nannte – „Jazz Age", eine Zeit der sozialen und moralischen Veränderungen, die den amerikanischen Traum wiederbelebte, aber gleichzeitig ein unterschwelliges Gefühl von drohendem Unheil beherbergte.

Bereits sein erster Roman, *This Side of Paradise* (*Diesseits vom Paradies,* 1920), in dem die Veränderungen der moralischen und sozialen Codes nach dem Ersten Weltkrieg porträtiert werden, brachte Fitzgerald das Lob der Kritiker ein. Während der frühe Erfolg die Hoffnung auf Erfüllung des amerikanischen Traums schürte, spiegelte sein nächster Roman, *The Beautiful and the Damned* (*Die Schönen und Verdammten,* 1922), die Angst wider, alles könnte zu schön sein, um wahr zu sein. In der Geschichte geht es um ein junges Paar, dessen Unschuld, Hoffnungen und Fähigkeiten immer weiter entarten, während sie darauf warten, ein Vermögen zu erben. Als Versuch, dem Druck der Erwartungen in seinem eigenen Leben zu entgehen, zog Fitzgerald 1924 mit seiner Frau Zelda nach Frankreich. Dort vollendete er auch *The Great Gatsby* (*Der große Gatsby,* 1925), das als Quintessenz des „großen amerikanischen Romans" gilt. In dem an der amerikanischen Ostküste spielenden Buch wird eine hedonistische, egoistische, materialistische, heuchlerische und unmoralische Welt dargestellt. Dennoch gelingt es Jay Gatsby, der ganz in diese Kultur eingetaucht und durch Schmuggel reich geworden ist, sich seine Unschuld zu erhalten. In seinem Versuch, sich den Glauben an das platonische Ideal des amerikanischen Traums zu bewahren, wirkt Gatsby beinahe heroisch.

ZWISCHEN MADRID UND PARIS, Film basierend auf Hemingways Roman *Fiesta* – mit Juliette Greco und Tyrone Power.

LINKS: ERNEST HEMINGWAY in einem kubanischen Fischerdorf wie jenem, in dem sein Roman *Der alte Mann und das Meer* spielt

In den 1930er-Jahren begann Fitzgeralds eigenes Leben zu zerbrechen. Er verfiel dem Alkohol, und seine Frau wurde nervenkrank. In dieser Zeit vollendete er *Tender is the Night* (*Zärtlich ist die Nacht,* 1934) über einen Pychiater, der eine seiner Patientinnen heiratet. Ein weiterer Roman, *The Last Tycoon* (*Der letzte Taikun*, 1941 posthum veröffentlicht), spielt in Hollywood, wo Fitzgerald eine Stelle als Drehbuchautor angenommen hatte. Trotz seines verfrühten Todes hinterließ er ein beachtliches Erbe, zu dem auch viele Kurzgeschichten gehören.

Obwohl Fitzgerald als Mitglied der verlorenen Generation angesehen wird, spielen seine berühmtesten Werke in Amerika und befassen sich mit der amerikanischen Kultur. Die Werke Ernest Hemingways (1899–1961) hatten eine viel engere Beziehung zu Europa, auch wenn viele seiner Protagonisten Amerikaner waren. Sein Roman *A Farewell to Arms* (*In einem anderen Land,* 1929) bezog sich auf seine Arbeit beim Roten Kreuz in Italien während des Ersten Weltkriegs. *The Sun also Rises* (*Fiesta*, 1926) befasst sich mit der Exilgemeinde in Frankreich und Spanien in den frühen 1920er-Jahren. *For Whom the Bell tolls* (*Wem die Stunde schlägt,* 1940) spielt im Spanischen Bürgerkrieg.

Hemingways Themen haben eine universellere Bedeutung. In vielen seiner Werke taucht die Idee eines Mannes auf, der sich allein einem großen Feind stellen muss. Ob der Matador und der Bulle in *Death in the Afternoon* (*Tod am Nachmittag*, 1932), die Großwildjagd in *The Green Hills of Africa* (*Die grünen Hügel Afrikas*, 1935) oder der Einzelne gegen die Mächte des Krieges – Hemingway porträtiert stets abgebrühte Figuren, die das, was er als „Würde unter Druck" bezeichnete, beweisen müssen. Es scheint, als könne man nur hoffen, sich von der ausgelaugten Kultur, der moralischen Verwirrung und der Machtlosigkeit zu befreien, wenn man seine Individualität akzeptiert und sich den elementaren Kräften entgegenstellt. In seinem letzten großen Roman, *The Old Man and the Sea* (*Der alte Mann und das Meer,*

1952), fasst Hemingway diese Philosophie perfekt zusammen. Es ist eine Parabel über den einsamen, aussichtslosen, aber heroischen Lebenskampf eines alten kubanischen Fischers.

Trotz des Machismo vieler seiner Charaktere lassen Hemingways Werke eine feinsinnige Poesie erkennen. Sein Schreibstil ist sparsam und ökonomisch. Zum Teil abgeleitet von seiner Ausbildung als Journalist verwendet er kurze Sätze, vermeidet Rhetorik, Ausschmückungen und billige Emotionen. Indem er ein gewisses Gefühl der Objektivität erzeugt, öffnet er der Ironie durch Untertreibung Tür und Tor, was gut zu seinen stoischen Figuren passt. Zudem hatte Hemingway ein Gespür für Dialoge und für die Auswirkungen von Rhythmus und Wiederholung.

In Gegensatz dazu sind William Faulkners (1897–1962) Werke in ihrem geografischen und kulturellen Handlungsspielraum beschränkt, da sie fest im Süden der USA verwurzelt sind. Viele seiner Romane und Kurzgeschichten spielen in Jefferson und Yoknapatawpha County, denen zu einem Großteil seine Heimatregion Oxford und Lafayette County in Mississippi zugrunde liegt. Viele Charaktere tauchen in unterschiedlichen Werken wieder auf.

Trotz seines Lebens in ländlichen Abgeschiedenheit und der Vermeidung der Gesellschaft anderer Schriftsteller war Faulkner stark an den Entwicklungen des Modernismus in der Literatur beteiligt. Sein erstes großes Werk war der Roman *The Sound and the Fury* (*Schall und Wahn*, 1929), bei dem er sowohl den Bewusstseinsstrom, den unzuverlässigen Erzähler als auch Zeitverschiebungstechniken einsetzt und gezielt eine einfache Lösung am Ende vermeidet. Erzählt wird die Geschichte einer einst bedeutenden Südstaatenfamilie, die von einem Bürgerkriegshelden abstammt. Familie Compson, die – habgierig, rassistisch und verbraucht – vielleicht ein Symbol für die Degeneration der Südstaatenwerte darstellt, hat ihr Geld, ihren Glauben und ihre gesellschaftliche Position verloren.

Faulkners nächstes Werk, *As I Lay Dying* (*Als ich im Sterben lag*, 1930), spielt ebenfalls in Yoknapatawpha. Diesmal geht es um eine arme weiße Familie. Wieder setzt er den Bewusstseinsstrom und verschiedene Blickwinkel (15 Erzähler) ein. Danach folgte der Roman *Sanctuary* (*Die Freistatt*, 1931), den Faulkner angeblich nur des Geldes wegen geschrieben hatte. Zusätzlich zum finanziellen Erfolg (trotz der Vergewaltigungsthematik) brachte er ihm auch kritisches Lob ein. Auf diesen Erfolg ließ er *Light in August* (*Licht im August*, 1932), in dem es um Persönlichkeit und Rasse geht, sowie *Pylon* (*Wendemarke*, 1935) folgen. 1936 schrieb er *Absalom, Absalom!*, seinen vielleicht besten Roman, in dem die Familie Compson wieder auftaucht. Verschiedene Erzähler berichten von ihrer Version der Ereignisse. Die diversen Erzählstränge tragen zur Mythenbildung bei, und so entfernt sich die Geschichte immer weiter von der Realität. Bedeutsam ist, dass der Höhepunkt der Geschichte, der Ruin des Plantagenbesitzers, durch seinen Versuch, die Geschichte umzuschreiben (indem er seine Heirat mit einer Mischlingsfrau und ihren gemeinsamen Sohn verleugnet) seinen Anfang nimmt.

ALS ICH IM STERBEN LAG, Tänzerin Valerie Bettis (links) probt ein Ballett, das auf William Faulkners Roman basiert.

Andere bedeutende Romane Faulkners waren *The Wild Palms* (*Wilde Palmen*, 1939), die *Snopes*-Trilogie (*Das Dorf*, 1940, *Die Stadt*, 1957, und *Das Haus*, 1959), *Go Down, Moses* (1942) und *Intruder in the Dust* (*Griff in den Staub*, 1948). Eine Reihe seiner Werke – z. B. *Absalom, Absalom!* und viele Kurzgeschichten – enthalten Elemente der Southern-Gothic-Tradition. Faulkner nutzte sie hauptsächlich, um Charaktere zu schaffen, deren Schwächen fast lächerlich weit entwickelt sind.

Ein weiterer Schriftsteller, dessen Werke eine enge Verbindung zum ländlichen Amerika zeigen, ist John Steinbeck (1902–1968). *Of Mice and Men* (*Von Mäusen und Männern*, 1937) und *The Grapes of Wrath* (*Die Früchte des Zorns*, 1939) spielen während der Weltwirtschaftskrise und befassen sich mit dem Leben von Wanderarbeitern. *Of Mice and Men* ist die Geschichte zweier Arbeiter – der eine klein und clever, der andere groß und stark, aber geistig zurückgeblieben –, die davon träumen, genug Geld zu sparen, um sich einmal eine eigene kleine Parzelle Land zu kaufen; doch ihr Plan endet in einer Katastrophe. Das Buch befasst sich mit Themen wie Rassismus, Sexualität, Einsamkeit, persönlicher Unabhängigkeit und sozialer Gleichstellung. In *The Grapes of Wrath* geht es um eine Familie armer Farmpächter, die ihr Heim verlieren, als eine Ernte ausfällt. Sie machen sich auf den Weg nach Kalifornien, in der Hoffnung, dort wieder Arbeit und ein neues Leben zu finden. Viele ihrer Bemühungen sind jedoch vergebens – sie werden ausgebeutet, erhalten unzureichende Hilfe von der Regierung und geraten mit den Gewerkschaften in Konflikt. Die Veröffentlichung des Buches traf auf großen Widerstand. In einigen Gebieten wurde es sogar verbrannt, verboten und von beiden Seiten des politischen Spektrums harsch kritisiert. Steinbeck sympathisierte mit vielen sozialistischen Ideen, aber er hatte die Beschreibungen der Entbehrungen, die er beobachtet hatte, sogar noch bewusst abgemildert, um nicht von der Geschichte abzulenken.

RECHTS: JOHN STEINBECK 1939 erhielt Steinbeck für seinen Roman *Die Früchte des Zorns* den Pulitzer-Preis und 1962 den Nobelpreis für Literatur. In dem Roman fängt er die Verzweiflung und Sehnsüchte von Wanderarbeitern während der Weltwirtschaftskrise ein und warb so um Unterstützung für die New-Deal-Reform.

UNTEN: *DIE FRÜCHTE DES ZORNS,* Theaterstück basierend auf Steinbecks Roman. Im Uhrzeigersinn (von oben links): Sally Murphy, Mark Deakins, Jim True, Gary Sinise

DEUTSCHE LITERATUR

Die deutsche Literatur wurde in der Zeit der Moderne natürlich von den enormen Umbrüchen zweier Weltkriege und der alles verschlingenden nationalsozialistischen Ideologie geprägt. Es war aber auch eine Zeit, die einige markante Bewegungen wie den Expressionismus, den Dadaismus und das epische Theater hervorbrachte.

Der Expressionismus war eine Ausdrucksform, die sich insbesondere für die bildenden Künste – vor allem für die Malerei (Schiele, Kirchner und Kokoschka) und für das frühe Kino (Murnau, Wiene und Lang) eignete. Es gab aber auch einige bemerkenswerte Vertreter in der Musik, im Theater und in der Literatur. Das deutlichste Merkmal dieser Bewegung war der Ausdruck starker Gefühle. Der Stil, mit dem diese erzielt werden, ist anti-naturalistisch, extrem subjektiv und verzerrt die Realität oft bis zur Groteske. Manchmal sind auch stark satirische Elemente vorhanden.

Franz Kafka (1883–1924) war der bekannteste expressionistische Autor. Zu seinen berühmtesten Werken gehört der Roman *Die Verwandlung* (1915). Es ist die außergewöhnliche Geschichte eines Mannes, der morgens aufwacht und sich in ein riesiges Insekt verwandelt hat. Obwohl sein Geist klar ist, kann er sich nicht mehr verständlich machen. Seine Familie kümmert sich um ihn, er darf aber sein Zimmer nicht verlassen. Langsam schwindet seine Größe – im Einklang mit seiner Persönlichkeit –, bis seine Familie schließlich seine Existenz ganz verleugnet.

In *Der Prozess* (1925) setzen sich die Themen Entfremdung, Desorientierung und Schuld fort. Der Roman hat eine der berühmtesten Eröffnungszeilen aller Zeiten: „Jemand musste Josef K. verleumdet haben, denn ohne dass er etwas Böses getan hätte, wurde er eines Morgens verhaftet". Die Verfolgung, die Joseph K. durch die bösartige, pervertierte Bürokratie erfährt, wird durch das Gefühl verstärkt, seine Menschlichkeit zu verlieren, als er langsam die Willkür der gesellschaftlichen Regeln und Werte erkennt. Andere wichtige Werke Kafkas waren die Romane *Das Schloss* (1926) und *Amerika* (1927) sowie die Kurzgeschichten *Das Urteil* (1912) und *Der Hungerkünstler* (1924).

Die offensichtliche Zufälligkeit und der Nihilismus des modernen Lebens lagen auch der Dada-Bewegung zugrunde. Sie nahm ihren Anfang während des Ersten Weltkriegs in Zürich und bezog durch anarchistische Darbietungen, Kabarett, Ausstellungen, Lesungen und Zeitschriften eine ganze Reihe von Kunstrichtungen und Medien mit ein. Obwohl das Ganze eine eher kurzlebige Angelegenheit war, galt die Bewegung doch als äußerst einflussreich. Durch die Ausbreitung bis nach Berlin und Köln, New York und Paris inspirierte sie nicht nur die Surrealisten, sondern auch James Joyce, das absurde Theater, die Konzeptkunst und sogar die Postmoderne. Zu den

FRANZ KAFKA
Kafka wurde in Prag in eine deutschsprachige, jüdische Familie geboren und verbrachte dort fast sein ganzes Leben. Zu Lebzeiten veröffentlichte er nur wenig und vollendete keinen Roman. Es blieb seinem Freund und literarischen Nachlassverwalter Max Brod überlassen, seine Werke zu überarbeiten und posthum zu veröffentlichen – entgegen Kafkas Wunsch. Seine berühmtesten Romane sind *Die Verwandlung* und *Der Prozess*.

SZENE AUS *AUFSTIEG UND FALL DER STADT MAHAGONNY* VON BERTOLT BRECHT,
Roy Cornelius Smith als Fatty (links), Gwyneth Jones als Leokadja Begbick (Mitte) und Wilbur Pauley als Trinity Moses (rechts) bei den Salzburger Festspielen.
Diese politisch-satirische Oper des Komponisten Kurt Weill und des Dramatikers Bertolt Brecht spielt im mystischen amerikanischen Westen während des Goldrauschs. Bertolt Brecht präsentiert hier eine ironische Darstellung der kapitalistischen Gesellschaft. *Aufstieg und Fall der Stadt Mahagonny* wurde 1930 in Leipzig uraufgeführt und zieht noch heute die Zuschauer an. Die Musik und die Lieder sind weltberühmt, vor allem der Klassiker „Alabama Song".

Schriftstellern der dadaistischen Literatur gehörten Hugo Ball (1886–1927), der Verfasser des Dada-Manifests, sowie Kurt Schwitters (1887–1948). Ihre Werke beinhalteten Elemente des Zufalls und des Unsinns, die ersten Soundeffekte und eine innovative Typografie.

Ein wichtiger Bestandteil der dadaistischen Mission war der Angriff auf die bürgerlich-künstlerischen Werte einer Zeit, die mit dem Ersten Weltkrieg endete. Das politische Element stand auch im Mittelpunkt der Werke des Dramatikers Bertolt Brecht (1898–1956). Brechts frühe Stücke zeigen expressionistische Einflüsse. In den späten 1920er-Jahren schrieb er – zunehmend unter dem Einfluss marxistischen Gedankenguts – das satirische Musical *Die Dreigroschenoper* (1928, Musik von Kurt Weill). Auf diesen Erfolg ließen Brecht und Weill *Aufstieg und Fall der Stadt Mahagonny* (1930) folgen, das besonders den Nationalsozialisten missfiel.

Nach Adolf Hitlers Machtergreifung im Jahr 1933 musste Brecht ins Exil gehen – zuerst nach Skandinavien und ab 1941 in die USA. In dieser Zeit schrieb er einige seiner berühmtesten Stücke, beispielsweise *Mutter Courage und ihre Kinder* (1941), *Der gute Mensch von Sezuan* (1943) und *Der kaukasische Kreidekreis* (1948). 1947 zwangen ihn seine Sympathien für die Kommunisten dazu, die Vereinigten Staaten wieder zu verlassen. Er kehrte nach Europa zurück und ließ sich schließlich 1949 in Ostberlin nieder. Dort gründete er seine eigene Theatertruppe, das Berliner Ensemble, und konzentrierte sich von nun ganz an auf die Weiterentwicklung der Theaterszene in der Stadt.

Brechts Erbe bezieht sich in erster Linie auf seine Vorstellung vom Theater. Er lehnte die aristotelische Idee ab, nach der sich das Publikum emotional mit der Handlung des Stückes identifizieren sollte. Stattdessen versuchte er, das Theaterstück mit der marxistischen Philosophie in Einklang zu bringen. Brechts Stücke zielten darauf ab, die rationalen Fähigkeiten der Zuschauer anzusprechen, um sie dazu anzuspornen, die Welt draußen zu verändern. Er nannte diese Art Drama „episches Theater", da das Publikum – wie beim echten Epos – nur eine Nacherzählung vergangener Ereignisse erlebt. Um die Trennung zwischen Publikum und Handlung zu verdeutlichen, nutzte Brecht eine ganze Reihe von Stilmitteln: erklärende Schilder, Schauspieler, welche die „vierte Wand" durchbrachen, und Bühnenanweisungen, die laut verlesen wurden.

THOMAS MANN

Einer der bedeutendsten deutschen Romanciers der ersten Hälfte des 20. Jh. war Thomas Mann (1875–1955). In seinem ersten großen Roman, *Die Buddenbrooks* (1901), geht es um eine bürgerliche Familie (nicht unähnlich seiner eigenen) über vier Generationen hinweg. Während eine Generation auf die nächste folgt, gehen die Lebendigkeit und das praktische Engagement der früheren Familienmitglieder in der Welt langsam in eine künstlerischere Empfindsamkeit über. Es ist eine Art Fortschritt, der jedoch die familiären Wesenszüge, die ihnen den weltlichen Erfolg eingebracht haben, empfindlich untergräbt. In *Tod in Venedig* (1912) führt Mann das Thema der Degeneration weiter aus.

In Mann erweckte das Ende des Ersten Weltkriegs patriotische Gefühle sowie die gesellschaftliche Verantwortung des Künstlers. Anfangs versuchte er, den Autoritarismus jener Zeit vernunftsmäßig zu erklären (*Betrachtungen eines Unpolitischen*, 1918), aber im Lauf der 1920er-Jahre änderte er seine Ansicht. *Der Zauberberg* (1924) deutete die Zwickmühle an, in der er sich befand. Es geht darin um einen jungen Mann, der sich, bevor er seine Karriere als Ingenieur beginnt, in ein Sanatorium in den Schweizer Alpen begibt. Letztlich verbringt er sieben Jahre dort, inmitten einer Gruppe von Patienten, die einen Querschnitt durch die europäische Vorkriegskultur darstellt. Er gibt sich einem introspektiven Leben hin, lehnt am Ende aber seinen eigenen Egoismus ab. Bei Verlassen des Goldenen Käfigs wird er in die Armee eingezogen und muss auf dem Schlachtfeld dem Tod ins Auge blicken.

Mann antwortete auf den aufkeimenden Nationalsozialismus mit der Novelle *Mario und der Zauberer* (1929), in welcher der Faschismus durch den Zauberer verkörpert wird, der gleichzeitig die Grenze zwischen dem Künstler und dem Scharlatan charakterisiert. Diese Arbeit sowie Essays und Vorträge gegen den Nationalsozialismus bedeuteten für Mann, dass er bei der Machtergreifung Hitlers 1933 mit seiner Frau das Land verlassen musste. Das Paar ging zuerst in die Schweiz und emigrierte 1938 nach Amerika.

Im Exil schrieb Mann weiter. 1933 veröffentlichte er den ersten Teil eines vierteiligen Romans, *Joseph und seine Brüder* (1933–1943). Darin wird die Bibelgeschichte von Joseph nacherzählt – mit Betonung auf Themen wie Mythen und Geschichte, dem Individuum sowie dem Aufkommen der monotheistischen Religion. 1939 erschien *Lotte in Weimar*, eine Antwort auf Goethes *Die Leiden des jungen Werther* (1774). Das Wachrufen der humanistischen Zivilisation von Goethes Weimar bildete einen ergreifenden Kontrapunkt zu den Extremen des Nationalsozialismus.

Der Roman *Doktor Faustus* (1947) war ein direkterer Kommentar zu den Ereignissen in Deutschland. In der Geschichte, einer Überarbeitung der Faust-Legende, geht es um einen deutschen Komponisten, der einen Pakt eingeht und darin die Liebe gegen 24 Jahre künstlerischen Genies eintauscht. Als die 24 Jahre vorbei sind, erleidet er einen geistigen Zusammenbruch. Er lebt noch weitere zehn Jahre, bevor er 1940 schließlich stirbt. Sein Schicksal – von Stolz und Versuchung zum Verlust seiner geistigen Fähigkeiten, seiner Menschlichkeit und seines Lebens – spiegelt das Schicksal der deutschen Seele. Es unterstreicht zudem Manns Glauben an eine Untrennbarkeit von Kunst und Politik.

Nach dem Krieg besuchte Mann Deutschland regelmäßig, lebte aber nicht mehr dort. Sein letztes Werk, *Die Bekenntnisse des Hochstaplers Felix Krull* (Teil 1 wurde 1954 veröffentlicht), blieb unvollendet.

FRANKREICH: VON DEN 1920er- ZU DEN 1940er-JAHRE

In der Zeit zwischen den Kriegen blieb Paris im Mittelpunkt der Moderne. Mit dem Zweiten Weltkrieg endete jedoch die kulturelle Herrschaft Frankreichs. Viele Künstler und Schriftsteller wanderten aus – häufig nach New York –, um der Besetzung durch das nationalsozialistische Regime zu entgehen. Zudem wurde Frankreichs Image durch das Unvermögen der französischen Armee, die Kollaboration des Vichy-Regimes und später die Kolonialkriege empfindlich gestört. Das Nachkriegsfrankreich förderte weiterhin künstlerische Errungenschaften – inklusive der Arbeiten Becketts, Genets, Ionescos, Butors and Perecs; aber bald war klar, dass sich die kulturelle Initiative in die USA verlagert hatte.

Die Periode begann jedoch mit der Einführung einer neuen künstlerischen Bewegung, des Surrealismus. Tristan Tzara (1896–1963), eines der Gründungsmitglieder des Dadaismus, zog 1919 nach Paris, um mit André Breton (1896–1966) und anderen an dem Magazin *Littérature* zu arbeiten. Bald tauchten jedoch politische und künstlerische Unstimmigkeiten auf, und man trennte sich. Breton veröffentlichte 1924 die erste Ausgabe von *La Révolution surréaliste*. Der Begriff „Surrealismus" war einige Jahre zuvor von Apollinaire geprägt worden, und die Betonung der Angriffe auf die Absurdität der alten bürgerlichen Ordnung stammte direkt vom Dadaismus. In typisch avantgardistischer Manier gab Breton auch Manifeste für die neue Bewegung heraus, in die er Freud'sche Ideen – etwa das Umgehen mäßigender Einflüsse des Bewusstseins, um Zugriff auf das Unterbewusstsein zu erhalten – einbaute. Durch automatisches Schreiben, den Konsum von Drogen und Alkohol und die Traumanalyse versuchten die Surrealisten, sich von den Fesseln der Moral und Konvention zu befreien. Die symbolistischen Dichter lieferten ihnen Inspiration dafür, und das Gleiche tat „primitive" Stammeskunst. Im Lauf der 1920er-Jahre begann Breton, sich immer mehr für den Marxismus zu interessieren, und versuchte, ihn mit dem Surrealismus in Einklang zu bringen. Das sorgte für großen Aufruhr in der Bewegung, infolge derer viele Mitglieder eigene Wege gingen.

Neben Breton waren Paul Éluard (1895–1952), Louis Aragon (1897–1982), Antonin Artaud (1896–1948) und Jean Cocteau (1889–1963) wichtige Persönlichkeiten des literarischen Surrealismus. Wie bereits beim Symbolismus erwies sich die Dichtkunst auch für den Surrealismus als optimal. Die bekanntesten Werke stammten von Paul Éluard – besonders *Capitale de la douleur* (*Hauptstadt der Schmerzen*, 1926), *La Rose publique* (*Die öffentliche Rose*, 1934) und *Les Yeux fertiles* (*Die fruchtbaren Augen*, 1936). Im Theater erwiesen sich die Stücke Cocteaus

JEAN COCTEAU, 1946.
Jean Cocteau war Maler, Regisseur und Schriftsteller, dessen Werke den Einfluss des Surrealismus, der Psychoanalyse, des Kubismus und des Katholizismus spiegelten. Zu Lebzeiten förderte Cocteau auch avantgardistische Modetrends.

und die Theorien Artauds als einflussreich. Letzterer entwickelte des Konzept des „Theaters der Grausamkeit", bei dem das Publikum schockiert wurde, um dadurch die Sinnlosigkeit des Lebens zu begreifen. Dies sollte sich später als Inspiration für Genet, Ionesco und Beckett erweisen. Obwohl es auch einige surrealistische Romane gab (z. B. Aragons *Le Paysan de Paris*, 1926 und Bretons *Nadja*, 1928), kamen die wichtigsten Werke dieser Zeit aus Kreisen außerhalb des Surrealismus. Führend waren dabei André Malraux (1901–1976), Antoine de Saint-Exupéry (1900–1944) und Louis-Ferdinand Céline (1894–1961).

Gegen Ende der 1930er-Jahre fand der Nihilismus in der Moderne einen philosophischeren Ausdruck im Existenzialismus. Existenzialistische Ideen waren schon früher von Kierkegaard, Dostojewski, Nietzsche und Kafka formuliert worden. Je nach Autor lassen sich besondere Betonungen unterscheiden, aber allen gemein ist die Idee, das Universum subjektiv vom Standpunkt des Einzelnen aus zu betrachten. Für Existenzialisten gibt es kein objektives Wertesystem, keinen Gott, keinen Sinn im Leben. Der Mensch ist eine einsame Kreatur, frei und eigenverantwortlich. Jean-Paul Sartre (1905–1980) formulierte in Romanen wie *La Nausée* (*Der Ekel*, 1938), diversen Theaterstücken, inklusive *Les Mouches* (*Die Fliegen*, 1943) und *La Putain respectueuse* (*Die respektvolle Dirne*, 1946) sowie in Abhandlungen seine Version dieser Philosophie. In den späten 1940er-Jahren beschäftigte er sich immer mehr mit den Konsequenzen des Kommunismus und versuchte, sie mit seinen existenzialistischen Ideen in Einklang zu bringen. Diese Entwicklung ist an der Trilogie *Les chemins de la liberté* (*Die Wege der Freiheit*, 1945–1949) sowie an den Stücken *Les mains sales* (*Die schmutzigen Hände*, 1948) und *Le Diable et le bon Dieu* (*Der Teufel und der liebe Gott*, 1951) ablesbar.

JEAN PAUL SARTRE UND SIMONE DE BEAUVOIR
Sartre erhielt im Jahr 1964 den Nobelpreis für Literatur, lehnte die Ehrung aber aus Protest gegen die bürgerlichen Werte ab. Simone de Beauvoir, die er 1929 kennenlernte, war seine langjährige Gefährtin.

Ein Autorin existenzialistischer Werke war Simone de Beauvoir (1908–1986). Ihr bedeutendster Roman ist *L'invitée* (*Sie kam und blieb*, 1943), in dem ein Individum seine Freiheit durch einen wahrlich autonomen Akt – einen Mord – entdeckt. Beauvoir ist auch für ihre feministischen Schriften, allen voran *Le Deuxième Sexe* (*Das andere Geschlecht*, 1949), bekannt.

Albert Camus (1913–1960) ging anders an den Existenzialismus heran (und leugnete stets, ein Existenzialist zu sein). Im Roman *L'Etranger* (*Der Fremde*, 1942) stellt er die Absurdität des Lebens und die paradoxe Ehrlichkeit der Amoralität dar. In späteren Arbeiten wie *Die Pest* (1947), *Der Fall* (1956) und *Der Mensch in der Revolte* (1951) fordert Camus verstärkt den Nihilismus im Existenzialismus heraus, indem er sich auf die Suche nach den menschlichen Eigenschaften macht. In seinen Schriften wendet er sich vehement gegen die kommunistische Ideologie, aufgrund der totalitären Tendenzen, die er darin sieht.

POLITIK UND KRIEG: DIE 1930er- UND 1940er-JAHRE

Die 1930er- und 1940er-Jahre werden oft als eine Zeit starrer politischer Entscheidungen bezeichnet. Der Wall-Street-Crash von 1929 und die folgende Weltwirtschaftskrise schienen vielen zu beweisen, dass das kapitalistisch-demokratische Modell gescheitert war. Einige wandten sich dem Faschismus zu, andere dem Sozialismus oder dem Kommunismus – um Lösungen für die Armut und die soziale Ungleichheit zu finden. Im Lauf der 1930er-Jahre sollten diese Alternativen aber auf die Probe gestellt werden, und als Hoffnungen enttäuscht und Ängste bestätigt wurden, änderten sich viele Loyalitäten.

Viele Schriftsteller sahen es als ihre Aufgabe an, radikale Positionen zu den großen politischen Fragen der Zeit zu beziehen. Einige schlossen sich der extremen Rechten an. So unterstützte z. B. der Norweger Knut Hamsun (1859–1952) Deutschland durch beide Kriege hindurch und schenkte Joseph Goebbels sogar die Medaille, die er für seinen Literaturnobelpreis 1920 erhalten hatte. Trotz internationalen Lobes für seine Romane *Hunger* (1890) und *Segen der Erde* (1917) wurden seine späteren Werke von seinen politischen Sympathien überschattet. Ähnlich erging es Louis-Ferdinand Céline (1894–1961), dessen literarischer Ruf durch seine faschistischen und antisemitischen Ansichten kompromittiert wurde. Trotzdem waren seine Romane, insbesondere *Voyage au bout de la nuit* (*Reise ans Ende der Nacht*, 1932) aufgrund ihres schwarzen Humors, ihrer Fragmenthaftigkeit, ihres Nihilismus und der Verwendung der Umgangssprache literarisch bedeutsam.

Häufiger richteten sich Künstler an linken Ideologien aus. Einige – darunter Louis Aragon, André Breton, Tristan Tzara, Stephen Spender und Arthur Koestler – traten der kommunistischen Partei bei. Mancher wurde aber bald desillusioniert und zum Gegner der Ideologien und Aktivitäten der Partei. Arthur Koestler (1905–1983) etwa trat 1938 nach den Moskauer Schauprozessen aus der Partei aus und schrieb seinen Roman *Sonnenfinsternis* (1940) über die stalinistischen Säuberungsaktionen. Auch der Molotow-Ribbentrop-Pakt von 1939 zwischen Russland und

LINKS: ANNA ACHMATOWA, Fotografie (1924) und Strichzeichnung (*ca*. 1911, von Amadeo Modigliani).
Anna Achmatowa ist vor allem für ihre Werke *Abend* und *Der Rosenkranz* bekannt. Zusammen mit ihrem Ehemann wurde sie zur Anführerin des Akmeismus, einer Bewegung, welche die Tugenden deutlicher, verständlicher Verse lobte und die Unklarheit des Symbolismus, der die russische Literaturszene zu dieser Zeit beherrschte, ablehnte.

GANZ LINKS: ARTHUR KOESTLER, zu Hause in Alpbach, Österreich.
Ab 1937 war Koestler einer der wichtigsten Vertreter der politisch aktiven europäischen Autoren. 1932–1938 gehörte er der Kommunistischen Partei Deutschlands an. Koestler ist für seinen Roman *Sonnenfinsternis* (1940) bekannt, der seinen Bruch mit der kommunistischen Partei und seine ideologische Wiedergeburt markiert.

MAXIM GORKI, 1907
Der russische Autor Maxim Gorki besucht ein in London abgehaltenes Treffen der Revolutionäre.

Deutschland sorgte für einen großen Vertrauensbruch mit den Prinzipien der kommunistischen Führung.

Für die meisten Schriftsteller in der Sowjetunion löste sich der Idealismus der Anfangszeit des kommunistischen Projekts viel schneller in Luft auf. Dichter, die vor der Revolution berühmt geworden waren, z. B. Anna Achmatowa (1889–1966), Osip Mandelstam (1891–1938) und Boris Pasternak (1890–1960), galten nun als gefährlich und bourgeois. Sie konnten ihre Arbeiten oft nur heimlich veröffentlichen, und viele wurden verfolgt (Mandelstam starb in einem Gefangenenlager). Selbst der Avantgardedichter Wladimir Majakowski (1893–1930), der die Revolutionsprinzipien die 1920er-Jahre hindurch befürwortet hatte, lehnte die Verschiebung zum Stalinismus ab und beging 1930 Selbstmord. In den 1930er-Jahren durchdrang der offizielle sozialistische Realismus alles. Die erfolgreichsten Vertreter dieses Genres waren der Romancier und Dramatiker Maxim Gorki (1868–1936) sowie der Romancier und Nobelpreisträger Michail Scholochow (1905–1984). Im Gegensatz zu ihnen sahen sich Autoren, die außerhalb der offiziellen Ideologie arbeiteten, Zensur oder Schlimmerem gegenüber. Erst 1966 wurde eine zensierte Version von Michail Bulgakows (1891–1940) *Der Meister und Margarita* veröffentlicht. Pasternaks *Doktor Schiwago* wurde außer Landes geschmuggelt und 1957 in Italien veröffentlicht.

In Westeuropa waren Schriftsteller immer noch bereit, sich zu engagieren. Der Spanische Bürgerkrieg (1936–1939) bot einen Treffpunkt für gut 30.000 Ausländer, die freiwillig auf Seiten der Republikaner (einer Allianz aus Sozialisten, Kommunisten und Liberalen) gegen die Nationalisten (unterstützt von rechten Gruppen, Großgrundbesitzern und vor allem der Kirche) zu kämpfen. Unter den Freiwilligen waren viele Schriftsteller, etwa George Orwell (1903–1950) und André Malraux. Andere, wie W. H. Auden (1907–1973), Pablo Neruda (1904–1973) und Ernest Hemingway, leisteten moralische und finanzielle Unterstützung. Der Katalysator für ihre Beteiligung war der brutale Mord an dem Dichter und Dramatiker Federico García Lorca (1898–1936) durch die nationalistische Miliz zu Beginn des Krieges.

Am Ende gewannen die Nationalisten, und das Franco-Regime führte eine strikte Zensurpolitik ein. Viele Dissidenten wurden verhaftet oder gingen ins Exil. Nur wenige Monate später brach der Zweite Weltkrieg aus, und als es so aussah, als würde die europäische Kultur ein für alle Mal zerbrechen, begannen viele Schriftsteller erneut, ihre Rolle zu hinterfragen. Trotz allem Idealismus zu Beginn des Spanischen Bügerkrieges – in seinem Gedicht *Spain* (1937) ruft Auden zur Beteilgung auf –, scheint derselbe Autor nur wenige Jahre später in seinem Gedicht *In Memory of W. B. Yeats* (1940) die Machtlosigkeit anzuerkennen: „Poesie bewegt gar nichts". Dementsprechend beendte George Orwell diese Periode mit seinem Roman *1984* (1949), in dem er vor einer alptraumhaften Zukunft warnt.

Kapitel 9

1950 BIS HEUTE

EXPERIMENTALISMUS UND MASSENMARKT

KANDIDATEN FÜR DEN BOOKER-PREIS 2004
Fünf der sechs Kandidaten für den Man Booker Prize 2004 – Gerard Woodward, Colm Toibin, Achmat Dangor, Alan Hollinghurst und Sarah Hall (von links nach rechts) – posieren in London für die Presse, Stunden bevor der Gewinner bekannt gegeben wird. Der sechste Autor, David Mitchell, war beim Fototermin nicht anwesend.

LINKE SEITE: Ein Mädchen liest *Harry Potter und die Heiligtümer des Todes* neben einem Harry-Potter-Poster in einem Buchladen in Nanjing. China importierte 50.000 Exemplare des Bestsellers, was etwa die Hälfte des gesamten Buchimports ausmachte.

Die Nachkriegswelt erschien, zumindest auf den ersten Blick, völlig verändert. Die alte Weltordnung mit den europäischen Kolonialmächten wurde durch zwei Atommächte ersetzt – die USA und die Sowjetunion –, die manchmal auf die gegenseitige Zerstörung geradezu erpicht schienen. Ihre Feindschaft wurde überall auf der Welt in lokalen Konflikten ausgetragen. Das alles überspannende Gefühl der Gefahr fand seinen Weg auch in die Literatur jener Zeit. Während die alten Kolonialmächte ihre Macht schwinden sahen, emanzipierten sich ihre ehemaligen Kolonien in Unabhängigkeitsbewegungen. Sie betraten mit ihren Autoren nun auch kulturell die Weltbühne, und zwar in einer Bewegung, die – obwohl begrifflich umstritten – als postkoloniale Literatur bekannt ist.

Viele Menschen erfuhren eine deutliche Verbesserung ihrer Lebensqualität, da die alte Gesellschaftsordnung angefochten wurde und der Ruf nach Gleichheit und einer Umverteilung des nationalen Reichtums zur Bildung von Wohlfahrtsstaaten, der Verstaatlichung wichtiger Industriezweige und zu Gesetzen gegen die Diskriminierung führte. Das Ganze war noch sehr lückenhaft – schwarze Amerikaner erhielten erst Ende der 1960er-Jahre die gleichen Rechte wie die Weißen –, und viele Reformen wurden zum Ende des Jahrhunderts wieder gekippt. Anfangs verliehen die Reformen den Menschen aus der Arbeiterklasse aber ein neues Selbstbewusstsein, und Autoren reagierten darauf mit einer neuen Welle des Sozialrealismus. Das Gegenstück war das Aufkommen der Nachkriegsavantgarde. Die Vertreter dieser Bewegung glaubten, der Zweite Weltkrieg habe die alten gesellschaftlichen und künstlerischen Regeln ausgeräumt, und die Ideen und Stile der Vorkriegswelt seien nicht länger relevant. Sie wollten neue Ausdrucksformen schaffen, die das spiegelten, was sie als gesellschaftliche Verschiebungen und einen technisch-industriellen Komplex ansahen, der gleichzeitig bedrohlich (durch die zerstörerische Macht der Atomwaffen und die Abwertung der Umwelt) und kontrollierend wirkte. Sie experimentierten mit extremen Ausdrucksformen, besonders in der Lyrik und im Theater, was oft zu einer Entfremdung der Leser bzw. des Publikums führte.

Gegen Ende des Jahrhunderts begannen Schriftsteller, über die sprachimmanente Manipulation lingustischer Strukturen hinauszuschauen und nach neuen Möglichkeiten zu suchen, das Chaos und die Vielschichtigkeit der Welt künstlerisch darzustellen. Einige Autoren besannen sich auf die Ideen

1952 Ralph Ellison schreibt *Der unsichtbare Mann.*

1956 Der erste Kongress schwarzer Autoren in Paris.

1956–1957 Nagib Mahfuz schreibt die *Kairoer Trilogie.*

1957 Samuel Beckett veröffentlicht *Endspiel*; Albert Camus *Das Exil und das Reich.*

1958 Chinua Achebe schreibt *Okonkwo.*

1960–1962 Belgisch-Kongo, Uganda, Tansania und Nigeria werden unabhängig.

1962–1973 Beteiligung der USA am Vietnamkrieg.

1967 Gabriel García Márquez schreibt *Hundert Jahre Einsamkeit.*

1970 Derek Walcott veröffentlicht *Der Traum auf dem Affenberg.*

1972 Ingeborg Bachmann veröffentlicht den Erzählband *Simultan*, der auch *Das Gebell* enthält.

1975 Wole Soyinka veröffentlicht *Der Tod und der Reitergeneral des Königs.*

1980 Mahasweta Devi schreibt *Breast-Giver*; Anita Desai veröffentlicht *Im hellen Licht des Tages.*

1990 Wiedervereinigung Deutschlands.

1991 Wirtschaftliches Chaos und innere Unruhen bringen die Sowjetunion zu Fall.

1993 Einführung des World Wide Web.

1999 Eine europäische Gemeinschaftswährung, der Euro, wird eingeführt.

2000 Anita Desai veröffentlicht *Diamond Dust*, inklusive *The Rooftop Dwellers.*

der postmodernen Denker und präsentieren in ihren Texten verschiedene Blickwinkel und Stimmen, und zwar auf eine nicht-hierarchische, nicht-lineare Weise. Diese „literarischen" Werke wurden mehr diskutiert als gelesen, aber zumindest in akademischen Kreisen überschatteten sie das gewaltige Verlagswesen, das seine Gewinne vor allem durch geradlinige Erzählungen erzielt, die sich mit dem Alltag der Menschen befassen, etwa durch Liebesgeschichten und Thriller. Vermutlich sind die experimentellen Werke viel einflussreicher, als wir heute glauben, und Schriftsteller wie Nick Hornby (*geb.* 1957: *Fever Pitch*, 1992, und *High Fidelity*, 1995), Robert Ludlum (berühmt für seine *Bourne-Trilogie*) sowie Helen Fielding (*geb.* 1958: *Bridget Jones – Schokolade zum Frühstück*, 1996) spiegeln eher ihre Zeit wider. Es ist kein Zufall, dass viele dieser Werke erfolgreich verfilmt wurden, was sie noch weiter verbreitet und noch mehr Menschen zum Lesen der Originale verleitet.

NICK HORNBYS *ABOUT A BOY*

NACHKRIEGSFRANKREICH

Obwohl Frankreich unter den Nachwirkungen des Zweiten Weltkriegs litt und sich zudem mit den unrühmlichen Aspekten der Kollaboration auseinandersetzen musste, war das Land – natürlich insbesondere Paris, das noch immer von der kulturellen Vorkriegselite (darunter Jean-Paul Sartre und Jean Cocteau) beherrscht wurde – zweifellos das Zentrum des kulturellen und intellektuellen Lebens im Nachkriegseuropa.

Sartre und Cocteau förderten beide eine neue Generation innovativer Denker und Schriftsteller, darunter auch einen der originellsten Autoren Nachkriegsfrankreichs, Jean Genet (1910–1986). Nach einer skandalösen Jugend, in der er als Callboy und Taschendieb arbeitete, begann er, Gedichte zu verfassen. Seinen ersten wichtigen Roman, *Notre-Dame-des-Fleurs* (1944) schrieb er im Gefängnis. Nachdem sich Sartre und Cocteau für seine Freilassung eingesetzt hatten, schrieb er mehrere Romane, deren Thema von seiner Erfahrung in der homosexuellen Unterwelt lebte, sowie einige Theaterstücke. In den letzten 20 Jahren seines Lebens begann er, sich als linker Aktivist zu engagieren. Er schrieb über Themen wie die 1968er-Bewegung in Frankreich und über die Massaker in den palästinensischen Flüchtlingslagern Sabra und Shatila.

SAMUEL BECKETT

LINKS: *WARTEN AUF GODOT,* 18. Juli 2005, Theatre Royal, Bath.
Warten auf Godot wurde berühmt als „Stück, in dem nichts passiert". Zwei Männer, Wladimir und Estragon, warten auf einen dritten, Godot, der aber niemals erscheint. Trostlos und mit bösartigem Humor, galt das Stück als neue Vision für das Theater.

Obwohl Genet nicht dem *Nouveau roman* („neuer Roman") zugerechnet wurde, waren die Vertreter dieses Stils gleichzeitig die Lieblinge der Pariser Linken. Wichtig war vor allem Alain Robbe-Grillet (1922–2008), der sich 1963 in seinem Essay *Argumente für einen neuen Roman* für eine kontinuierliche Neuerfindung des Genres einsetzte – eine, in der die Handlung und die Charaktere hinter der Beschreibung von Orten und Dingen zurückstehen. Robbe-Grillet schrieb eine Reihe von Drehbüchern wie *L'Année dernière à Marienbard* (*Letztes Jahr in Marienbad,* 1961) für Alain Resnais und setzte damit die enge Zusammenarbeit zwischen den Schriftstellern des *Nouveau roman* und der *Nouvelle vague* („new wave") des französischen Kinos fort. Zwei Autoren, die dem *Nouveau roman* zugerechnet werden, sind Michel Butor (*geb.* 1926) und Marguerite Duras (1914–1996). Duras' Romane, z. B. *Moderato Cantabile* (*Stunden voller Zärtlichkeit,* 1952, auch als Film) und *L'Amant* (*Der Liebhaber,* 1984) sind dem *Nouveau roman* im Geiste eng verbunden, und ein Großteil des Textes weist eine gewisse Ambiguität auf. Michel Butors Werk ist poetischer und zeigt mehr Sinn für Form als das der meisten anderen französischen Experimentalisten.

Der Autorenkreis Oulipo, der aus Autoren wie Georges Perec (1936–1982) und Raymond Queneau (1903–1976) sowie aus den beiden Gründern Jacques Roubaud (*geb.* 1932) und François Le Lionnais (1901–1984) bestand, orientierte sich an der *Nouvelle vague* und dem *Nouveau roman.* Das Akronym „Oulipo" der 1960 gegründeten Gruppe steht für Ouvroir de littérature potentielle oder Werkstatt für potenzielle Literatur. Ihr Ziel war die Entwicklung neuer Methoden zum Verfassen eines Romans. Viele der Experimente bezogen sich auf Wiederholungen, z. B. von Situationen oder Stilen, oder auf die räumliche Struktur des Textes.

Durch den Status als Kulturhauptstadt Europas zog Paris viele Schriftsteller aus dem Ausland an, etwa die Dramatiker Samuel Beckett (1906–1989) und Eugène Ionesco (1909–1994). Sowohl

Beckett als auch Ionesco schrieben einen Großteil ihrer Werke in Französisch. Während einige einfach nach Paris kamen, weil sie es wollten, wurde die Stadt für andere zum Zufluchtsort. Der rumänische Schriftsteller Ionesco fand sich durch die Wirren des Zweiten Weltkriegs in Frankreich wieder und blieb den Rest seines Lebens dort. Er gilt als wichtigste Persönlichkeit des „absurden Theaters", denn er stellte in seinen Werken, besonders in seinen frühen Stücken wie *La Cantatrice chauve* (*Die kahle Sängerin*, 1950), die Sprache in den Mittelpunkt. Die Sprachstruktur mit Wiederholungen, Rhythmen und Reimen stellt quasi die Handlung dar. Sein bekanntestes Werk ist *Rhinocéros* (*Die Nashörner*, 1959), in dem er den Konformismus des modenern Lebens angreift. Auch der Ire Beckett griff zu absurden Elementen und versuchte, mit ihnen die Entfremdung des modernen Menschen darzustellen.

Der Argentinier Julio Cortázar (1914–1984) zog in den 1950er-Jahren wegen seiner Ablehnung der Regierung Peron nach Frankreich. In seinen Romanen und Kurzgeschichten wendete er eine Reihe von Stilmitteln – vom Bewusstseinsstrom bis zu den Elementen des Absurden und den Experimenten des *Nouveau roman* – an. Ein gutes Beispiel ist sein Roman *Rayuela* (1963). Der schwarze amerikanische Autor James Baldwin (1924–1987) ging aufgrund der Rassendiskriminierung und Homophobie in seiner Heimat ins Exil. Seine Romane werden von Themen der Rassen- und sexuellen Identität bestimmt. *Giovanni's Room* (*Giovannis Zimmer*, 1956) und *Tell Me How Long the Train's Been gone* (*Sag mir, wie lang ist der Zug schon fort*, 1968) sind explizit homoerotisch.

Die Tradition, ins Ausland zu gehen, funktioniert aber auch andersherum. So lebt der Franzose Autor Michel Houellebecq (*geb.* 1958) in Irland und Spanien. Seine beunruhigenden, selbstbezogenen Romane wie *Les particules élémentaires* (*Elementarteilchen*, 1998, später auch als Film) sind aufgrund ihrer düsteren Betrachtung der menschlichen Natur umstritten.

NACHKRIEGSDEUTSCHLAND UND -ÖSTERREICH

In Deutschland und Österreich als besiegte Nationen, die sich mit den grauenvollen Enthüllungen der Konzentrationslager auseinandersetzen mussten, ist es nicht weiter überraschend, dass die Nachkriegsliteratur von Themen wie Krieg, Leiden und Schuld beherrscht wurde. Die beiden wichtigsten deutschen Schriftsteller dieser Zeit waren die Nobelpreisträger (1972 bzw. 1999) Heinrich Böll (1917–1985) und Günter Grass (*geb.* 1927). Böll wurde in Köln geboren und verbrachte fast sein ganzes Leben dort. Die fast vollständige Zerstörung der Stadt durch die Bomben der Alliierten traf ihn schwer – so schwer, dass er seine Werke oft als „Trümmerliteratur" bezeichnete. In seinen Romanen *Der Zug war pünklich* (1949), *Ansichten eines Clowns* (1963) und *Die verlorene Ehre der Katharina Blum* (1974) greift er den Status Quo und etablierte Autoritäten (von der Politik bis zur Kirche) an, während er gleichzeitig den Mut in den Taten der Enteigneten und Diskriminierungsopfer erkennt. Günter Grass, in Danzig (dem heutigen Gdansk, Polen) geboren, verwendete in seinen Analysen Deutschlands während des Dritten Reichs Fantasyelemente, die fast schon an magischen Realismus grenzen. Seine Heimatstadt ist der Schauplatz seiner drei berühmtesten Werke – *Die Blechtrommel* (1959,

ANNE FRANK
Das Tagebuch des jüdischen Mädchens, in dem sie beschreibt, wie sie sich zwei Jahre mit ihrer Familie während der deutschen Besatzung der Niederlande versteckt hielt, ist ein Klassiker der Kriegsliteratur. Es wurde in über 50 Sprachen übersetzt und ist eines der berühmtesten Werke zum Holocaust.

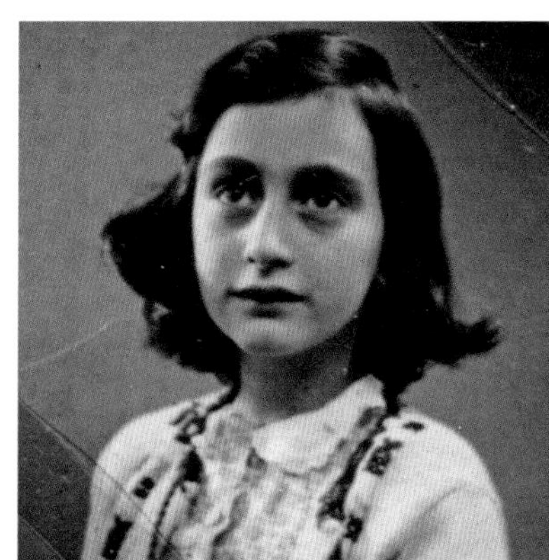

1979 auf bemerkenswerte Weise verfilmt), *Katz und Maus* (1961) und *Hundejahre* (1963) –, in denen er den Aufstieg des nationalsozialistischen Deutschland sowie das Schicksal von Danzig und seinen Bewohnern verfolgt.

Sowohl Böll als auch Grass waren Mitglieder der Gruppe 47, einem lockeren Zusammenschluss von Autoren, der im Jahr 1947 mit dem Ziel gegründet wurde, in der Zeit nach dem Zweiten Weltkrieg eine neue deutsche Literatur zu finden und zu fördern. Weitere Mitglieder, die sich an den Seminaren und Diskussionen beteiligten, waren die Österreicherin Ingeborg Bachmann (1926–1973), deren Werke höchst philosophischer Natur waren, sowie die jüdische Schriftstellerin Ilse Aichinger (*geb.* 1921) aus Wien, die sich viel auf ihre persönlichen Erfahrungen mit dem nationalsozialistischen Regime bezog. Als bekannteste Chronistin des Holocaust gilt die deutsche Dichterin und Dramatikerin Nelly Sachs (1891–1970). Ihre extrem persönlichen Werke sind mystisch und oft mit anderen Elementen ihres Lebens verschmolzen, etwa mit einer gescheiterten Beziehung. Lange Zeit stand sie in enger Verbindung zu dem rumänisch-jüdischen Dichter und Übersetzer Paul Celan (1920–1970) dessen Arbeiten zum Großteil sein Leben im Konzentrationslager Auschwitz beschreiben. Auch der italienisch-jüdische Schriftsteller Primo Levi (1919–1987) war in Auschwitz inhaftiert und beschreibt die Erfahrung in *Se questo è un uomo?* (*Ist das ein Mensch?*, 1947). Anne Frank (1929–1945) ist wahrscheinlich das bekannteste Holocaustopfer. Ihr *Tagebuch* (1947) ist eines der am häufigsten gelesenen Werke zum Holocaust.

Wenn Böll und Grass in ihrer Sicht auf die deutsche Geschichte schon unerbittlich waren, verblassen sie doch neben den Ansichten des österreichischen Schriftstellers Thomas Bernhard (1931–1989) über seine Landsleute. In *Heldenplatz* (1988) oder *Ein Fest für Boris* (1968) greift er den österreichischen Nachkriegsstaat und seine Bewohner für ihre Behäbigkeit und ihre zweifelhafte Beziehung zur Geschichte so heftig an, dass

***WOLKEN.HEIM. UND DANN NACH HAUSE* VON ELFRIDE JELINEK**
In dem Stück mischen sich Zitate von Schriftstellern der deutschen Romantik – von Hölderlin und Kleist bis zu den Philosophen Fichte und Hegel. Diese werden mit Andeutungen zu Martin Heidegger und der RAF-Terroristin Meinhof vermischt und zu politischen Bewegungen wie dem Nationalsozialismus und – etwas überraschend – den Grünen in Beziehung gesetzt.

er bestenfalls als umstritten galt und schlimmstenfalls kurz vor dem Verbot seiner Werke stand. Eine ähnliche Abneigung gegen den österreichischen Staat findet man in den Werken der Romanautorin und Dichterin Elfriede Jelinek (*geb.* 1946), die 2004 den Literaturnobelpreis erhielt. Neben der politischen Kritik am gegenwärtigen Österreich und dessen Geschichte befasst sie sich in Werken wie *Die Klavierspielerin* (1983) und *Die Liebhaberinnen* (1975) auch mit der weiblichen Sexualität – manchmal sadomasochistischer oder pornografischer Natur.

NACHKRIEGSPOESIE

In der Dichtkunst zeigte sich der Geist des Experimentalismus am offensichtlichsten. Da Gedichte von Natur aus weniger geradlinig und erzählend sind als Romane oder Theaterstücke, bieten sie sich – ganz im Sinne der Vorkriegsdichter wie E. E. Cummings und Ezra Pound – eher für das Spiel mit der grammatikalischen Struktur, dem Vokabular oder gar mit dem Satz an. Viele dieser Experimente wurden von Dichtern durchgeführt, die in den

ORIGINALMANUSKRIPT VON JACK KEROUACS *UNTERWEGS*
Ein Besucher betrachtet eine Austellung in der San Francisco Main Library, die einen fast elf Meter langen Abschnitt des Originalmanuskripts von Jack Kerouacs berühmtem Beat-Generation-Roman *Unterwegs* enthält. Der Abschnitt wurde als „spontane Prosa", in einem ununterbrochenen, unredigierten Stil, geschrieben und stammt aus der über 36 Meter langen Originalrolle.

USA lebten und arbeiteten. Dem breiteren Publikum wurden ihre Arbeiten 1960 durch die Veröffentlichung der Anthologie *The New American Poetry 1945–60*, herausgegeben von Donald Allen, nahegebracht. Darin wurden drei Dichtergruppen indentifiziert: die Black Mountain Poets, die New York Poets und die Dichter der San Francisco Renaissance. Die bedeutendsten unter ihnen waren der in New York geborene Allen Ginsberg (1926–1997) und der ebenfalls von der Ostküste stammende Jack Kerouac (1922–1969). Zusammen mit dem Romancier William S. Burroughs (1914–1997) gelten sie als die Hauptvertreter der „Beat-Generation".

Durch ihren großen Effekt auf die „Gegenkultur" der 1960er-Jahre symbolisierten diese drei Autoren die Rebellion gegen die Sitten ihrer Zeit, und ihre Arbeit steht oft in engem Zusammenhang mit Drogen und sexueller Freizügigkeit. Nicht alle Arbeiten der Beatniks bestanden aus Dichtkunst (obwohl die Grenzen zwischen den Genres oft verschwammen), aber das erste wichtige Werk der Beat-Generation war der Gedichtband *Howl* (1956) von Ginsberg. *Howl* wurde in einem stark fragmentierten Stil geschrieben, der diejenigen weit abseits der normalen Gesellschaft glorifiziert. Er weist auch eine extrem explizite sexuelle Bildsprache auf, und es gab Versuche, die Sammlung verbieten zu lassen. Der schlechte Ruf, der dem Gedichtband anhaftete, trug jedoch nicht zuletzt zu seinem Erfolg bei. Weitere bedeutende Frühwerke der Beat-Generation waren *On the Road* (*Unterwegs*, 1957) von Jack Kerouac und William S. Burroughs *Naked Lunch* (1959).

Auf die Experimente der Black-Mountain-, New-York- und San-Francisco-Gruppen sowie die der Objektivisten (Williams und Pound) folgten die Versuche der L=A=N=G=U=A=G=E-Dichter. Die Bewegung hatte ihren Namen von einem New Yorker Magazin, das experimentelle Werke veröffentlichte, und nahm in den 1970er-Jahren ihren Anfang. Sowohl die Beatniks als auch die L=A=N=G=U=A=G=E-Dichter sollten großen Einfluss auf die wiederbelebte britische Dichterszene der 1960er- und 1970er-Jahre haben. Dieses „British Poetry Revival", das von

Schriftstellern wie Iain Sinclair (*geb.* 1943) und Eric Mottram (1924–1995) repräsentiert wurde, versuchte, sich von den englischen Dichtern der unmittelbaren Nachkriegszeit zu distanzieren. Zu den Autoren, die auch als „The Movement" (Die Bewegung) betitelt wurden, gehörten ebenfalls Kingsley Amis (1922–1995) und Philip Larkin (1922–1985).

Ted Hughes (1930–1998) ist schwerer einzuordnen. Inspiriert von der Natur, versuchte er oft, den Dingen auf den Grund zu gehen. So erweist sich ein Großteil seiner Gedichte wie *Crow* (*Krähe*, 1970) und *Wolfwatching* (1989) als hart, aber brillant. Hughes gelang außerdem eine bemerkenswerte Übersetzung von Aischylos' *Oresteia*. Das Übersetzen war auch eine der Hauptbeschäftigungen von Irlands wichtigstem Nachkriegspoeten Seamus Heaney (*geb.* 1939), der 1995 den Nobelpreis erhielt. Neben einer Übersetzung von *Beowulf* verfasste er ein umfassendes Werk an Gedichten, von denen sich viele mit dem Leben in Nordirland befassen.

ENDSTATION SEHNSUCHT, Vivien Leigh als Blanche und Marlon Brando als Stanley in einer Aufnahme aus dem Film von Regisseur Elia Kazan von 1951.
Für dieses Stück erhielt Tennessee Williams 1947 den Pulitzer Prize. In diesem und anderen Werken schrieb Williams über Familienbeziehungen und -konflikte (teils durch Streitpunkte wie Homosexualität hervorgerufen) und den Zusammenstoß traditioneller Werte mit den Einflüssen der modernen Welt.

ENGLISCHES NACHKRIEGSTHEATER

Wie beim absurden Theater in Paris und in einem Großteil der modernen Poesie überschritten auch die in Englisch verfassten Dramen zunehmend Grenzen. Dies waren jedoch gesellschaftliche Grenzen, keine stilistischen, und sie versuchten, eher einen harten Realismus aufzuzeigen – im Gegensatz zum exklusiven Nihilismus Becketts oder Ionescos. In England wurde dieser Stil auch „kitchen sink drama" (Spülbecken-Realismus) genannt, nach der Bezeichnung, die John Osbornes (1929–1994) Theaterstücke erhalten hatten. Als sein bestes Werk gilt *Look Back in Anger* (*Blick zurück im Zorn*, 1958). Durch Themen wie soziale und politische Entfremdung sind die Werke Osbornes, Arnold Weskers (*geb.* 1932) und Harold Pinters (1930–2008) von linken Idealen durchdrungen, obwohl viele der Schriften auch den Mittelschichthintergrund der Dichter reflektieren. Ein wichtiger Aspekt dieser Bewegung hin zum Sozialrealismus war ihr Übergang ins Kino und Fernsehen, wo Filme wie *Saturday Night and Sunday Morning* (*Samstagnacht und Sonntagmorgen*, 1960, nach dem Roman Alan Sillitoes von 1958), *A Taste of Honey* (*Der bittere Honig*, 1961) und *Cathy Come Home* (1966) die Botschaft effektiver vermitteln konnten, als es dem Theater möglich war.

Auch in den USA befassten sich Dramatiker mit sozialen Belangen. Zu den gefeiertsten gehört Tennessee Williams (1911–1983), dessen Stücke wie *Cat on a Hot Tin Roof* (*Die Katze auf dem heißen Blechdach*, 1955) und *A Streetcar Named Desire* (*Endstation Sehnsucht*, 1948) auf seine Jugend im amerikanischen Süden zurückgreifen. Arthur Miller (1915–2005) zeichnete hingegen die Erfahrung in den Nordstaaten auf: *The Crucible* (*Hexenjagd*, 1953) dreht sich um die Hexenprozesse in Salem und ist ein nur dünn verschleierter Angriff auf die Hexenjagd in der McCarthy-Ära (Miller musste selbst vor dem Kommitee für unamerikanische Umtriebe erscheinen). *Death of a Salesman* (*Tod eines Handelsreisenden*, 1949) kann man als Anklage des amerikanischen Kapitalismus lesen.

DER ENGLISCHE ROMAN

Bis zum 20. Jh. hatte sich der Roman zur wichtigsten Literaturform entwickelt, und dieser Trend setzte sich auch nach dem Zweiten Weltkrieg fort. Autoren, die bereits vor dem Krieg aktiv waren, beherrschten die britische Literaturszene weiterhin – besonders wenn sie, wie Evelyn Waugh (1903–1966) und Graham Greene (1904–1991), bereits eine lange Karriere hinter sich hatten. Zu den ersten echten Nachkriegsdichtern gehörten William Golding (1911–1993) und Kingsley Amis. Goldings Arbeiten sind oft von mystischer Natur und befassen sich mit den Konflikten zwischen einer friedlichen Koexistenz und der Gewalt. Das wird besonders in *Lord of the Flies* (*Der Herr der Fliegen*, 1954) und in *The Inheritors* (*Die Erben*, 1955) deutlich. Amis war der erste britische Autor, der auf seine Erfahrung als Universitätsdozent zurückgriff, um einen Schauplatz für seinen Roman zu finden. Das Ergebnis, *Lucky Jim* (*Glück für Jim*, 1954), zog eine Reihe von „Campus-Romanen" – die in der akademischen Welt angesiedelt sind – anderer Autoren nach sich. Die bekanntesten stammen von Malcolm Bradbury (1932–2000, *The History Man*, 1975) und David Lodge (*geb.* 1935, *Small World – Kleine Welt*, 1984 sowie *Nice Work – Saubere Arbeit*, 1988).

Lawrence Durrell (1912–1990), der die Kombination aus Reiseberichten und Belletristik weiterführt, die von Graham Greene und Somerset Maugham bekannt gemacht wurde, verbrachte einen Großteil seines Lebens in Griechenland, Ägypten und Frankreich, und seine Romane spielen fast nur in diesen Ländern. Seine berühmtesten Werke sind die Bücher des *Alexandria-Quartetts* (*Justine*, 1957, *Balthazar*, 1958, *Mountolive*, 1958 und *Clea*, 1960).Eine etwas andere Art von Erkundung liefert Anthony Burgess (1917–1993), der vor allem für den dystopischen Roman *Clockwork Orange* (*Uhrwerk Orange*, 1962) bekannt ist. Er begann seine Karriere mit der *Malaiischen Trilogie* (*Time for a Tiger*, 1956, *The Enemy in the Blanket*, 1958, and *Beds in the East*, 1959) im gleichen Metier wie Greene und Durrell.

UHRWERK ORANGE, Schauspieler Malcolm McDowell findet sich in dieser Aufnahme aus dem Film von 1971 im Gefängnis wieder.

Mit den 1980er-Jahren kam eine neue Generation britischer Schriftsteller auf. Sie wurden als „young British novelists" (junge britische Romanciers) bezeichnet, nach einer Liste, die 1983 im Literaturmagazin *Granta* veröffentlicht wurde. Viele der Namen, die damals in *Granta* auftauchten, beherrschen die britische Literaturszene auch weiterhin. Die Mitglieder der ersten Welle, zu denen Martin Amis (*geb.* 1949, Sohn von Kingsley Amis), Julian Barnes (*geb.* 1946), Ian McEwan (*geb.* 1948) und William Boyd (*geb.* 1952) gehören, neigen alle zu einem gewalttätigen, mitunter auch frauenverachtenden Ausdruck sowie zu einem herablassenden, arroganten Ton.

Etwas subtiler in ihren Schriften und mit einem freundlicheren Ausblick ausgestattet sind die Nachkriegsschriftstellerinnen. Doris Lessing (*geb.* 1919), die 2007 den Literaturnobelpreis erhielt, ist eher für ihre Science-Fiction-Werke (vor allem für den *Canopus*-Zyklus, 1979–1983) bekannt. Ihre frühen Werke waren stark von ihren kommunistischen Ansichten beeinflusst, die sie in *The Golden Notebook* (*Das goldene Notizbuch*, 1962) kritisch beleuchtet. Eine Autorin, die versuchte, hinter die dünne Schale der Zivilität in der britischen Mittelschicht zu blicken, anstatt fantastische Welten zu erforschen, war Iris Murdoch (1919–1999). In Romanen wie *The Black Prince* (*Der schwarze Prinz*, 1973) und dem mit dem Booker-Preis ausgezeichneten *The Sea, the Sea* (*Das Meer, das Meer*, 1978), präsentiert sie eine fein geschliffene Untersuchung von Macht und Sex, die für keinen der beteiligten Charaktere schmeichelhaft ist. Schrulliger und fantasievoller – und vielleicht die beste britische Autorin des magischen Realismus – war Angela Carter (1940–1992), die ebenfalls Science-Fiction-Romane schrieb und offensichtlicher „feministisch" war als die anderen beiden. In ihren Romanen, etwa in *Wise Children* (1991) und *Nights at the Circus* (*Nächte im Zirkus*, 1984), in denen sie sich an Mythen und Märchen orientiert, sowie in ihren Kurzgeschichten und Dramen führt sie den Leser in eine fantastische, vielseitige Welt.

In den USA ging die Nachkriegsliteratur einen etwas anderen Weg und griff zu weitläufigeren Erzählweisen – meist erfolglos –, vielleicht um die Erfahrung vom Leben in einer so riesigen und ungleichen Nation wiederzugeben. Am besten lässt sich diese vielleicht mit der fortdauernden Suche nach „dem großen, amerikanischen Roman" erklären – der Titel eines 1973 erschienenen Romans von Philip Roth (*geb.* 1933) und eine Bezeichnung, die im Lauf der letzten 100 Jahre diversen Romanen verpasst wurde (als Hinweis darauf, dass die Jagd nach dem amerikanischen Roman schlechthin sinnlos ist).

Zu den einflussreichsten Autoren, deren Werke sich mit diesem Titel schmücken durften, gehörte Saul Bellow (1915–2005). Der Großteil seiner Romane, darunter *The Adventures of Augie March* (*Die Abenteuer des Augie March*, 1953), eine Homage an Cervantes, *Herzog* (1964) und *Humbolt's Gift* (*Humbolts Vermächtnis*, 1975) spielen in Chicago. Ähnlich einflussreich ist Norman Mailer (1923–2007). Seinen Beitrag zur amerikanischen Literatur leistete er, wie auch Truman Capote, durch „Tatsachenromane" – eine journalistische Vorgehensweise, bei der echte Ereignisse als Basis für literarische Werke verwendet werden. Mailers Werke sind meist lang und schwierig und erforderten beim Schreiben einen enormen Rechercheaufwand. Ein durchgehendes Thema war die Politik und ihre Institutionen, von *Barbary Shore* (*Am Rande der Barbarei*, 1951) bis zu *Harlot's Ghost* (*Das Epos der geheimen Mächte*, 1991), die sich mit den Aspekten Amerikas im Kalten Krieg befassten. In enger Beziehung zu Mailer und seinem Schreibstil standen Hunter S. Thompson (1937–2005) mit *Fear and Loathing in Las Vegas* (*Angst und Schrecken in Las Vegas*, 1971) und Tom Wolfe (*geb.* 1931) mit *The Kandy-Kolored-Tangerine-Flake Streamline Baby* (*Das bonbonfarbene tangerinrot-gespritzte Stromlinienbaby*, 1965); *The Electric Kool-Aid Acid Test* (*Unter Strom*, 1968) und *Bonfire of the Vanities* (*Fegefeuer der Eitelkeiten*, 1987).

TRUMAN CAPOTE
Capote wurde mit seinem halb-autobiografischen, äußerst kontrovers aufgenommenen Roman *Andere Stimmen, andere Räume* (1948) berühmt. Seine bekanntesten Arbeiten sind aber die Kurzgeschichte *Frühstück bei Tiffany (1958)* und der Tatsachenroman *Kaltblütig* (1966), in dem er von seinen Besuchen bei einem überführten Mörder im Gefängnis erzählt.

Ein weiterer Autor, der die politische Ausrichtung des neoliberalen Amerika angreift, ist Gore Vidal (*geb.* 1925). Er porträtierte sowohl Roosevelt als auch Nixon und schrieb über homosexuelle Beziehungen. Zudem ist er für seine offenen Attacken auf das amerikanische Establishment berüchtigt. Vidals Erzfeind war der schillernde Truman Capote.

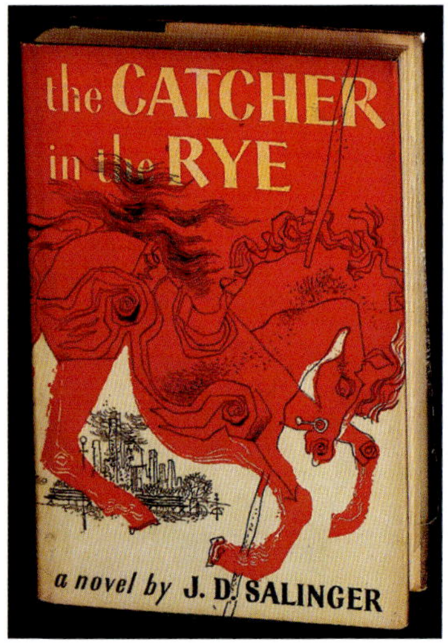

J. D. SALINGERS *FÄNGER IM ROGGEN*,
Erstausgabe, 1951

Zwei der am häufigsten gelesenen amerikanischen Schriftsteller sind für nur jeweils ein Werk bekannt und schrieben in der Folgezeit kaum noch etwas. Harper Lee (*geb.* 1926), eine enge Freundin Capotes, ist für *To Kill a Mockingbird* (*Wer die Nachtigall stört*, 1960) verantwortlich, in dem es um die Rassendiskriminierung im Süden geht. J. D. Salingers (*geb.* 1919) *The Catcher in the Rye* (*Der Fänger im Roggen*, 1952) fängt eine andere Seite des amerikanischen Lebens ein: die Einsamkeit in der Großstadt, erzählt durch die Augen eines jungen Ausreißers in New York. Wladimir Nabokow (1899–1977), der viele Werke schrieb und übersetzte, ist in Bezug auf die amerikanische Literatur vor allem für den umstrittenen Roman *Lolita* (1955) bekannt, den er in seiner Zeit in den USA verfasste.

In jüngerer Zeit versuchte Don DeLillo (*geb.* 1936), die Vielfältigkeit des amerikanischen Lebens in seinen umfangreichen Romanen darzustellen, angefangen mit *Americana* 1971. Seinen Höhepunkt erreichte er mit dem monumentalen *Underworld* (*Unterwelt*, 1997). DeLillo ist generell postmodern und greift auf mehrere Erzähler und Blickwinkel zurück, um seine Aussagen zu vermitteln. Das literarische „Brat Pack" der jüngeren Autoren geht anders an die Sache heran. Der wichtigste ist Bret Easton Ellis (*geb.* 1964), dessen Roman *American Psycho* (1991) im Grunde eine Parodie auf den Kriminalroman ist, durch seine extremen Gewaltdarstellungen aber für einen Skandal gesorgt hat.

POSTKOLONIALE LITERATUR

Außerhalb Europas befassten sich nicht nur die amerikanischen Autoren mit Identität und Nationalstolz. Vieles, was in den letzten 60–70 Jahren von Autoren, Dichtern und Dramatikern aus Afrika, dem Nahen Osten, Südasien, der Karibik und aus Teilen Südamerikas verfasst wurde, wird in die Rubrik „postkoloniale Literatur" eingeordnet. Mit diesem breit gefächerten Begriff soll die gesamte Literatur, die seit der Auflösung der Kolonien nach dem Zweiten Weltkrieg geschrieben wurde, zusammengefasst werden. Dabei befasst sie sich insbesondere mit den Erfahrungen der Kolonisierten und versucht, ihre Sicht der Dinge darzustellen, wodurch sie eine Art Geschichtsschreibung der Unterdrückten ist. Der Begriff selbst wird oft dafür kritisiert, zu allgemein zu sein und alle kulturellen Unternehmungen der zuvor kolonisierten Teile der Welt als Reaktion auf diese Erfahrung abzutun, was natürlich zu einfach gedacht ist. Dennoch ist der Begriff praktisch, und die Akademiker scheinen ihn nur ungern aufgeben zu wollen.

Die herrschende westliche Ideologie hatte den Status der Ureinwohner in den einer unrechtmäßigen Gegenbewegung gegen das verwandelt, was die Kolonialmächte als ihr gottgegebenes Recht ansahen. In der Zeit nach den Unabhängigkeitskämpfen versuchten Schriftsteller, das Gleichgewicht wiederherzustellen, indem sie die Ureinwohner als Opfer der kolonialen Aggression hinstellten und die lokale Geschichte und Kultur (wieder-)entdeckten. Das half den Bewohnern, eine eigene Identität zu finden, abseits jener, die ihnen von den Kolonialmächten aufgezwungen worden war. Vieles blieb natürlich dennoch erhalten – nicht zuletzt Englisch als die vorherrschende Sprache. Das Vermischen von Einrichtungen und Kulturen hat einige der interessantesten Beispiele außereuropäischer Literatur hervorgebracht.

Die postkoloniale Literatur blieb natürlich nicht frei von Theorie und Polemik, die einigen Autoren als Rechtfertigung dienten. Tatsächlich schien der Bereich zeitweise unter zu viel Theorie zu leiden. Einige Schriftsteller erwiesen sich jedoch als sehr einflussreich, allen voran die französischen Négritude-Autoren Frantz Fanon (1925–1961) und Edward Saïd (1935–2003). Die Négritude erwuchs aus den Ideen und Schriften einer Gruppe französisch-afrikanischer Intellektueller, insbesondere Aimé Césaire (1913–2008) aus Martinique, dem Senegalesen Léopold Sédar Senghor (1906–2001) sowie Léon Damas (1912–1978) aus Französisch-Guayana. Die Vorstellung von einer „gesamtschwarzen" (bzw. afrikanischen) Kultur wurde in ihrem Widerstand gegen Rassismus regelrecht funktionalisiert und gab den aufkommenden antikolonialen Bemühungen eine theoretische Basis. Das Ganze wurde in den Werken Fanons, vor allem in *Peau noire, masques blancs* (*Schwarze Haut, weiße Masken*, 1952) und in *Les damnés de la terre* (*Die Verdammten dieser Erde*, 1961), die großen Einfluss auf die Antikolonialbewegung in Afrika hatten, ein ganzes Stück vorangetrieben. Der palästinensische Autor Edward Saïd richtete mit *Orientalisme* (1978) den forschenden Blick der postkolonialen Theorie auf die Beziehung des Westens zum Nahen Osten und zu Südasien.

Unter dem Einfluss der Négritudebewegung tauchten in den 1950er-Jahren immer mehr schwarzafrikanische Schriftsteller auf, und mit der Veröffentlichung von *Okonkwo* (1958) des nigerianischen Autors Chinua Achebes (*geb.* 1930) wurde ihnen auch

LOLITA, Dominique Swain als Lolita und Jeremy Irons als Humbert in Adrian Lynes Filmversion des Romans von Wladimir Nabokow. Humbert, ein 45-jähriger, von Ängsten erfüllter Universitätsprofessor, verliebt sich in Lolita, die zwölfjährige Tochter der Witwe Charlotte Haze, die er später heiratet.

auf der Weltbühne Aufmerksamkeit zuteil. Der nigerianische Dramatiker und Dichter Wole Soyinka (*geb.* 1934) erhielt 1986 als erster afrikanischer Autor den Literaturnobelpreis. Da sowohl Achebe als auch Soyinka in Englisch schreiben, begannen Rufe nach Werken in den örtlichen Sprachen laut zu werden. Der prominenteste Schriftsteller, der sich dieser Forderung annahm, ist der Kenianer Ngugi wa Thiong'o (*geb.* 1938), der nur noch in Kikuyu schreibt.

C. L. R. James (1901–1989), ein Journalist und politischer Aktivist aus Trinidad, schrieb mit *Minty Alley* (1936) einen der ersten karibischen Romane. Bald begannen auch andere Autoren, sich mit den Belangen zu befassen, die sie als Bewohner der Westindischen Inseln betrafen. Ebenfalls aus Trinidad stammt der Romancier und Kommentator V. S. Naipaul (*geb.* 1932), der mit Werken wie *A House for Mr. Biswas (Ein Haus für Mr. Biswasm*, 1961) bekannt wurde. 1971 erhielt er den Booker-Preis und 2001 den Nobelpreis. Ein weiterer Nobelpreisträger aus der Region ist Derek Walcott (*geb.* 1930), dessen Erzählung *Omeros* (1990) sich mit dem Reisen und der Umsiedlung befasst.

AKINWANDE OLUWOLE „WOLE" SOYINKA, der erste afrikanische Nobelpreisträger für Literatur

MAGISCHER REALISMUS

Eine etwas andere Sichtweise des karibischen Lebens liefert der guyanische Schriftsteller Wilson Harris (*geb.* 1921), dessen *Guyana-Quartett* (*Palace of the Peacock*, 1960, *The Far Journey of Oudin*, 1961, *The Whole Armour*, 1962 und *The Secret Ladder*, 1963) den Leser auf eine mystische Reise entlang der Flüsse seines Heimatlandes mitnimmt und dabei die Landschaft und die Charaktere mit einer Bedeutung erfüllt, die gleichzeitig erstaunlich und verführerisch ist. Harris' Schreibstil grenzt dabei an etwas, das oft als „magischer Realismus" beschrieben wird – ein Etikett, von dem sich die Autoren meist distanzieren. Der berühmteste Vertreter dieses Stils ist der kolumbianische Schriftsteller Gabriel García Márquez (*geb.* 1927) dessen Roman *Cien años de soledad* (*Hundert Jahre Einsamkeit*, 1967) als Erstlingswerk des Genres gilt. Beim magischen Realismus werden fantastische Elemente in eine ansonsten realistische Handlung eingebunden. Das kann z. B. auch die Verwendung von Geistern und Traumsequenzen bedeuten.

Márquez gilt als graue Eminenz des Genres. Er verwendete die Technik z. B. in *Crónica de una muerte anunciada* (*Chronik eines angekündigten Todes*, 1981), *El amor en los tiempos del cólera* (*Liebe in der Zeiten der Cholera*, 1985) und *El general an su laberinto* (*Der General in seinem Labryinth*, 1989). Der Argentinier Jorge Luis Borges (1899–1986) setzte den magischen Realismus vor allem in seinen Kurzgeschichten ein, für die er ganze Welten erfand. Noch expliziter wird die Technik von dem Kubaner Alejo Carpentier (1904–1980) verwendet. In seinem Roman *El reino de este mundo* (*Das Reich von dieser Welt*, 1949) bezieht er sich auf „lo real maraviloso" (wörtlich „magischer Realismus") als die einzige Möglichkeit, das Leben in Südamerika zu beschreiben.

Dieser Schreibstil ist natürlich nicht auf südamerikanische Autoren beschränkt. Der Portugiese José de Sousa Saramago (*geb.*

NOBELPREISVERLEIHUNG IN DER KONZERTHALLE STOCKHOLM, 1998
Die schwedische Königin Silvia sitzt vor den Preisträgern. Den Nobelpreis für Literatur erhielt in diesem Jahr der portugiesische Romancier Jose Saramago, der Zweite von rechts; links neben ihm sitzt der Preisträger für Wirtschaft, Amartya Sen.

1922), der 1998 den Nobelpreis erhielt, experimentierte nicht nur mit Grammatik und Zeichensetzung, sondern setzte fantasievolle Erzählstränge ein, um die Zustände in seinem Heimatland zu kritisieren. Mit *Evangelho Segundo Jesus Cristo* (*Das Evangelium nach Jesus Christus*) *löste er* 1991 einen Skandal aus.

Außerhalb Europas sponn der nigerianische Autor Ben Okri (*geb.* 1959), obwohl er das Etikett magischer Realismus mied, fantastische Netze aus einheimischen Mythen und Legenden um die Handlung in seinen Romanen wie *The Famished Road* (*Die hungrige Straße*, 1991) herum. Vielleicht der prominenteste aller magischen Realisten außerhalb Südamerikas ist der in Mumbai geborene Salman Rushdie (*geb.* 1947). Mit seinem Roman *Midnight's Children* (*Mitternachtskinder*, 1981) machte er erstmals international auf sich aufmerksam. Noch im gleichen Jahr gewann er den Booker-Preis (2008 wurde der Roman zu den besten Werken gewählt, die jemals diesen Preis erhielten). Erzählt wird die Geschichte eines Kindes, das am 15. August 1947 um Mitternacht geboren wird – dem Beginn den Unabhängigkeit Indiens. Darauf ließ Rushdie den Roman *Shame* (*Scham und Schande*, 1983) folgen, der sich mit der pakistanischen Politik befasst. Sein nächster Roman, *Satanic Verses* (*Die satanischen Verse*, 1988), brachte ihm eine ganz andere Art von Ruhm ein. Viele Muslime empfanden die Beschreibung des Islam und des Propheten Mohammed darin als extrem beleidigend. Der damalige religiöse Führer des Iran, Ayatollah Khomeini, verhängte die Fatwa (das Todesurteil) über Rushdie, der daraufhin in den Untergrund ging. Er veröffentlicht jedoch weiterhin Romane, die dem magischen Realismus verbunden sind, z. B. *The Moor's Last Sigh* (*Des Mauren letzter Seufzer*, 1995), *Shalimar the Clown* (*Shalimar der Narr*, 2005) und *The Enchantress of Florence* (*Die bezaubernde Florentinerin*, 2008).

INDISCHE LITERATUR

Rushdies Arbeit hatte großen Einfluss auf viele indische Schriftsteller, aber die Tradition des Verlegens reicht in Südasien viel weiter zurück, und der Subkontinent hat eine

RABINDRANATH THAKUR (FRÜHERE SCHREIBWEISE: TAGORE)
Thakur war 1913 der erste Asiate, der den Nobelpreis für Literatur erhielt. Er schrieb Romane, Kurzgeschichten, Lieder, Tanztheater und Essays über persönliche und politische Themen. *Sangesopfer, Gora* sowie *Das Heim und die Welt* gehören zu seinen bekanntesten Werken.

lange, literarische Geschichte – mit Werken sowohl in Englisch als auch in den örtlichen Sprachen. Im 20. Jh. begannen auf Englisch geschriebene Werke auf sich aufmerksam zu machen, angefangen mit den Arbeiten des bengalischen Dichters Rabindranath Thakur (1861–1941), der 1913 den Nobelpreis erhielt. Zu den frühen in Englisch verfassten Romanen gehörten *Untouchable* (1935) von Mulk Raj Anand (1905–2004) und *Kanthapura* (1938) von Raja Rao (1908–2006). Beide befassten sich mit dem Leben in den indischen Dörfern und mit den harten Lebensbedingungen derjenigen am Rande der Gesellschaft. Darin folgten Anand und Rao dem Vorbild des großen, in Hindi und Urdu schreibenden Munshi Premchand (1880–1936), dessen Roman *Godan* (1936) als eines der wichtigsten Werke der indischen Literatur gilt.

Viele Schriftsteller, auch Rao und Anand, schlossen sich der Unabhängigkeitsbewegung an und gerieten unter den Einfluss Mahatma Gandhis (1869–1948). Ab Mitte des Jahrhunderts setzten sich diese Bemühungen in der indischen Literatur fort, wobei die Schrecken der Aufteilung Indiens einen wichtigen Hintergrund für viele Arbeiten lieferte, so auch für Khushwant Singhs (*geb.* 1915) *Train to Pakistan* (*Der Zug nach Pakistan*, 1956). Eine andere Sichtweise auf den Abschied der Briten beweist Nirad C. Chaudhuri (1897–1999) in *The Autobiography of an Unknown Indian* (1951), in dem er das Ende des Empire betrauert und dadurch in Südasien zu einer höchst umstrittenen Person wurde. Die Vorstellung eines überwiegend ländlich geprägten Indien, die Gandhi am Herzen lag, wurde von R. K. Narayan (1906–2001) fortgesetzt. Viele seiner Geschichten spielen in und um das fiktive Dorf Malgudi. Neben populären Versionen der großen Epen *Mahabharata* und *Ramayana* gehörten zu seinen Werken auch die Romane *Waiting for the Mahatma* (1955), *The Man-Eater of Malgudi* (1961) und *The English Teacher* (1945).

Ab den 1980er-Jahren trat eine neue Generation von indischen Autoren in Erscheinung. Sich im Erfolg Rushdies sonnend, stellten sie neue, in Englisch verfasste indische Literatur international vor. Einer der talentiertesten von ihnen ist Vikram Chandra (*geb.* 1961), der durch seinen magisch-realistischen Roman *Red Earth and Pouring Rain* (*Tanz der Götter*, 1995), gefolgt von seinem Krimi *Sacred Games* (*Der Pate von Bombay*, 2006) bekannt wurde. Arundhati Roy, im gleichen Jahr geboren, war mit ihrem Erstlingswerk *The God of Small Things* (*Der Gott der kleinen Dinge*, 1997), für das sie den Booker-Preis gewann, ähnlich erfolgreich. Als würdiger Herausforderer Rushdies als Chronist Indiens in der Zeit nach der Unabhängigkeit erwies sich Vikram Seth (*geb.* 1952), dessen monumentaler Roman *A*

Suitable Boy (*Eine gute Partie*, 1993) von der Suche einer Mutter nach dem perfekten Ehemann für ihre Tochter in den Jahren nach der Unabhängigkeit erzählt. Amitav Ghosh (*geb.* 1956) erforschte in *The Calcutta Chromosome* (1995) und in *The Glass Palace* (2000) die Vergangenheit und Zukunft Indiens. Auch für seinen neuesten Roman, *Sea of Poppies* (*Das mohnrote Meer*, 2008), wandte er sich wieder einem historischen Thema zu. Anita Desai (*geb.* 1936) befasst sich in ihren wunderbaren Werken, z. B. in dem beinahe autobiografischen *Clear Light of Day* (*Im hellen Licht des Tages*, 1980), oft mit der Rolle der Frau in der indischen Gesellschaft. 2006 gewann Kiran Desai (*geb.* 1971, Anitas Tochter) für ihren Roman *The Inheritance of Loss* (*Erbin des verlorenen Landes*) den Booker-Preis. Aravind Adiga (*geb.* 1974) schließlich machte mit dem Roman *The White Tiger* (*Der weiße Tiger*), für den er den Booker-Preis 2008 gewann, auf sich aufmerksam.

SÜDAFRIKA, AUSTRALIEN UND KANADA

Die Kolonialerfahrungen von Ländern wie Australien und Kanada unterschieden sich sehr von denen der meisten afrikanischen und asiatischen Nationen. Hier veränderte sich die herrschende Klasse nach der Unabhängigkeit so gut wie gar nicht, denn sie war noch immer weiß, stammte großenteils von britischen Einwanderern ab und sprach von Natur aus Englisch. Die australische Kolonialzeit und ihre Nachwirkungen wurde am überzeugendsten von Peter Carey (*geb.* 1943) behandelt – von der lockeren Erzählweise über einen selbstsicheren Gauner in *Illywacker* (1985) bis zu den Sorgen und Problemen im Outback sowohl in *Oscar and Lucinda* (1988) als auch in dem Beinahe-„Tatsachenroman" *The True History of the Kelly Gang* (*Die wahre Geschichte von Ned Kelly und seiner Gang*, 2000). Man könnte meinen, die kanadische Literatur befasse sich –

AMITAV GHOSH
Der indische Autor Amitav Ghosh mit seinem Roman *Das mohnrote Meer*. Ghosh war einer der Kandidaten für den Booker-Preis 2008.

PETER CAREY
2001 gewann der in New York lebende australische Autor Peter Carey für seinen Tatsachenroman *Die wahre Geschichte von Ned Kelly und seiner Gang* den Booker-Preis.

BOOKER-KANDIDATEN 1996
(von links) Margaret Atwood, Beryl Bainbridge, Seamus Deane, Shena Mackay, Rohinton Mistry und Graham Swift

aufgrund der Ähnlichkeit der Länder mit einer weiten, wilden Natur und Landschaft – auch mit ähnlichen Themen wie die australische, das ist jedoch nicht so. Tatsächlich scheint kaum etwas die kanadischen Nachkriegsschriftsteller, von denen die prominenteste Margaret Atwood (*geb.* 1939) ist, miteinander zu verbinden.

In Südafrika bot sich eine völlig andere Situation dar, in der sich die Schriftsteller mit dem rassistischen Apartheidregime, welches das Land 1948–1994 beherrschte, auseinandersetzen mussten und müssen. Einer der ersten, der sich dessen annahm, war Alan Paton (1903–1988), dessen Roman *Cry, the Beloved Country* (*Denn sie sollen getröstet werden*, 1948) die soziale und Rassentrennung vorhersagt. Auf Paton folgten die südafrikanischen Nobelpreisträger Nadime Gordimer (*geb.* 1923, Nobelpreis 1991) und J. M. Coetzee (*geb.* 1940, Nobelpreis 2003), die für ihre mutige Kritik an der Apartheidregierung und an der Post-Apartheid bekannt sind. Seit dem Ende der Apartheid treten immer mehr schwarze Autoren in Erscheinung, von denen viele in ihren lokalen Sprachen schreiben. Zudem veränderte sich auch der Fokus, denn es ging nicht mehr um den Kampf gegen eine mächtige herrschende Klasse, sondern um die komplexen Probleme eines neuen Landes.

Auch aus anderen Ländern ohne Kolonialvergangenheit haben einige Autoren aufgrund der Qualität ihrer Arbeit und gekonnter Übersetzung internationale Erfolge verzeichnen können. Weltweit bekannte japanische Autoren sind z. B. Yukio Mishima (1925–1970) und Haruki Murakami (*geb.* 1949). Obwohl sie der Welt ein völlig anderes Literaturgesicht zeigen, wurden sie weithin übersetzt. Mishimas Werke sind tief in der traditionellen japanischen Kultur verwurzelt, während Murakamis ein postmodernes, magisch-realistisches Japan mit einer gespenstischen Atmosphäre zeigen. Die wunderbar geschmiedeten Texte des türkischen Nobelpreisträgers Orhan Pamuk (*geb.* 1952) stellen die zeitgenössische wie auch die historische Türkei auf ähnliche Weise dar, wie es der ägyptische Nobelpreisträger Nagib Mahfuz (1911–2006) mit Ägypten machte. Pamuks *Cevdet Bey ve Ogullari* (1982) verfolgt das Schicksal einer Familie, die in Istanbul lebt, während Mahfuz' außergewöhnliche *Kairoer Trilogie* (1956–1957) das Gleiche in Kairo tut.

DIE POSTMODERNE IN DER LITERATUR

Postkoloniale Schriftsteller wurden bis zu einem bestimmten Punkt von dem umstrittenen Bereich der Postmoderne beeinflusst und haben ihrerseits auch dazu beigetragen. Die schwer zu definierende Bewegung richtete sich großenteils nach den Ideen französischer Philosophen und Schriftsteller, allen voran Jacques Derrida (1930–2004), Jacques Lacan (1901–1981) und Jean-François Lyotard (1924–1998). Sie bewegte sich von dem modernen Konzept der Ordnung innerhalb der Komplexität weg und hin zu der Vorstellung, dass es keine zugrundeliegende Ordnung gibt und dass der Autor in den unzähligen Interpretationsmöglichkeiten, die dies eröffnet, schwelgen soll. Um das zu erreichen, nutzen die Autoren eine Fülle an Stilmitteln, mit denen sie eine verwirrende, chaotische Welt präsentierten. Dazu gehörte z. B. die verbreitete Nutzung mehrere Stimmen und Blickwinkel innerhalb eines Textes, die Verwendung von Elementen der literarischen Nachahmung, die Betonung der Künstlichkeit eines Textes, indem man die angewandten Stilmittel offensichtlich macht, ironische oder verwirrende Nebeneinanderstellungen unzusammenhängender Dinge, Charaktere oder Handlungsstränge, um den Erzählfluss zu unterbrechen, und das Spiel mit der Zeit, sodass die Handlung nicht mehr linear abläuft. Man kann jedoch argumentieren, dass keine dieser Ideen neu ist (siehe *Tristram Shandy* aus dem 18. Jh.). Die Postmoderne hat sowohl begeisterte Anhänger als auch erbitterte Kritiker.

Die italienischen Schriftsteller Umberto Eco (*geb.* 1932) und Italo Calvino (1923–1985) haben in ihren Werken mit diesen Ideen gearbeitet. Eco spielt in *Il nome de la rosa* (*Der Name der Rose*, 1980) und in *Il pendolo di Foucault* (*Das Foucaultsche Pendel*, 1988) mit der Geschichte, Konspirationen und diversen Stimmen. Der zweite Roman ist zudem ein Wortspiel mit dem Namen Michel Foucaults (1926–1984), einem französischen Denker mit Kontakten zur Postmoderne. Calvino bewegte sich hingegen vom sozialrealistischen Stil seiner frühen Romane hin zu einem Stil, der dem magischen Realismus ähnelt, und nutzt dabei Ideen aus Mythos und Fantasie, z. B. in *Cosmicomísche* (1965) und *Se una notte d'inverna un viagiattore* (*Wenn ein*

UMBERTO ECO
Der italienische Bestsellerautor Umberto Eco signiert 2004 während einer Promotiontour sein neuestes Buch, *Die geheimnisvolle Flamme der Königin Loana*. In seinen spannenden Erzählungen spielt er mit Geschichte, Verschwörungen und mehreren Erzählern.

Reisender in einer Winternacht, 1979). Der ironisch-distanzierte Stil des tschechischen Autors Milan Kundera (*geb.* 1929) scheint ebenfalls Elemente der postmodernen Denkweise zu enthalten, was vor allem bei *Die unerträgliche Leichtigkeit des Seins* (1984) erkennbar ist, auch wenn der Autor dies von sich weisen würde.

Repräsentativer für die Postmoderne sind die Werke der amerikanischen Schriftsteller Kurt Vonnegut (1922–2007) und Thomas Pynchon (*geb.* 1937). In Vonneguts Arbeiten, insbesondere in *Slaughterhouse Five* (*Schlachthaus 5*, 1969), spielt er mit der Zeit und rückt die Künstlichkeit der Werke in den Vordergrund, indem er sich selbst z. B. als Figur in einen Roman schreibt, so geschehen in *Breakfast of Champions* (*Frühstück für Helden*, 1973). Pynchons Werke gehören mit ihren dichten, strukturierten Texten zu den schwierigeren amerikanischen Romanen. In seinen berühmtesten Romanen, *The Crying of Lot 49* (*Die Versteigerung von Nr. 49*, 1966) und *Gravity's Rainbow* (*Die Enden der Parabel*, 1973) nutzt er z. B. Elemente aus der Popkultur und der Wissenschaft und setzt auf mehrere Erzähler.

Eine Erweiterung der Idee von mehreren Erzählern liefert das Onlineschreiben, besonders „Hypertext-Fiction". In diesen Arbeiten kann der Leser durch Hypertextlinks hin- und herspringen. Die Idee steckt noch in den Kinderschuhen, und es bleibt abzuwarten, ob die Leser bereit sind, das gedruckte Buch so einfach aufzugeben. Dennoch deutet die Fülle an Werken junger Autoren – sei es in Form von Fan-Fiction (über Lieblingsfiguren aus Film, Fernsehen usw.) oder von Science-Fiction inspiriertem Cyberpunk (dystopische, futuristische Werke) – darauf hin, dass ein Generationswechsel im Gange ist.

SCIENCE-FICTION UND FANTASY

Die wissenschaftlichen Fortschritte im 19. Jh. fanden rasch den Weg in die Literatur, und zusammen mit dem Sinn für das Fantastische, der in Büchern wie Shelleys *Frankenstein* bereits erforscht wurde, entstand ein neues Genre wissenschaftlicher Abenteuergeschichten. Obwohl sich bereits früher Autoren mit wissenschaftlichen Themen befasst hatten, waren es zwei Schriftsteller, welche die wissenschaftliche Erzählung als separates Genre berühmt machen sollten: Jules Verne (1828–1905) und H. G. Wells (1866–1946). Mitte des 20. Jh. kam es zu einer wahren Explosion spekulativer (oder prophetischer) Erzählungen, die einen technischen Fokus hatten. Nicht alle Fantasiewelten waren utopisch, obwohl einige in die Richtung neigten. Einer der ersten und einflussreichsten Science-Fiction-Romane, *Wir* (1920–1921), des russischen Schriftstellers Jewgeni Samjatin (1884–1937), spielte in einer dystopischen Zukunft und wurde von George Orwell als Modell in seinem Buch *1984* (1949) bestätigt.

2001: ODYSSEE IM WELTRAUM
Aufnahme aus dem Film von Stanley Kubrick, der auf dem Roman *2001: Odyssee im Weltraum* des Science-Fiction-Autors Arthur C. Clarke basiert

Zu den beliebtesten Science-Fiction-Autoren nach dem Zweiten Weltkrieg gehörten Isaac Asimov (1920–1992; *Nightfall*, 1941; *I, Robot*, 1950; und die *Foundation-Trilogie*, 1951–1953), Arthur C. Clarke (1917–2008; *The City and the Stars*, 1956;

Rendezvous with Rama, 1972; und *Childhood's End,* 1953), Robert A. Heinlein (1907–1988; *Starship Troopers,* 1959; und *Stranger in a Strange Land,* 1961) und Stanislaw Lem (1921–2006; *Solaris*, 1961). In ihren Romanen beschäftigten sie sich oft mit der Frage, wie Menschen sich entwickeln und auf neue Technologien reagieren würden und wie diese Technologien wohl aussehen könnten. Einiges ist Realität geworden, z. B. Arthur C. Clarkes Idee, geostationäre Satelliten als Kommunikationszentralen zu nutzen. Andere stehen zur Diskussion, etwa seine Vorstellung, dass Raketen durch Fahrstühle zu Raumstationen in der Erdumlaufbahn ersetzt werden könnten.

Wie bei anderen Genres des 20. Jh. wurden auch viele Science-Fiction-Romane verfilmt. Zu den besten Werken gehören Stanley Kubricks Adaption von Arthur C. Clarkes *2001: A Space Odyssey (2001: Odyssee im Weltraum,* 1968), der parallel zum Drehbuch geschrieben wurde, sowie *Blade Runner* (1982), adaptiert von Philip K. Dicks (1928–1982) *Träumen Androiden von elektrischen Schafen?* (1968). Kino und Fernsehen haben der Science-Fiction-Literatur aber auch einiges zurückgegeben, vor allem mit Filmen wie *Krieg der Sterne (Star Wars)* und Serien wie *Raumschiff Enterprise (Star Trek),* die unzählige Bücher als Nebenprodukte hervorbrachten und dem Untergenre des Science-Fiction-Epos neues Leben einhauchten.

Eng mit Science-Fiction verbunden ist der Aufstieg der Fantasy-Literatur. Auch wenn es manchmal schwierig ist, beide auseinanderzuhalten, so werden bei der Fantasy Probleme oft durch Magie oder übernatürliche Phänomene gelöst. Dass die überwiegende Mehrzahl aller Fantasyromane in einer mittelalterlichen Umgebung spielt, lässt sich vermutlich bis zu den Gothic-Fantasien der Romantiker und den späteren Werken Richard Wagners zurückverfolgen. Vor allem die Nachkriegswerke J. R. R. Tolkiens (1892–1973) schrieben diese Art Schauplatz in der Fantasyliteratur quasi fest. 1937 hatte Tolkien *The Hobbitt (Der kleine Hobbit)* geschrieben, aber vor allem das Folgewerk, *Lord of the Rings* (*Der Herr der Ringe,* 1954–1955) erfüllte die Sehnsucht nach einem Ausweg aus dem Trauma der Bomben, des Völkermordes und des Kalten Krieges in eine heldenhafte Welt voller Ritter und Elfen mit eindeutigen Geschichten von Gut gegen Böse. Mervyn Peake (1911–1968), dessen düstere Vision vom Schloss Gormenghast in drei Romanen (*Titus Groan*, 1946; *Gormenghast*, 1950; und *Titus Alone*, 1959) ihren Ausdruck fand, lieferte dazu ein moralisch unklares Gegenstück. Näher an Tolkien waren die Werke seines Freundes C. S. Lewis (1898–1963), dessen Narnia-Erzählungen zwar in einer Welt der Löwen, Hexen und Zauberschränke spielen, aber dennoch eine christliche Weltsicht vertreten.

***HERR DER RINGE* ALS MUSICAL,** eine Produktion des epischen Fantasyromans *Der Herr der Ringe* von J. R. R. Tolkien, der zugleich Philologieprofessor war, im Theatre Royal, London, 18. Juni 2007

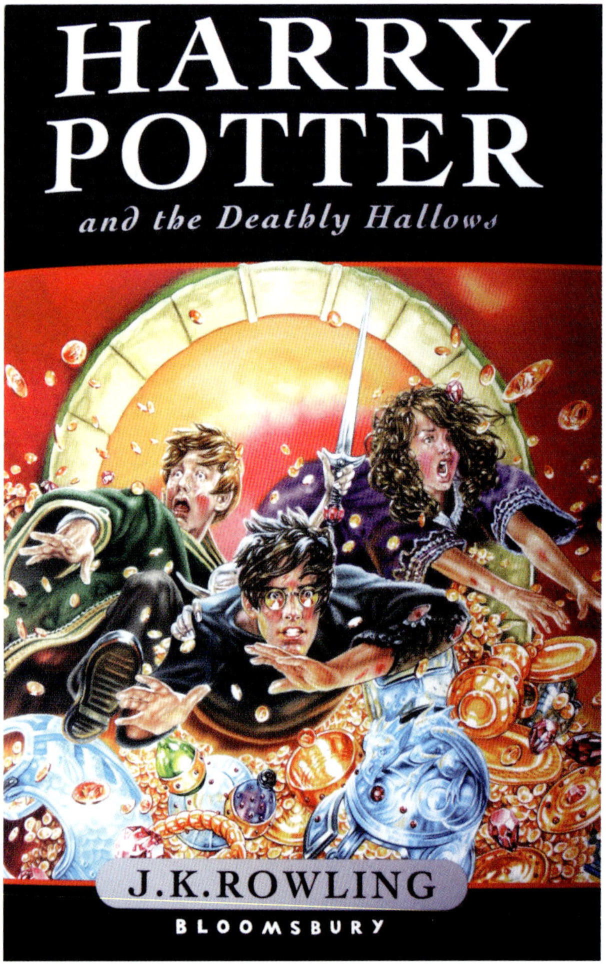

HARRY POTTER UND DIE HEILIGTÜMER DES TODES, von J. K. Rowling. Es ist der 7. und letzte Roman der Harry-Potter-Reihe.

Aus beiden Genres, Science-Fiction und Fantasy, haben sich diverse Untergenres entwickelt, sodass die Grenzen manchmal völlig verschwimmen und Handlungen, die mit Fantasy assoziiert werden, auf ferne Planeten und in fremde Welten transportiert werden. Science-Fiction wird auch gern von Schriftstellern dazu benutzt, feministische Themen und die Zusammenhänge zwischen Geschlecht und Macht zu untersuchen. Besonders gute Beispiele sind *The Left Hand of Darkness* (*Die linke Hand der Dunkelheit,* 1969) von Ursula K. Le Guin (*geb.* 1929) und Margaret Atwoods *Handmaid's Tale* (*Der Report der Magd,* 1985). Fantasy hat auch Abstecher in das Reich des Horrors gemacht, in einer Art moderner Fortsetzung der Schauertradition von Autoren wie Edgar Allan Poe und H. P. Lovecraft (1890–1937). Einige zeitgenössische Autoren, darunter der Amerikaner Stephen King (*geb.* 1947), sind damit unglaublich erfolgreich.

Fantasy und Science-Fiction wurden, zusammen mit einigen Institutionen der realen Welt, von Terry Pratchett (*geb.* 1948) liebevoll untergraben und auf die Schippe genommen. Seine Discworld-Reihe hat eine treue Anhängerschaft. Niemand gelangte jedoch auch nur ansatzweise in die Nähe des Erfolges, den J. K. Rowling (*geb.* 1965) genießt. Ihre sieben Romane über die Abenteuer des jungen Zauberers Harry Potter, der gegen den bösen Lord Voldemort kämpft, entstanden zwischen 1990 und 2007 und wurden zu den best- und schnellstverkauften Büchern aller Zeiten. Ihre Fähigkeit, eine Welt zu erschaffen, die in unserer Welt und parallel dazu besteht, löste eine wahre Leidenschaft für die Bücher aus und führte zur Übersetzung in etliche Sprachen. Zusätzlich wurden und werden alle sieben Bücher verfilmt und machten die jungen Schauspieler fast so berühmt wie die Autorin selbst. Während einige ihre Bücher als zu konservativ kritisieren (sie spielen in einem Internat für Zauberer und bilden so ein Echo der großen Mehrheit früherer Kinderbücher, bei denen die Hauptfiguren aus der privilegierten Oberschicht kamen), hält man Rowling gleichzeitig die Wiederbelebung des kindlichen Interesses am Lesen zugute.

KINDERBÜCHER

Die Werke J. K. Rowlings sind bei Erwachsenen fast genauso beliebt wie bei Kindern, und im Lauf des 20. Jh. haben sich Kinderbücher zu einem der lebendigsten und interessantesten Gebiete der Literatur entwickelt. Bücher, die ausdrücklich für Kinder geschrieben wurden, gibt es erst seit dem 19. Jh. In Deutschland etwa waren es Heinrich Hoffmanns (1809–1894)

Struwwelpeter (1845) und Wilhelm Buschs (1832–1908) *Max und Moritz,* in Itallien Carlo Collodis (1826–1890) *Pinocchio* (1883), und in Großbritannien Werke wie *Alice's Adventures in Wonderland* (*Alice im Wunderland,* 1865) und *Through the Looking Glass and What Alice Found There* (*Alice hinter den Spiegeln,* 1871) von Lewis Carroll, *Wind in the Willows (Der Wind in den Weiden,* 1908) von Kenneth Grahame und *Winnie-the-Pooh* (*Pu der Bär,* 1926–1928) von A. A. Milne bis hin zu den illustrierten Werken Beatrix Potters (1866–1943). Während es in all diesen Büchern entweder um Fantasiewelten oder um vermenschlichte Tiere bzw. Spielzeuge ging, ließ eine der erfolgreichsten Kinderbuchautorinnen des 20. Jh., Enid Blyton (1897–1968), die meisten ihrer Bücher im gehobenen Mittelstand Englands spielen. Ihre Handlungen waren einfach, direkt und porträtierten meist eine Gruppe von Kindern (die Guten), die einen hinterhältigen Plan einiger Nichtsnutze, die einer Minderheit angehörten, aufdeckten und verhinderten. Diese recht konservative Weltsicht erwies sich als dauerhaft erfolgreich bei Kindern, und ihre Serien *Famous Five (Fünf Freunde), Secret Seven (Schwarze Sieben)* oder *Adventure (Abenteuer)* gehören noch immer zu den am häufigsten übersetzten und verkauften Kinderbüchern weltweit.

Eine ähnliche Art von Abenteuern findet man in den Büchern Arthur Ransomes (1884–1967). Seine Geschichten um zwei Gruppen von Kindern, die „Swallows und Amazons", wurden 1930–1947 veröffentlicht und spielen meist im Lake District und in den Norfolk Broads. Die Geschichten vom Zelten, Segeln und erfundenen Abenteuern sind der Inbegriff der idealen Sommerferien. Ein weiterer Kinderbuchauto,r Phillip Pulman (*geb.* 1946), lässt seine berühmtesten Bücher, inklusive seiner *His-Dark-Materials*-Reihe (*Northern Lights,* 1995; *The Subtle Knife*, 1997; *The Amber Spyglass*, 2000), in einer Reihe fantastischer Parallelwelten spielen. Sein Bücher werden gern als atheistische Antwort auf die Werke C. S. Lewis' und J. K. Rowlings angesehen.

Ein weiteres beliebtes Thema im Kinder- und Jugendbuch ist der Antiheld, der junge Rebell, der sich gegen die anscheinend unsinnigen Regeln der Erwachsenen auflehnt – oft mit sehr komischen Resultaten. Eines der ersten Beispiele sind Wilhelm Buschs Abenteuer von Max und Moritz, obwohl es dort am Ende nicht gut ausgeht. Friedlicher – vor allem im Endergebnis – sind die Eskapaden von William Brown und seiner Bande in den Büchern Richmal Comptons (1890–1969). Sie haben große Ähnlichkeit mit der Serie *Petit Nicolas (Der kleine Nick)* des französischen Autors René Goscinny (1925–1977), illustriert von Jean-Jacques Sempé (*geb.* 1932). Eine düstere Version kindlicher Fehltritte bot der Brite Roald Dahl (1916–1990) in einer

CHARLIE UND DIE SCHOKOLADENFABRIK, Poster im Planet Hollywood in New York City.

Reihe von Büchern, die den Kinderbuchklassikern zugerechnet werden: *Charlie and the Chocolate Factory* (*Charlie und die Schokoladenfabrik*, 1964), *Danny, Champion of the World* (*Danny oder die Fasanenjagd*, 1975) und *The Witches* (*Hexen hexen*, 1983).

SPIONAGEROMANE UND THRILLER

Während die englischen Schriftsteller Somerset Maugham (1874–1965) und John Buchan (1874–1940) politische und Abenteuerromane über den Ersten Weltkrieg schrieben, in denen auch Spionage vorkam, ließ der Ausbruch des Kalten Krieges zwischen den USA und der Sowjetunion das Genre erwachsen werden. Graham Greene bezog sich in einer Reihe von Romanen ab den frühen 1950er-Jahren auf seine Reiseerfahrungen, die er während des Krieges gemacht hatte, und siedelte seine Spionageromane gern in exotischen Gegenden (Kuba, Vietnam, Kongo) an.

Obwohl exotische Schauplätze zu einem der bestimmenden Elemente des Genres wurden, spielten einige der besten Spionageromane jener Ära zwangsläufig entlang des „eisernen Vorhangs" zwischen Ost- und Westeuropa. Von diesen Werken fangen die herausragenden Romane John le Carrés (*geb.* 1931) vielleicht den Zeitgeist am besten ein – vor allem durch seine wunderbar gezeichnete Hauptfigur George Smiley in einer Romanserie, zu der *The Spy Who Came in from the Cold* (*Der Spion, der aus der Kälte kam*, 1963), *Tinker, Tailor, Soldier, Spy* (*Dame, König, As, Spion*, 1974) und *Smiley's People* (*Agent in eigener Sache*, 1979) gehörten.

Das absolute Gegenteil von Smiley und der düsteren, moralisch kompromittierten Welt, die le Carré heraufbeschwört, ist die Tollkühnheit von Ian Flemings (1908–1964) Held James Bond, der brutal ist, trinkt, eine Frauengeschichte nach der anderen hat und eine fantastische Filmfigur abgibt. Bond ist heute besser bekannt durch die Reihe von Filmen, die lose auf den Büchern basieren, als durch die Bücher selbst. Sein Auftauchen brachte ein neues, leicht frauenfeindliches Machoelement in das Genre, das sich nur schwer abschütteln lässt. Neben Robert Ludlum (1927–2001) schreiben auch Len Deighton (*geb.* 1929) und Robert Harris (*geb.* 1957) Spionageromane.

Die letzten drei könnte man auch gut auch als Thrillerautoren bezeichnen. „Thriller" ist eine lockere Definition, die eine Reihe von Genres umfasst, darunter Spionage- und Kriminalromane und sogar Science-Fiction. Thriller sind dem Spionageroman recht ähnlich, indem sie die heroische Hauptfigur gegen eine schattenhafte Gruppe von Feinden in den Kampf schicken. Einige der Autoren sind mit ihren Werken extrem erfolgreich, und zu den am häufigsten gelesenen gehören John Grisham (*geb.* 1955) mit seinen Gerichtsromanen und Dan Brown (*geb.* 1964), der vor allem für seine Bestseller *The Da Vince Code* (*Der Da Vinci Code*, 2003) und *The Lost Symbol* (2009) bekannt ist.

LIEBESGESCHICHTEN

Der am häufigsten übersehene und am wenigsten untersuchte Bereich der Belletristik ist einer, der gleichwohl finanziell unglaublich erfolgreich ist: die Liebesgeschichte. Von Kritikern oftmals verlacht, ist die Liebesgeschichte dennoch ein wichtiges literarisches Genre mit einer großen und sehr unterschiedlichen Leserschaft. Die Massenproduktion begann, als sich der Verlag Mills & Boon dazu entschloss, in den 1930er-Jahren billige, kurze und einfach zu lesende Liebesgeschichten auf den Markt zu bringen. Diese erwiesen sich als sehr populär, und da die Autoren Geschichten nach einem festgelegten Schema produzierten, konnten mehrere Titel pro Monat erscheinen. Anfangs waren die Bücher in ihrer Darstellung von Intimität sehr zurückhaltend, aber als sich die gesellschaftliche Einstellung änderte, veränderte sich auch der Grad an Deutlichkeit, mit dem Sex dargestellt werden konnte. Es gibt unzählige Untergenres der Liebesgeschichte, vom Arztroman

FOR YOUR EYES ONLY: IAN FLEMING & JAMES BOND PRESSEAUSSTELLUNG, Imperial War Museum, 16. April 2008, London.

bis zur Historie, von der Romanze am Arbeitsplatz bis zur Romanze im Weltraum, aber allen gemein ist das Happy End.

Während die Autoren, die für die Massenproduktion arbeiten, es meist vorziehen, anonym zu bleiben, sind einige Autoren von Liebesgeschichten sehr berühmt geworden. Das beste Beispiel ist wohl Danielle Steele (*geb.* 1947) die für ihre heißen Beschreibungen glamouröser Menschen in exotischen Orten bekannt geworden ist. Die sehr produktive Barbara Cartland (1901–2000) war anfangs recht umstritten, aber durch ihre lange Karriere war sie am Ende ihres Lebens unantastbar. Die Bücher Catherine Cooksons (1906–1998) sind oft historischer Natur und beschäftigen sich mit dem Leben der einfachen Menschen. Die Liebesgeschichte wird häufig für ihre traditionelle Darstellung der Rolle der Frau in der Gesellschaft kritisiert, aber ein verwandtes Genre, „Chick Lit" getauft, das auf jüngere Frauen abzielt, entstand in den 1990er-Jahren. Die Hauptfiguren hierin sind – wenn auch nicht gerade BH-verbrennende Feministinnen – meist beruftstätig, und die Darstellung der Sexszenen ist oft recht drastisch.

GLOSSAR

LITERARISCHE BEGRIFFE

Abhandlung Eine formelle Prosaarbeit, in der ein bestimmtes Thema dargelegt wird.

Absurdes Theater Eine Bewegung aus dem 20. Jh., welche die Regeln des Theaterstücks aufbrach, um die Sinnlosigkeit des Seins darzustellen; vor allem in Frankreich sehr erfolgreich.

Alliteration Die Verwendung von gleichen Buchstaben oder Klängen in aufeinanderfolgenden Wörtern.

Altenglisch Die gesprochene und geschriebene Sprache im angelsächsischen England, ca. 450 bis zum 12. Jh.

Anspielung Die Methode, eine Idee oder ein Bild heraufzubeschwören, ohne sie explizit auszusprechen.

Autobiografie Selbst geschriebene Lebensgeschichte.

Automatisches Schreiben Technik des unbewussten Schreibens (d. h. nicht bewusst gesteuert), die gern von Surrealisten verwendet wurde.

Ballade Ursprünglich ein Lied; jetzt auch Erzählgedicht in Strophenform.

Barde Ein früher Dichter, der Geschichten mündlich überlieferte.

Beat-Literatur Schriften der amerikanischen Dichter, Reiseberichterstatter und Romanciers der Gegenkultur in den späten 1950er- und den 1960er-Jahren.

Belletristik Geschriebene Prosa, welche die Handlungen imaginärer Personen beschreibt.

Bewusstseinsstrom Eine Erzähltechnik, bei welcher der Leser alles durch die Augen und den Geist des Erzählers sieht, und zwar in einer durchgängigen, unzensierten und oft nicht-linearen Form.

Bildungsroman Ein Roman, der sich mit dem Aufwachsen der Hauptfigur befasst.

Biografie Ein meist chronologischer Text, der das Leben einer Person nacherzählt.

Blankvers Gedichte, die in nicht-reimenden, jambischen Pentametern geschrieben wurden.

Brief Geschriebene Kommunikation.

Briefroman Ein Roman, in dem die Geschichte durch chronologisch sortierte Briefe erzählt wird.

Buch Das wichtigste Produkt zur Verbreitung von Literatur, bestehend aus gebundenen Seiten; auch das Libretto und der Dialog eines Musicals.

Campus-Roman Eine amerikanische oder britische Nachkriegserzählung, die in der Welt der Universitäten spielt; oft witzig.

Chick Lit Ein Untergenre der Liebesgeschichte; wendet sich an jüngere Frauen; oft mit expliziten Beschreibungen von Sexszenen.

Chor Eine Gruppe von Schauspielern im altgriechischen Drama, die im Gleichklang sprechen, um die Geschehnisse im Stück zu kommentieren.

Commedia dell'Arte Eine populäre italienische Theaterform, die mit stereotypen Charakteren arbeitet.

Cyber Punk Ein Untergenre von Fantasy und Science-Fiction, das zumeist urban, dystopisch und technikorientiert ist.

Daktylus Im Vers eine betonte bzw. lange Silbe, gefolgt von zwei unbetonten bzw. kurzen.

Dialog Eine imaginäre Unterhaltung zwischen zwei Charakteren.

Dichtkunst Das Gesamtgenre der Dichtung.

Diskurs Eine Diskussion oder Debatte.

Drama Ein Theaterstück.

Dramatis Personae Die Figuren in einem Stück.

Drehbuch Der geschriebene Text für einen Film oder ein Theaterstück.

Dystopie Gegenteil der Utopie, eine Fantasiewelt, in der alles schlecht ist.

Elegie Ein altgriechisches, in Reimpaaren verfasstes Gedicht oder ein ernstes Gedicht, das als Klagelied dienen kann.

Empfindsamkeit Eine sentimentale deutsche Literaturströmung im 18. Jh.

Episches Theater Eine vor allem mit Bertolt Brecht assoziierte Theaterform, die durch den vorhandenen Erzähler absichtlich künstlich wirkt.

Epos Ein Erzählgedicht, oft aus einer mündlichen Überlieferung abgeleitet, in dem die Taten der heroischen Hauptfigur beschrieben werden.

Erzähler Die Person, welche die Geschichte erzählt.

Erzählung Die Geschichte eines Ergeignisses oder ein geschriebener Bericht darüber.

Essay Ein kurzer Aufsatz, der sich mit einem bestimmten Thema befasst.

Fabel Eine kurze Erzählung, die moralisches Verhalten lehren soll.

Fan-Fiction Werke, die von Amateuren über ihre Lieblingscharaktere geschrieben werden, oft aus Film und Fernsehen.

Fantasy Ein der Science-Fiction ähnliches Genre, das aber meist Elemente der Magie beinhaltet und in einer mittelalterlichen Umgebung spielt.

Fortsetzungsroman Ein Roman, der in einzelnen Teilen, häufig in Zeitschriften oder Magazinen, veröffentlicht wird.

Freier Vers In der Dichtkunst Werke, die sich nicht an ein vorgeschriebenes Regelwerk in Bezug auf Zeilenlänge, Rhythmus oder Struktur halten.

Gedicht Eine breit gefächerte Kategorie von Texten, die nicht in Prosaform geschrieben sind, sondern stattdessen eine ganze Reihe spezieller Stilmittel und Strukturen einsetzen.

Genre Eine bestimmte Art von Literatur, Musik, Malerei, Film usw.

Geschichte Ein niedergeschriebener Bericht oder eine Untersuchung der Vergangenheit.

Grammatik Die Regeln, die das Funktionieren der Sprache gewährleisten.

Hagiografie Die Beschreibung des Lebens eines Heiligen bzw. ein biografisches Werk, das seinem Subjekt gegenüber völlig unkritisch ist.

Handlung Die Hauptelemente einer Erzählung.

Held Eine beispielhafte männliche Figur im Mittelpunkt einer (epischen) Erzählung.

Heldin Weibliches Äquivalent zum Helden.

Hexameter In der Dichtkunst eine Zeile, die aus sechs metrischen Komponenten besteht.

Hirtengedicht Ein Gedicht, das eine ländliche Idylle beschreibt oder in einer idealisierten ländlichen Gegend spielt.

Hymne Ein religiöser Lobgesang.

Hypertext-Fiction Literarische Werke, die im Internet veröffentlicht werden und die es dem Leser erlauben, über Hyperlinks zwischen verschiedenen Abschnitten des Textes hin- und herzuspringen. Oft von mehreren Autoren verfasst.

Ikonografie Deutung von Motiven in Kunstwerken.

Intertextualität Ein Zitat aus oder eine Anspielung auf ein anderes Werk; besonders in der postmodernen Literatur genutzt.

Ironie Die Verwendung einer das Gegenteil beabsichtigenden Bedeutung ausdrückenden Aussage; soll meist komisch wirken.

Jambischer Pentameter Eine Verszeile mit fünf Jamben; metrische Einheiten, die aus einer unbetonten bzw. kurzen Silbe, gefolgt von einer betonten bzw. langen Silbe, bestehen.

Kanon Eine Sammlung von Werken, die einen gehobenen Wert haben und besonders repräsentativ sind (in Literatur, Musik und Bildender Kunst); oft werden Minderheitenstandpunkte und politisch radikale Werke ausgeschlossen.

Katharsis Abgeleitet vom altgriechischen Drama; psychologische Entspannung durch den Ausdruck von Emotionen.

Kitchen-Sink-Drama auch Spülbecken-Realismus; ein realistisches Theaterstück aus den 1950er-Jahren, in dem alltäglichen Sorgen und Nöte der Menschen aufgezeigt werden.

Kommentar Ein oft religiöses Werk, in dem ein anderes diskutiert wird.

Komödie Anfangs ein Werk mit gutem Ende, heute meist zusätzlich witzig.

Künstlerroman Ein Roman, der das Erwachsenwerden des Künstlers darstellt.

Kurzgeschichte Eine Prosaerzählung, die zwar in sich geschlossen, aber deutlich kürzer als ein Roman ist.

Legende Eine historische Erzählung, oft ein Epos, dem ein gewisses Maß an Wahrheit zugrunde liegen soll.

Libretto Der Text eines dramatischen musikalischen Werkes, z. B. einer Oper.

Liebesgeschichte Oft belächeltes Literaturgenre, das sich mit der romantischen Liebe befasst und meist ein Happy End hat.

Lobrede Gesprochene oder geschriebene Rede, in der jemand gelobt wird.

Lyrik Ein gefühlvolles Werk der Dichtkunst.

Märchen Eine einfache, meist an Kinder gerichtete Geschichte, die von mündlichen Überlieferungen abgeleitet ist, Fantasieelemente und manchmal auch eine moralische Lehre enthält.

Magischer Realismus Eine Prosaform, meist ein Roman, die Fantasieelemente verwendet.

Meter Das rhythmische Muster einer Verszeile.

Minnesänger Mittlealterlicher Hofdichter.

Monolog Eine Textpassage, die von einem Schauspieler aufgesagt wird bzw. ein Werk, das sich nur mit den Gedanken einer einzigen Figur befasst.

Monophon Die Handlung einer Erzählung wird nur aus einer Perspektive, meist der des Erzählers, gesehen.

Mündliche Überlieferung Das mündliche Weitergeben von Erzählungen (und Informationen), ohne diese aufzuschreiben.

Mysterienspiel Ein mittelalterliches Stück mit ausschließlich christlichen Themen.

Mythos Eine historische Erzählung, oft ein Epos, die nicht auf Tatsachen beruht und in der die Handlungen von Gottheiten und übernatürlichen Wesen beschrieben werden.

Neologismus Eine neue Wortschöpfung.

Nouveau Roman Experimentelle Romanform im Nachkriegsfrankreich, die sich mehr auf die Sprache als auf die Handlung konzentriert.

Novelle Kurzversion des Romans.

Ode Ein lyrisches Gedicht, das sich von den gesungenen Gedichten oder Oden im antiken Griechenland bzw. Rom ableitet.

Parabel Eine Geschichte, oft religiös, in der ein moralischer Standpunkt verdeutlicht wird.

Parodie Eine Imitation, die oft extrem übertrieben wird, um komisch zu wirken.

Parrhesia Redefreiheit.

Pièces à Theses Französische Theaterstücke aus dem 19. Jh. mit einer moralischen oder philosophischen Boschaft.

Polyphon Die Handlung eines Romans wird aus dem Blickwinkel mehrerer Personen geschildert.

Postkoloniale Literatur Werke, meist in Englisch, die sich mit den Erfahrungen der Kolonialisierung auseinandersetzen; verfasst von Bewohnern der ehemaligen Kolonien.

Prosa Geschriebener Text, welcher der Alltagssprache ähnelt, d. h., in dem keine Techniken der Dichtkunst eingesetzt werden.

Protagonist Die Hauptperson einer Erzählung.

Reim Die Verwendung ähnlicher Klänge in unterschiedlichen Wörtern, um eine Struktur zu schaffen; meist am Zeilenende.

Reimpaar In der Dichtkunst zwei Verszeilen, die gleich lang sind und den gleichen Reim haben.

Reisebericht Eine Prosaform, in der von einer Reise erzählt wird.

Rhetorik Aus dem antiken Griechenland und Rom abgeschaute Kunst der Überzeugung und Argumentation, bei der spezielle Techniken eingesetzt werden.

Rhythmus In der Dichtkunst Betonungsmuster und Silbenlängen, die oft wiederholt werden.

Ritterlichkeit Der gesellschaftliche Verhaltenscodex im Mittelalter, inklusive der höfischen Liebe.

Roman Langes Prosawerk mit starker erzählerischer Qualität.

Sage Eine ursprünglich auf mündlicher Überlieferung basierende Erzählung; oft nordischen Ursprungs.

Samizdat-Literatur Werke, die heimlich veröffentlicht werden.

Satire Ein Werk, in dem Ironie, Parodie oder Komik verwendet wird, um eine Person oder Idee anzugreifen bzw. zu kritisieren.

Schelmenroman Ein Roman, in dem aus der Sicht des bauernschlauen „Helden" beschrieben wird, wie er sich durch das Leben schlägt.

Scholastik Hier eine literarische Bewegung im Mittelalter, die sich mit der Klärung theologischer Fragen befasst.

Science-Fiction Prosaerzählungen spekulativer Natur, die meist in der Zukunft spielen und oft stark technikorientiert sind.

Sensibilität Ein im 18. Jh. beliebtes Ideal erhöhter emotionaler und ästhetischer Reaktion auf eine Situation.

Skaldendichtung Höfische Dichtkunst im mittelalterlichen Skandinavien.

Sozialrealismus Möglichst korrekte Darstellung des echten Lebens; oft aus politischen oder sozialen Beweggründen.

Soliloquium auch Monolog; in einem Theaterstück steht der Charakter allein auf der Bühne und drückt seine Gedanken aus.

Sonett Ein Gedicht aus 14 metrisch gegliederten Verszeilen, wobei die Zeilen häufig aus zehn Silben bestehen.

Spielmann Ein Wanderdichter im Mittelalter.

Spionageroman Ein Romangenre, bei dem das Thema der Spionage im Mittelpunkt steht; oft in der Zeit des Kalten Krieges angesiedelt.

Strophe In der Dichtkunst eine Gruppe von Zeilen, die eine Einheit bilden.

Sturm und Drang Eine deutsche Literaturbewegung aus der Zeit der Aufklärung im 18. Jh., als Gegenbewegung zu neoklassizistischen Idealen.

Syntax Satzlehre; die grammatikalisch korrekte Anordnung von Wörtern innerhalb eines Satzes.

Tatsachenroman Ein amerikanisches Genre aus dem 20. Jh., das reale Elemente mit erfundenen mischt.

Tetralogie Eine Serie aus vier Werken, die auf irgendeine Weise miteinander verbunden sind.

Text Ein geschriebenes Ausdrucksmittel.

Theater Entweder der Ort, an dem Stücke aufgeführt werden, oder die Summe aller Aktivitäten rund um die Produktion eines Stückes.

Theater der Grausamkeit Theaterstück, bei dem der Zuschauer schockiert werden soll, um die Sinnlosigkeit des Lebens zu erkennen.

Theaterstück Ein geschriebens Drama, das für die Aufführung auf einer Bühne konzipiert ist.

Theologie Das Studium der Religion und des religiösen Glaubens.

Thriller Ein schneller, packender Roman, in dem es oft um Verschwörungen geht; mit überraschenden Wendungen und „Hängepartien" zur Aufrechterhaltung der Spannung.

Tragödie Vom altgriechischen Drama abgeleitete Erzählung, die kein glückliches Ende hat und bei der die Hauptperson oft ruiniert wird oder stirbt.

Trilogie Eine Serie aus drei Werken, die auf irgendeine Weise miteinander verbunden sind.

Troubadour Ein Hofdichter und -sänger in der mittelalterlichen Provençe.

Trouvère Ein Hofdichter und -sänger an den mittelalterlichen Höfen Nordfrankreichs.

Trümmerliteratur Bezeichnung der deutschen Nachkriegswerke, vor allem Heinrich Bölls.

Typografie Das Aussehen des gedruckten Texts.

Übersetzung Die Kunst, einen Text von einer Sprache in eine andere umzuschreiben.

Umgangssprache Die informelle Alltagssprache.

Verismus Eine Bewegung der italienischen Realisten aus dem späten 19. und frühen 20. Jh.

Vierte Wand Ein von Diderot geprägter Begriff, der im Theater die unsichtbare Grenze zwischen Publikum und Schauspielern bezeichnet.

Vers In der Dichtkunst eine Reihe metrisch gegliederter Rhytmen.

Weimar Klassik Eine deutsche Literaturströmung aus dem späten 18. und frühen 19. Jh., benannt nach der Stadt Weimar, deren Hauptfiguren Goethe und Schiller waren.

Wochenzeitschrift Eine Publikation, die eimal wöchentlich erscheint.

Zeichensetzung Elemente der Schriftsprache, die dabei helfen, einen Text verständlich zu machen, z. B. Punkte oder Kommata.

Zeitverschiebung Die Erzählung wechselt von einer historischen Periode in eine andere.

PERSONENVERZEICHNIS

BILDNACHWEIS

l-links, m-Mitte, o-oben, r-rechts, u-unten

COVER-ILLUSTRATIONEN
Ganz links: Miguel de Cervantes Saavedra (1547–1616), AKG Images
Mitte links: Johann Wolfgang von Goethe (1749–1832), Bridgeman Art Library
Mitte rechts: Simone de Beauvoir (1908–1986), Getty Images
Ganz rechts: Joanne Rowling (geb. 1965), picture-alliance/dpa-Report

ASSOCIATED PRESS
5m, 5r, 83r, 144u, 157, 171u, 180, 187, 191, 199, 201l, 202, 203

GETTY IMAGES
4o/m, 4u, 7o, 12, 13, 14, 18, 19r, 21, 22o, 24o, 25u, 26, 28, 33, 35r, 38, 40, 43, 44, 47, 48, 51r, 53, 54u, 55l, 57, 58, 59, 63u, 64r, 66, 67, 71, 73r, 74, 75l, 76, 79l, 80l, 81, 84l, 87, 88, 90, 91o, 92, 93o, 94, 95, 97r, 99, 106, 107, 109, 112, 114, 116l, 117, 118r, 119, 120u, 122l, 125, 127r, 129, 130u, 133, 134, 137l, 138, 140u, 143, 145r, 146, 147, 148, 158, 159u, 160, 161o/r, 162l, 163, 165o, 166, 167, 168, 169, 170, 172, 174, 175r, 176, 177, 178, 181, 182, 183, 184, 186, 188, 189l, 190, 192, 193, 194, 195, 196, 197, 198, 200, 201r, 204, 205, 206, 207, 209

MARY EVANS PICTURE LIBRARY
4o/l, 4o/r, 5l, 6, 7u, 8, 9, 10, 11, 15, 16, 17, 19l, 20, 22u, 23, 24u, 25o, 27, 29, 30, 31, 34, 35l, 36, 37, 39, 41, 42, 45, 46, 49, 50, 51l, 52, 54o, 55r, 56, 61, 62, 63o, 64l, 65, 68, 69, 70, 72, 73l, 75r, 77, 78, 79r, 80r, 82, 83l, 84r, 85, 86, 89, 91u, 93u, 96, 97l, 98, 100, 101, 102, 103, 104, 108, 110, 113, 115, 116r, 118l, 120o, 121, 122r, 123, 124, 126, 127l, 128, 130o, 131, 132, 135, 136, 137r, 139, 140o, 141, 142, 144o, 145l, 149, 150, 151, 152, 153, 154, 155, 156, 159o, 161o/l, 161u, 162m, 162r, 164, 165u, 171o, 173, 175l, 179, 185, 189r